ANTON MAKARENKO

"A pedagogia socialista deve centrar sua atenção na educação do coletivo e aí, sim, estará educando o novo caráter coletivista de cada criança em particular"

ANTON MAKARENKO

Vida e obra – a Pedagogia na Revolução

Cecília da Silveira Luedemann

2ª edição

EXPRESSÃO POLULAR

São Paulo – 2017

Projeto gráfico, diagramação e capa
ZAP Design

Revisão
Geraldo Martins de Azevedo Filho

Ilustração da capa
Ricardo Ramos – sobre foto de Júlio Wainer

Dados Internacionais de Catalogação-na-Publicação (CIP)
Biblioteca Central da UEM. Maringá - PR.

H673 Leudemann, Cecília da Silveira
Anton Makarenko vida e obra - a pedagogia na revolução / Cecília da Silveira Leudemann. – São Paulo : Expressão Popular, 2017.
352 p.
Livro indexado em GeoDados: http://www.geodados.uem.br
ISBN 978-85-7743-293-6

1. Anton Makarenko, 1888-1939 - Biografia. 2. Anton Makarenko, 1888-1939 - Vida e obra. I. Título.

CDD 21.ed. 923.7477

Vilma Apª Feliciano CRB 9/1152

2ª edição: janeiro de 2017

EDITORA EXPRESSÃO POPULAR
Rua Abolição, 201 – Bela Vista
CEP 01319-010 – São Paulo – SP
Tel: (11) 3522-7516 / 4063-4189 / 3105-9500
livraria@expressaopopular.com.br
www.facebook.com/ed.expressaopopular
www.expressaopopular.com.br

SUMÁRIO

Makarenko, estudante do Instituto Pedagógico de Poltava, 1914

APRESENTAÇÃO

A PEDAGOGIA NO SOLO DA REVOLUÇÃO

No túmulo dos livros,
versos como ossos,
se estas estrofes de aço
acaso descobrirdes,
vós as respeitareis,
como quem vê destroços
de um arsenal antigo,
mas terrível.
(Vladimir Maiakovski)*

Anton Semionovich Makarenko (1888-1939), pedagogo e escritor ucraniano, ficou conhecido por sua mais importante obra educacional, a organização da escola como coletividade: a Colônia Gorki (1920-1928). Centenas de meninos e meninas órfãos e marginalizados foram reeducados para assumirem o comando de suas próprias vidas e da sociedade socialista.

A pedagogia de Makarenko cresceu no solo fértil dos movimentos revolucionários antitsaristas e socialistas, expressando em cada fase de sua experiência educacional as contradições desses períodos. A revolução de outubro de 1917, na Rússia, que, segundo o historiador inglês Eric Hobsbawm, caracterizou-se como o mais significativo acontecimento histórico do século XX, orientou a criação do sistema de ensino nas

* As poesias utilizadas neste livro foram retiradas da antologia organizada por Boris Schnaiderman, *Poesia russa moderna*, publicada em 1987, em São Paulo pela Ed. Brasiliense, com as traduções de Augusto de Campos e Haroldo de Campos.

repúblicas socialistas, para além do lema da revolução burguesa: ensino público, gratuito, universal e leigo.

A bandeira da revolução proletária de outubro exigia a criação da escola única, resultado da abolição da propriedade privada e, ao mesmo tempo, ferramenta auxiliar para o fim das classes sociais. A educação socialista deveria formar homens e mulheres trabalhadores e cultos. Os antigos explorados deveriam ser reeducados para assumir o comando da sociedade.

Makarenko viveu as grandes transformações históricas do século XIX e as primeiras décadas do século XX, quando o Império russo desagregava-se na mesma velocidade com que a burguesia e o proletariado se desenvolviam. Com os pés fincados na Ucrânia, mas com os olhos voltados para a Rússia, Makarenko entendeu o seu tempo como de contradições das transformações capitalistas no campo e na cidade, fortemente marcadas pelas antigas relações da economia feudal e da política monarquista.

A educação formal, escolar, como conhecemos hoje, deixou de ser privilégio da elite para ser condição fundamental ao projeto de urbanização e industrialização. A escola nasceu com a fábrica. O século XIX viu o nascimento das grandes cidades e suas indústrias e o crescimento acelerado do proletariado que trabalhava com o ritmo frenético das máquinas e produzia mercadorias para serem vendidas nos mais distantes mercados. Na multidão que se encaminhava para as fábricas, era possível reconhecer – entre os homens – mulheres que antes tinham como tarefa principal cuidar e educar os filhos; e crianças que perderam o direito de proteção da família.

No período de institucionalização da escola, o núcleo familiar, com sua base econômica patriarcal, encontrava-se destroçado. As longas jornadas de trabalho, as tarefas penosas e repetitivas levavam ao aniquilamento de pais e mães e à destruição da infância. Das diferentes situações de exploração burguesa e de organização da classe trabalhadora, surgiram diferentes projetos de lei, experiências educacionais e concepções pedagógicas.

A criança emergiu na multidão do século XIX como um problema social a ser enfrentado, seja como órfã, seja como marginalizada. Não por acaso o século XIX criou tantos orfanatos e experiências educacionais para crianças sem família. De acordo com a história de cada país, a educação escolar tomou uma feição, atendendo às necessidades de formação do trabalhador, de um lado, e das demais classes, de outro.

A experiência educacional de Makarenko expressa o período de institucionalização da escola, sob o tsarismo, e o desafio da criação da escola única, sob o socialismo. As marcas concretas dessas experiências podem ser encontradas quando Makarenko foi professor e, logo em seguida, diretor das Escolas Primárias das Oficinas Ferroviárias, durante o tsarismo, e, depois, quando dirigiu a Colônia Gorki e a Comuna Dzerjinski, durante o período revolucionário.

Sua geração estava marcada pela constituição dos sistemas nacionais de ensino e, ao mesmo tempo, pelos debates sobre a orientação científica da educação. Durante a segunda metade do século XIX, a pedagogia*, como disciplina científica, disputou o seu lugar entre a filosofia, a psicologia e a sociologia (estas últimas recém criadas). Em sua origem, marcada pelas teses de Herbart, na Alemanha, a pedagogia deveria ser digirida pela filosofia, que lhe daria os fins da educação, e pela psicologia, que lhe daria os meios. O debate em torno das teses de Herbart atravessou o século XIX e as primeiras décadas do século XX, questionando o lugar que deveria ocupar a ciência da educação, se como filha da psicologia, como defendia Claparède, em Genebra, ou como filha da sociologia, como exigia Durkheim, na França.

Nesse debate, a filosofia é combatida, questionando-se, no contexto da reforma das universidades de passado medieval, sua marca religiosa e especulativa. Dewey une-se à luta contra a centralidade da filosofia, nos

* Cf. WARDE, Mirian Jorge. Para uma história disciplinar: psicologia, criança e pedagogia. *In*: FREITAS, Marcos Cezar (org.). *História Social da Infância no Brasil*. São Paulo, Cortez Editora, 1997.

Estados Unidos, definindo a educação como lugar e prática da reflexão, apoiada pela psicologia, para a criação de um método "consciente" de ensino.

Makarenko foi formado como professor em um curso de magistério cuja direção era dada pela filosofia especulativa e pelo dogmatismo religioso: a criança era um ideal a ser alcançado. Ao longo de sua experiência educacional, entrou em contato com educadores e intelectuais que se opunham ao dogmatismo presente, principalmente nas escolas paroquiais para os filhos dos camponeses e operários.

Tolstoi é uma das referências mais importantes para o debate educacional da segunda metade do século XIX e primeiras décadas do século XX, na Rússia. Escritor aristocrata que expressou as contradições da transição da sociedade feudal para o capitalismo, Tolstoi criou, em 1859, uma escola para os filhos dos camponeses, em Iasnaia Poliana, cujas atividades pedagógicas eram movidas pelo "interesse" dos alunos e pela diversidade de materiais científicos e culturais trazidos pelo professor. Em Tolstoi, o "interesse", defendido por Herbart como caminho educacional indicado pela psicologia, era apropriado, mas com finalidade de formar homens livres para uma sociedade sem conflitos, de acordo com a sua filosofia com base no anarquismo cristão.

A tese da psicologia experimental como orientadora da pedagogia foi ganhando força à medida que se aprofundava a crise do Império russo e a burguesia, juntamente com o proletariado, defendia o fim do tsarismo e a criação de um sistema público de ensino. Intelectuais progressistas, como Pirogov, anatomista, cirurgião e pedagogo, os escritores e críticos literários Belinski e Chernisheviski e o fisiologista Ivan Pavlov defendiam a necessidade de uma nova educação. Aliada à influência das teses de Rousseau para a educação, para a formulação de uma educação livre, não autoritária, a concepção da "criança" como objeto da educação, defendida por Claparède, torna a pedagogia ainda mais frágil em seu próprio terreno.

Como os pedagogos poderiam educar com base científica se desconheciam o seu próprio objeto, a criança? Seria preciso entender os estudos realizados pela psicologia experimental para resolver os problemas do ensino científico.

Nadezhda Konstantinovna Krupskaia, educadora e companheira do líder comunista Lenin, defendia a necessidade da escolarização dos filhos dos trabalhadores como tarefa de ampliação da educação, antes colocada como tarefa única e exclusiva das mães. No final do século XIX e início do século XX, Krupskaia estudou, inclusive no exílio, as concepções pedagógicas de Dewey e James, nos Estados Unidos, de Cecil Reddie, na Inglaterra, de Edmond Demolins, na França, e de Herman Liets, na Alemanha. Em 1905, luta pela criação de pré-escolas e de creches gratuitas.

Como vice-comissária para a Instrução Pública, Krupskaia, juntamente com o comissário Lunatcharski, criou um sistema único de ensino, garantindo o acesso universal à educação pública e gratuita. Os temas "trabalho educativo", "métodos de ensino", "organização da escola" e "processo educativo" passam a dominar o debate nos anos da década de 1920.

Makarenko, ao concluir o curso de magistério e direção no Instituto Pedagógico de Poltava, entrou em contato com as teses educacionais que idealizavam a criança, amparadas na filosofia especulativa, e as que naturalizavam a instituição social da infância, a partir das teses de Rousseau. A origem da pedagogia estava marcada pela filosofia especulativa, de um lado, e pelas descobertas científicas no campo da biologia, medicina, anatomia e fisiologia, de outro. Entre o idealismo e o materialismo, a pedagogia russa construía a imagem de uma criança que deveria se desenvolver individualmente, de acordo com suas tendências naturais.

Já antes de sua experiência educacional na Colônia Gorki, Makarenko estava convencido de que não existia a tal criança, abstrata, anunciada pela psicologia de Claparède. Além disso, mesmo diante de evidências científicas sobre a existência da criança como abstração, era inútil se voltar para a educação com os recursos da psicologia experimental, pois não respondiam às necessidades concretas e aos problemas educacionais.

A partir de sua experiência na Colônia Gorki, Makarenko amadureceu as suas hipóteses sobre a constituição da pedagogia como ciência da educação. Defendeu a autonomia da pedagogia, tanto em relação à psicologia, quanto em relação à filosofia e à sociologia, marcando o campo educacional como objeto diferenciado dos demais campos científicos.

Para Makarenko, a única criança que pode ser compreendida no processo pedagógico é a criança concreta, ou melhor, as diferentes crianças com suas marcas históricas, sociais, culturais e psicológicas. E o problema que deveria ser enfrentado pela pedagogia seria o da educação das diferentes personalidades. Makarenko entendeu que a resolução desse problema pedagógico estaria na constituição de um novo objeto da pedagogia, não mais a criança, e sim a "coletividade".

A coletividade, objeto da pedagogia, não poderia ser tomada como uma abstração, mas como um novo organismo social, criado pela experiência revolucionária, tal como os sovietes. De acordo com as orientações pedagógicas da Comissão de Instrução Pública da URSS, dirigida por Lunatcharski e Krupskaia, as escolas deveriam desenvolver, ao máximo, a vida coletiva. Mas, como poderia a escola se transformar em um coletivo único, se ainda mantinha a sala de aula e a autoridade do professor como elementos primordiais na organização da vida escolar?

O que temos aqui senão as disputas sobre a autonomia ou não da pedagogia com relação às demais ciências e do modelo de organização do processo educativo, que, durante os séculos XIX e XX, foram se constituindo na maquinaria escolar tal qual conhecemos até hoje?

A escola, na concepção de Makarenko, deveria ser um espaço amplo, aberto, em contato com a sociedade e com a natureza, relacionando-se às necessidades sociais de cada momento histórico, mas dirigida por um objetivo estabelecido coletivamente por professores e alunos. Um lugar para a criança viver a sua realidade concreta como realização no presente, admitida como sujeito, comandante da sociedade, participante das decisões sociais em seu coletivo organizado.

Entre as obras educacionais dos reformadores do século XIX e do início do século XX, há experiências que evidenciam a participação mais intensa dos alunos e menos dirigida pelos professores. Mas, em sua maioria, a participação é individual e a escola não apresenta um projeto comum. O horror à disciplina, como na escola Iasnaia Poliana, de Tolstoi, e a defesa de duras normas disciplinares, como nos colégios jesuítas, não poderiam transformar a natureza da maquinaria escolar.

Makarenko procurou realizar um projeto educacional no qual o problema deveria ser refletido junto aos conceitos fundamentais do materialismo histórico de Marx, mas principalmente das contribuições da análise sociológica de Lenin, produzindo, no campo da pedagogia, uma educação das diferentes personalidades na direção de uma exigência histórica para a produção de qualidades concretas.

Os fins da educação são determinados pelas necessidades sociais em constante transformação histórica, mas combinando e desenvolvendo as diferentes personalidades no processo de autogestão. A escola makarenkiana é organizada de acordo com os princípios da instrução geral e do trabalho produtivo, retirando a centralidade da sala de aula. A pedagogia deveria, assim, tomar como objeto o processo de constituição dialética da coletividade em seus diferentes aspectos – educação, instrução e trabalho produtivo. Aos professores caberia a tarefa principal de instruir, de educar e ser educado, junto aos alunos, na vida coletiva autogestionária.

*Poema Pedagógico**, principal obra literária de Makarenko, é a narrativa em que o conflito principal é a construção da coletividade e a transformação dos sujeitos nesse processo. Para os leitores, é a chance

---

* No Brasil, os leitores ganharam, em 1985, a belíssima tradução de Tatiana Belinky, atualmente é publicado pela Editora 34, São Paulo.

de poder vislumbrar, na concepção pedagógica de Makarenko, a criança real, concreta, as diferentes personalidades e o modo pelo qual se desenvolve cada uma delas de forma diferenciada no processo de autogestão.

Ao contrário de negar a escola, a pedagogia de Makarenko reconhece a força social e revolucionária dessa instituição social, principalmente sob a influência das organizações revolucionárias da classe trabalhadora. Aqueles que viram na pedagogia de Makarenko a defesa do fim da escola, tomaram a maquinaria escolar da sociedade capitalista como único modelo de escola.

E os modelos escolares estavam em discussão nas primeiras décadas do século XX, tanto nas experiências socialistas, quanto nas capitalistas. A sociologia da educação ganhou força com o acelerado processo de urbanização e industrialização, trazendo para o debate a superação de hábitos considerados "ultrapassados" e a criação de novos hábitos, de novas tradições sociais. Reformadores da escola burguesa e da escola socialista concordavam com a tese de que a escola deveira ser a instituição social capaz de conhecer as tradições dos educandos e romper com aquelas consideradas "inadequadas" para um novo "projeto social".* As diferenças estão no tipo de projeto, nas tradições e hábitos que deveriam ser selecionados para isso e a forma de participação do aluno e do professor na escola. Não é por acaso que, nos anos de 1920, todos os pedagogos discutem a necessidade de formação do "novo homem".

A pedagogia de Makarenko está marcada pela "sociologia" leninista, que coloca como necessária a formação de um novo homem para a sociedade socialista: trabalhador e culto, que saiba comandar e se subordinar aos companheiros. Para esse tipo de sociedade, que visa abolir as diferenças de classe social, a instrução e a educação têm um papel fundamental. Para tanto, a escola deveria ser não um laboratório, um

* Cf. CAMPOS, Fernando Roberto. *A sociologia da educação nos cursos de formação de professores entre os anos 30 e 50: um estudo da disciplina a partir dos manuais didáticos.* Tese de doutorado, PUC/SP, 2002.

espaço que isolasse as crianças da vida social, real, do mundo adulto. Ela mesma deveria ser uma nova realidade social, à frente ou junto das formas mais desenvolvidas da vanguarda da classe trabalhadora: os sovietes, expressão da democracia socialista.

Também não se pode atribuir a Makarenko a preocupação original com a educação da coletividade e de seus indivíduos através das "coletividades primárias", "de contato", os chamados destacamentos. Essa preocupação já era colocada por reformadores da educação, mas nenhum deles criou a proposta de formação de grupos primários que se assemelhassem às experiências sociais do cotidiano da criança, com as diversas faixas etárias e as diferenças culturais e sociais.

Diante da necessidade de enfrentar a crise da instituição familiar, Makarenko atribuiu à coletividade o papel de educadora da família. Era preciso levar às últimas consequências as contradições das antigas relações sociais baseadas no modelo patriarcal. Ao escrever o *Livro dos Pais* e promover conferências sobre educação infantil, Makarenko rompe com a tradição da literatura de conselhos aos pais, do século XVII ao XX, em que a educação dos filhos é atribuição exclusiva da mãe, como de coerção social, separando-os do mundo real. Para Makarenko, a mãe faz parte da coletividade familiar e tem responsabilidade igual à do pai, dividindo com ele a tarefa da educação dos filhos. Além disso, a mulher, ao ganhar o espaço público, do trabalho produtivo, deve ser estimulada a participar politicamente tanto quanto o marido e os filhos.

A desconstrução do mito do herói stalinista

O primeiro contato com a pedagogia de Makarenko está contaminado por uma série de interpretações divergentes, seja como restaurador da escola burguesa e autoritária, seja como criador de uma escola contra o desenvolvimento livre do indivíduo e a favor da massificação, a favor da educação stalinista, seja como criador de uma nova escola socialista.

De um modo geral, Makarenko é sempre lembrado como educador da frente prática, herói da educação soviética por ter reeducado e transformado crianças e jovens delinquentes em cidadãos soviéticos. Na pior das hipóteses, é apresentado como pedagogo e "poeta" (*sic*) "russo" (*sic*), talvez por ser conhecido como autor do livro *Poema Pedagógico*, uma narrativa sobre sua obra educacional na Colônia Gorki.

Um retorno à constituição do pensamento educacional de Anton Semionovich Makarenko nos remete ao solo da história da Ucrânia, sob dominação do Império russo, a derrubada do tsarismo, o curto período da democracia burguesa e a revolução socialista. Em cada uma dessas fases é possível verificar as marcas históricas nas experiências e teses pedagógicas de Makarenko. Um estudo crítico de sua vida e obra* traz à cena os principais interlocutores de sua pedagogia, seja de aproximação, aceitação, crítica ou rejeição. Entre seus principais interlocutores, encontramos o escritor Máximo Gorki, a educadora Nadezhda Krupskaia e o líder comunista Vladimir Ilitch Ulianov (Lenin) e Stalin. O romantismo ativo, de Gorki, e o intelectual como organizador, de Lenin, foram as concepções mais marcantes da formação de Makarenko.

Como já havíamos verificado na pesquisa de mestrado, a transformação de Makarenko em herói da educação, principalmente depois de sua morte, fazia parte de uma série de ações de absorção e negação das teses culturais e políticas que se opusessem ao regime vigente na época. A experiência mais importante de Makarenko aconteceu no período dos anos de 1920, na Colônia Gorki, quando criou o método geral de organização do processo educativo, transformando a escola em coletividade. No período seguinte, com o fortalecimento das teses do socialismo nacional de Stalin e a escalada de violência contra líderes comunistas e contra os movimentos de oposição dos trabalhadores, ocorreu sua segunda experiência: a Comuna Dzerjinski, onde foi pos-

* Cf. LUEDEMANN, Cecília da Silveira. *Makarenko: a escola como coletividade*. Dissertação de Mestrado, PUC/SP, 1994.

sível desenvolver suas hipóteses sobre a relação entre instrução, trabalho produtivo e autogestão.

No primeiro momento, a "pedagogia na revolução" é um ato científico e cultural original e, no segundo, ao perder as fronteiras da revolução, degenera e morre.*

Makarenko enfrentou as críticas da Comissão de Instrução Pública, por não aceitar as orientações para o trabalho de reeducação de crianças e jovens ex-marginais. As diretrizes pedagógicas, na Ucrânia, estavam fortemente influenciadas pelo modelo rousseauniano de educação, valorizando a educação individual da criança. A "pedagogia" não poderia ser considerada ciência da educação se não fosse guiada pela psicologia experimental.

Processado inúmeras vezes, Makarenko abandonou a Colônia Gorki e aproximou-se do Exército Vermelho, para participar da direção da Comuna Dzerjinski, construída pela *Tchekà* para crianças órfãs. Mas, depois de conquistar uma nova qualidade de vida na Comuna Dzerjinski, Makarenko entrou em atrito com a direção, pois não era apoiado em seu projeto de redução da jornada de trabalho e de aumento das horas de estudo.

O desafio aqui colocado foi o de desconstruir a imagem de Makarenko criada pelo estalinismo como educador da frente prática e especialista na reeducação de crianças marginalizadas. Para tanto, nos valemos da narrativa para a apresentação de uma breve gênese e desenvolvimento de suas teses e experiências pedagógicas. Nosso objetivo principal foi o de contribuir para o conhecimento de suas obras práticas e teóricas no campo da ciência pedagógica. A "escola como coletividade" é uma das mais importantes reinvenções da escola do século XX, operadas por Makarenko, no campo da sociologia da educação.

Segundo Mario Alighiero Manacorda, em *História da Educação*,

> Makarenko elabora, então, uma pedagogia original, antirrousseauniana e não espontânea, embora toda a literatura pedagógica da época fosse tal, mas voltada

* Cf. BAKHTIN, Mikhil. *Questões de Literatura e de Estética*. São Paulo, Hucitec, 1990.

> para uma exigentíssima 'educação dos sentimentos', frequentemente, num aparente contraste com os interesses das crianças, assim como elas o entendiam. Esta educação tão exigente se realiza especialmente através da conexão entre instrução e trabalho produtivo, do qual as crianças podem ver os frutos concretos e no qual são necessariamente levadas à colaboração com o coletivo de que são parte. Ao lado da educação dos sentimentos e do trabalho, o 'coletivo' é o outro grande motivo da pedagogia de Makarenko: mas ele constatou que o próprio coletivo pode ter validade educativa somente se não lhe faltam perspectivas de vida e de alegria, 'da alegria do amanhã', como ele diz. A educação dos sentimentos é viável somente se se conseguem propor essas perspectivas de tal forma que de individuais tornam-se de grupo e do grupo cheguem à classe social, ao povo todo e a todos os homens do mundo. O trabalho, a colaboração, as perspectivas de alegria e a felicidade para todos os homens (e não apenas a felicidade do indivíduo, expressada no *Setecentos* por Locke, Rousseau e pelos revolucionários da América e da França) eram os métodos e os fins da pedagogia de Makarenko, tão exigente e rigorosa, quanto otimista.

A fertilidade do caminho construído por Makarenko, no terreno da pedagogia, dialogando com a sociologia, a filosofia e a psicologia, ficou marcada pelas contribuições de suas experiências pedagógicas para as teses da formação da personalidade, destacadas pelo filósofo e psicólogo francês Henri Wallon. Makarenko havia provado que as teorias sobre as personalidades "difíceis", marcadas pela vida na marginalidade, poderiam ser transformadas a partir de uma nova vida na coletividade escolar.

Mas é Snyders quem chama a atenção para a "ilusão antecipadora" da conquista de uma verdadeira sociedade socialista, quando se fecha em sua última experiência na Comuna Dzerjinski. É preciso saber relativizar o poder da educação e da escola, principalmente porque, organizada como autogestão, mobiliza forças, energias, projetos, utopias coletivas, que podem fazer da escola uma experiência isolada do contexto geral das demais lutas dos trabalhadores.

Portanto, dentre as principais obras pedagógicas, encontramos a da Colônia Gorki e as iniciais, contra o regime tsarista, no interior das escolas primárias das oficinas ferroviárias, como as que maiores contribuições trouxeram para o debate sobre a pedagogia e a organização do processo educativo.

O experimentalismo no campo pedagógico

Makarenko compartilhou a concepção de que a pedagogia deveria desenvolver um conjunto de técnicas para a educação de qualidades concretas do caráter das crianças. O estudo do processo pedagógico deveria ocorrer na experiência prática da organização da escola como coletividade em cada uma de suas fases, desde o período de organização inicial.

No lugar do experimentalismo no campo psicológico, em que muitos pedagogos soviéticos defendiam a transformação da escola e da sala de aula em laboratórios de observação das crianças, Makarenko defendia a ideia de acompanhar as necessidades de cada período da coletividade e a participação de cada criança no movimento particular de cada coletivo de contato e no movimento geral da coletividade.

O trabalho como princípio educativo também não poderia ser tomado como concepção abstrata. Para Makarenko, o trabalho deveria fazer parte de um sistema geral da coletividade, separado do estudo, como trabalho produtivo. A vida escolar deveria ser capaz de atender à necessidade geral do coletivo e a cada uma das necessidades particulares das crianças.

No lugar da escola-laboratório, da preparação das crianças para a vida futura, com o treinamento de hábitos de planejamento do trabalho, como na escola de Pistrak, Makarenko segue o princípio de Marx e de Lenin de estudo e realização do trabalho produtivo, ao lado da instrução geral. Mas muitas das propostas ou técnicas do que se convencionou chamar de escola nova ou ativa foram absorvidas na percepção e na organização da vida infantil na coletividade. As atividades físicas, recreativas, as excursões, as atividades culturais, as comissões da biblioteca, teatro, banda, faziam parte da vida coletiva. A atividade livre passava a ser orientada, além das atividades de instrução e produção, por alunos e professores, em uma nova relação de amizade e camaradagem.

A alegria passa a ser um dos ideais da coletividade infantil, ao lado do esforço, da disciplina, para a realização dos projetos individuais e coletivos da infância. A alegria está presente na satisfação das necessidades básicas da alimentação e da vestimenta; na satisfação das necessidades culturais, de leitura, e das necessidades afetivas, na aprendizagem das relações de companheirismo e de proteção das crianças mais novas e do namoro.

O sentido do experimentalismo da pedagogia de Makarenko está presente, tanto na perspectiva prática, quanto na teórica. Preocupado com o processo pedagógico em andamento, registra os acontecimentos, analisa-os, debate com os outros e os sistematiza em relatórios, textos, livros. Através de obras práticas e teóricas, discute a experiência pedagógica com suas hipóteses, erros e acertos. O experimentalismo pedagógico emerge na produção teórica, com seu tom coloquial, histórico, concreto. Makarenko fala de lições, fruto da experiência, de processo inacabado e das hipóteses presentes em cada momento da coletividade escolar.

A constituição de um método geral de educação, para Makarenko, deveria abarcar a totalidade em suas diferentes expressões concretas da realidade pedagógica: diferenças de idade, de sexo, de origem social, de cultura, de desenvolvimento físico e intelectual. Desse modo, não poderia ser um método do tipo cartesiano, com passos anteriormente definidos para cada situação, como numa prescrição, num receituário pedagógico. O método pedagógico de Makarenko é um projeto de construção da escola como coletividade, o que significa planejar, racionalmente, os passos para o funcionamento da autogestão, mas participar, junto ao coletivo, da análise minuciosa de cada uma das necessidades concretas de cada fase para o desenvolvimento da coletividade. As normas, as regras, os julgamentos, as infinitas ações educacionais diárias não poderiam ser amarradas em princípios abstratos; cada caso era um caso a ser estudado e discutido por todos os sujeitos envolvidos na coletividade, alunos e professores, sempre colocando a iniciativa da decisão, em primeiro lugar, com os alunos.

A pedagogia, na perspectiva de Makarenko, ganhou autonomia quando tomou como objeto a coletividade, identificando o lugar, a contribuição da filosofia, da sociologia e da psicologia. A obra pedagógica estaria inserida nos projetos da vanguarda cultural dos anos de 1920: a cada momento da revolução corresponde uma expressão estética. E, mais, a vanguarda criava, por meio dessas experiências estéticas, o fenômeno de antecipações de situações sociais e políticas totalmente novas. A arte e a revolução criavam um novo ambiente cultural e uma nova subjetividade.

Nesse ambiente cultural da nova vida socialista, também frutificaram os trabalhos de pesquisa de Lev Semionovitch Vigotski (1896-1934) no campo da psicologia do desenvolvimento, educação e psicopatologia, junto com Luria, Leontiev e Sakharov, a partir de 1924. Vigotski fazia parte do novo tipo de intelectual de formação diversificada, tanto no campo da linguística, quanto no das ciências sociais, da psicologia, da filosofia e das artes. Em dez anos de pesquisa sistemática, Vigotski contribui para a criação de uma teoria do desenvolvimento intelectual que fertilizou tanto pesquisas psicológicas quanto educacionais, estabelecendo a relação entre pensamento e liguagem, segundo uma nova abordagem materialista histórica.

Para a pedagogia, o desafio de instruir todas as crianças, garantindo o desenvolvimento intelectual mesmo em diferentes condições históricas, culturais, físicas e sociais, a psicologia de Vigotski criava um novo "caminho": a boa educação para o pleno desenvolvimento intelectual não é aquela que se atém à fase em que se encontram as crianças; a boa educação é a que se antecipa à fase atual da criança, com o modelo histórico cultural do adulto, em uma comunidade em que adultos e crianças estão juntos. Para isso, primeiro, a criança deve realizar suas atividades pedagógicas com a ajuda do adulto, ou de outras crianças, e depois tentar fazer sozinha. A pedagogia ganhou a perspectiva da educação por saltos dialéticos, com o que Vigotski chamou de "zona proximal".

A escola é valorizada na perspectiva da psicologia educacional de Vigotski, como lugar privilegiado para a garantia do desenvolvimento intelectual de todas as crianças. Tal como Makarenko, o modelo de escola, de sala de aula, de métodos, de técnicas, de conteúdos é questionado.

A maquinaria escolar não serviria para formar os futuros homens e mulheres trabalhadores e cultos, comandantes da sociedade socialista. Na perspectiva de Makarenko e de Vigotski, a escola deveria ser organizada como coletividade autogestionária, dirigindo, com o auxílio dos professores e da direção, o pleno desenvolvimento intelectual, psicológico e cultural de todas as crianças. A partir dessas perspectivas da sociologia da educação e da psicologia da educação, a pedagogia criava uma nova identidade, fincada no solo histórico da revolução.

Se, no final da vida, Makarenko lamenta descobrir, em suas andanças pelas escolas soviéticas, que quase nada havia sido alterado, o que podemos vislumbrar é a hegemonia do modelo da maquinaria escolar pensado e implantado no século XIX e XX, durante o período da contrarrevolução instaurada por Stalin: a formação de profissionais, atendendo à necessidade da divisão social do trabalho e do industrialismo, a educação individual e a manutenção das diferenças sociais, marcadas, por um lado, pelo trabalho manual e, por outro, pelo trabalho intelectual.

Makarenko nas experiências educacionais brasileiras

A vida e a obra de Makarenko têm servido como referência para muitas reflexões pedagógicas nos movimentos populares, especialmente no MST – Movimento dos Trabalhadores Rurais Sem Terra, e de pedagogos comprometidos com a educação da classe trabalhadora, seja em algumas experiências isoladas no interior de escolas públicas, seja nas escolas de formação de militantes, em sindicatos, associações, ou em cursos de capacitação, como a OFOC – Oficina Organizacional de Capacitação.

Embora no passado Makarenko também tenha sido indicado como uma possível contribuição para a escola brasileira, as iniciativas partiram dos renovadores comprometidos com as lutas da classe trabalhadora, como é o caso de Paschoal Lemme. Das experiências isoladas, podem-se citar exemplos de diretores, coordenadores e professores que procuraram dar algum direcionamento coletivo para a vida escolar. Valeria a pena reconstituir essas histórias, mesmo sabendo que não se generalizaram, não se tornaram hegemônicas. Ou seja, não há na história da escola no Brasil nenhum tipo de escola exatamente como aquela proposta por Makarenko.

Há, entretanto, inúmeras experiências, isoladas, que procuraram, que levantaram a necessidade de se criar um outro modelo de escola, como coletividade. Educadores que procuraram recriar as relações sociais no interior da escola, com intensa participação de alunos, professores e comunidade, trouxeram para o debate as teses educacionais de Makarenko. Há relatos de referência dessa proposta educacional, tanto em instituições de reeducação de crianças e jovens marginais, em escolas públicas progressistas, como os ginásios vocacionais, escolas experimentais da rede estadual de ensino de São Paulo, quanto em particulares, a exemplo da escola israelense de São Paulo "Scholem Aleichem"*, com forte participação de militantes do PCB, ou ainda em experiências em escolas operárias.

Nem sempre o diálogo da escola brasileira com a pedagogia de Makarenko foi aprofundado, uma vez que suas propostas pedagógicas não eram conhecidas na sua totalidade. A publicação, por exemplo, de conferência sobre a educação infantil, no início dos anos de 1980, e o modo pelo qual rapidamente se espalhou nos movimentos populares, em especial os organizados pela Igreja Católica, nas CEBs, expressa a entrada no Brasil das concepções pedagógicas de Makarenko, mas a partir de um recorte menos importante. Para Makarenko, a família poderia se transformar, organizando-se em coletividade familiar, mas deveria estar ligada à coletividade escolar, como referência educacional principal. Mas, isto na perspectiva de escola socialista, autogestionária, não a escola pública brasileira, que foi amordaçada por vinte anos.

* Sobre a influência da pedagogia de Makarenko nessa escola, recebemos da pedagoga e escritora Fanny Abramovich vários livros de Makarenko publicados durante os anos de 1940 e 1950, no Uruguai e na Argentina, de propriedade de sua mãe, Clara. As anotações feitas ao lado do texto indicam as preocupações pedagógicas daquela educadora.

A leitura crítica da obra de Makarenko não nos levaria a realizar uma mera "aplicação" ou "transplante" de suas propostas pedagógicas para a realidade educacional brasileira. E não nos impediria uma aproximação pelo fato de ter essa pedagogia as marcas históricas, culturais e sociais diferenciadas, porque vivemos num mesmo mundo e o passado também tem contribuições importantes para entender e transformar o presente.

A referência de Makarenko na educação do MST se fez presente justamente pela fertilidade de seu método pedagógico. A pedagogia do movimento encontrava em Makarenko a identidade de propósitos, observando a importância de organizar a escola como coletividade para formar os sujeitos de suas próprias vidas, da sua história. Os trabalhadores rurais sem terra, nos anos de 1980, diante das mais graves condições de exploração, organizaram-se em movimento popular e a pedagogia, a organização social, as atividades culturais deveriam ser repensadas. Quando a pedagogia se encarna no processo histórico, porque os educadores e os educandos dele fazem parte – e se faz movimento – o próprio movimento vai desvelando a sua pedagogia: a pedagogia do movimento.

Preocupamo-nos, finalmente, por relativizar a escola e a sua organização como coletividade, no sentido de demonstrar a sua força como "ilusão antecipadora", como ocorreu com Makanreko nos anos 30, devido à capacidade de mobilização interna de alunos e professores, identificados com a luta anticapitalista, numa escola organizada como coletividade. Toda a iniciativa de participação, quando voltada apenas para a organização interna da escola, como coletividade, desenvolve esta "ilusão antecipadora" se não tem as suas perspectivas imediatas e amplas voltadas para as lutas mais gerais. Neste sentido, Ernest Mandel discute a necessidade da organização da sociedade socialista como autogestão, percebendo a relação entre os vários movimentos autogestionários com a ampla participação política do proletariado:

> A ideia de sociedade socialista, como amplo conjunto planificado, é conscientemente dirigida por produtores e por cidadãos que se administram por si próprios e representam a própria essência do marxismo.*

A escola dirigida por um conjunto de professores e alunos, numa sociedade capitalista, não poderia, de acordo com as teses de Mandel, se desenvolver e alcançar um nível mais profundo de politização. Todas as experiências de controle operário, inclusive na esfera da educação, deveriam voltar-se para as lutas gerais.

Cecília da Silveira Luedemann
outubro de 2002.

* MANDEL, Ernest. *Controle operário, conselhos operários, autogestão.* São Paulo, CPV, 1988.

Makarenko, no período escolar

CAPÍTULO I

A INFÂNCIA E A JUVENTUDE SOB O TSARISMO * (1888-1904)

Um menino frágil e sonhador

O inverno de 1888 nem havia terminado e já não se encontrava neve na cidade de Belapolie, província de Kharkov, na Ucrânia. Aquela pequena casa, da família Makarenko, escurecida pela fuligem da ferrovia, já não era a mesma desde o dia 1º de março. Estava tomada pela alegria da chegada de um irmãozinho para Alexandra. A casinha do bairro operário da rede ferroviária nacional iluminara-se. Ali, mesmo sem flores e oprimida pelos muros da vila operária, a primavera chegara antes do seu tempo, junto com o pequerrucho Anton Semionovich.

O pai, Semion Grigorievich, comemorou ainda por muitos domingos a chegada de seu primeiro menino, junto aos vizinhos, aquecidos pela vodca e pelo prematuro sol da primavera. Os camaradas, todos artesãos, brindaram junto ao padrinho, o pintor de paredes, Khudiakov, melhor amigo de Semion. As vozes coloriam com alegria as ruas cinzentas:

---

* Tsarista – refere-se a tsar, imperador russo, que dominou muitos países da Europa Oriental, entre eles a Ucrânia.

– Será um dos nossos, um como nós!

A mãe, Tatiana Mikhailovna Dergachova, espalhava o perfumado odor de chá da chávena quente, servido para as comadres, e embalava Anton. A filha mais velha, Alexandra, entoava canções de ninar, como se fosse uma mamãezinha. E Tatiana olhava preocupada para o filhinho franzino: "Como ser operário, com essa saúde?" Filha de um soldado do exército do tsar, Tatiana já havia visto de tudo na Ucrânia, desde as misérias das guerras, até as promessas de riqueza nos períodos de paz. Quanto mais era tomada de maus pressentimentos, mais acariciava seu bebê: "Não te preocupes, tudo dará certo, você verá, meu amor..."

Os maus presságios revelaram a difícil realidade: durante muitos anos de sua infância, Anton conheceu a dor, o recolhimento, o afastamento da vida normal de criança. Ouvia as vozinhas alegres que o chamavam para brincar de galinha cega na rua, mas quase nunca podia estar entre elas. Tatiana desdobrou-se para cuidar da casa, de Alexandra e proteger a vida de seu pequenino. Em momentos de melhora, procurava fortalecê-lo para enfrentar o inverno que se aproximava. A cada pequena vitória, Tatiana sentia-se mais confiante. Sem outro remédio, o otimismo da mãe transformou-se em sua maior força.

Os anos de reclusão aproximaram Anton do mundo maravilhoso da cultura ucraniana. Tatiana era uma extraordinária contadora de histórias. Na sua memória guardava a tradição da família, desde seus avós e bisavós. Enquanto descascava as batatas para a sopa, cantava as canções do folclore ucraniano para o filho, sentado ao seu lado num banquinho da cozinha. Em dias piores, preso à cama, Anton sonhava com as aventuras* dos valentes *bogatires*, gigantes que enfrentavam os príncipes exploradores de camponeses, viajava nas cabanas com pernas de galinha da bruxa *Baba-Iaga* e acreditava nas forças humanas, como na história do terrível bruxo *Kochtchei, o imortal,* vencido pela força do amor.

* Muitas destas aventuras, citadas ao longo do livro, podem ser encontradas no livro *Sete contos russos*, recontados por Tatiana Belinky, editado em São Paulo, pela Companhia das Letrinhas, em 1997.

Identificado com a história de Ilia, o enfermo filho de camponeses, que se transformou em herói do povo, Anton pedia que sua mãe contasse várias vezes seguidas a mesma história:

> Ilia, filho de camponeses, nasceu numa aldeia perto da cidade de Murom. Nasceu paralítico e viveu sentado na isbá de seus pais, sem mover braços nem pernas, até os trinta anos, quando foi milagrosamente curado por dois peregrinos-andarilhos desconhecidos. E, daquele dia em diante, ele se tornou o maior e mais amado dos heróis-bogatires da Santa Rússia – o Ilia Muromets, dono de coragem e força descomunais, que ele só usava em defesa e benefício da sua terra e do seu povo humilde e sofrido.
>
> Após anos de andanças, lutas formidáveis e grandes aventuras, que o tornaram famoso e respeitado por toda a parte na sua vasta pátria, um dia Ilia chegou à esplendorosa cidade-capital Kiev, onde reinava o príncipe Vladimir, apelidado Solzinho Rubro-Belo.
>
> Naquele dia, o príncipe mandara convidar todos os boiardos, fidalgos e ricos mercadores de Kiev, e também os possantes e valentes heróis-bogatires daquelas terras, para um esplêndido banquete-festim de homenagem, no seu faiscante palácio de pedras brancas. Mas não convidou o velho cossaco Ilia Muromets, plebeu filho de campônios.
>
> Ao saber disso, Ilia Muromets encolerizou-se e, tomado de ira, lançou mão do seu arco fortíssimo e da sua aljava de flechas pontudíssimas, e saiu a perambular pela cidade de Kiev das muitas igrejas. Ele andava pela cidade, disparando flechas contra as torres das igrejas, derrubando as cruzes de prata dos zimbórios, e as cúpulas douradas, e arrancando os badalos dos sinos de bronze dos campanários. E então ele entrava nas tavernas e falava assim:
>
> – Eia, vinde para fora, vós, pobretões e ébrios, ide para a praça pública, recolhei as cúpulas douradas, e as cruzes de prata e os badalos de bronze caídos no chão! E levai tudo para as bodegas e as tavernas, vendei a prata e o ouro e o bronze em troca de barris de vinho verde, tonéis de cerveja forte e pipas de doce hidromel! (...)

Sem perceber, Tatiana estava imprimindo na alma do pequeno Anton as forças da alegria e do otimismo do jovem proletariado ucraniano contra a exploração dos príncipes e da vida miserável nos campos e nas grandes cidades. A velha e opressora monarquia tsarista estava com seus dias contados. Depois de explosivas rebeliões no campo, o fim do regime de servidão foi decretado desde 1861, libertando milhões de camponeses. A Ucrânia, subordinada ao Império russo, vivia intensamente as contradições da crise do feudalismo e o desenvolvimento do capitalismo ainda sob domínio do Estado monárquico.

O rápido surgimento de novas indústrias inchou as cidades, concentrando milhares de operários em péssimas condições de vida e de trabalho. A nascente burguesia estava sentada num barril de pólvora prestes a explodir. Semion, pai de Makarenko, era considerado um desses novos operários, privilegiado se comparado à condição de miséria dos camponeses ucranianos, mas também intensamente explorado, com prolongadas jornadas diárias de trabalho, de 12 a 14 horas, e salários baixos.

A situação ficou ainda mais difícil para Semion com o crescimento da família: depois de Alexandra e Anton, vieram Natália e Vitali. O nascimento de mais dois filhos criou novos desafios para a vida familiar, que foram respondidos com preocupação, responsabilidade e disciplina, mas também com maior criatividade, solidariedade e alegria. Tatiana aprendera a costurar e aproveitava o mesmo corte de tecido, mais barato, para fazer as roupas dos filhos. Os companheiros ajudavam a família Makarenko, trazendo o leite das crianças que faltava no final do mês. E quando pagava as contas da mercearia, logo em seguida Semion abria a caderneta com novas compras para o fiado.

Era assim que as coisas funcionavam, segundo o ditado ucraniano: "a infelicidade ensina a saborear a *quiche*". Aqueles pães de meio metro com toucinho, os célebres *quiches*, estiveram presentes na família Makarenko para serem saboreados com os companheiros, depois de terem superado os dias mais duros.

A educação operária e o pano vermelho

A educação de Anton estava marcada pelos pequenos detalhes do dia a dia da vida proletária. A hora de acordar, os afazeres da casa, o trabalho, as brincadeiras, uma toalha que vai e volta para a mesa, a alegria de compartilhar as refeições, a hora de dormir e a certeza de que tudo se repetirá exatamente igual, como na poesia de Eduard Bagritzki:

> Desmaio de doçura,
> sonho, calma,
> De canto inábil,

de moroso tédio.
Amo os galos bordados na toalha
E a fuligem dos ícones austeros.

Quente zunir de moscas,
vão-se os dias
Na devoção submissa da certeza.
Sob o telhado,
a codorniz cicia,
Há um aroma festivo de framboesas.

Mas pesa à noite a penugem de gansos,
O lampião vacila, cansativo,
E na toalha,
o galo ergue o seu canto
Monótono, pescoço distendido.

Senhor, nada perturba este silente
recanto que me deste e onde me asilas.
Espesso feito um mel,
em gotas lentas,
Escorre da colher o fio dos dias.

Semion desdobrava-se para completar o seu salário da rede ferroviária fazendo bicos. Seu tempo com a família reduzira-se. Tornara-se ainda menos falante, fechado em seus pensamentos e preocupações. Durante toda infância, Anton observou a luta do pai para manter os quatro filhos e a esposa. Uma rotina que se repetira durante dezenas de anos e ficara para sempre na memória de Anton. Semion acordava com a sirene da oficina da ferrovia às cinco horas da manhã, pegava a marmita embrulhada num pano de prato vermelho, em cima de um banquinho da cozinha e, em quinze minutos, já estava caminhando pelas ruas cinzentas e arenosas da ferrovia rumo ao trabalho na oficina. Só voltava para casa às seis da tarde, e colocava, em silêncio, o pano de prato vermelho dobrado em cima do mesmo banquinho da cozinha.

Um pano vermelho... um simples pedaço de pano de algodão simbolizava a relação do pai com o trabalho, com a vida e com a família. Durante anos ele conservou intacto o seu pano de prato, jogando as migalhas de pão que sobravam da refeição, alisando-o e dobrando-o, cuidadosamente, em quatro. A mãe encontrava o paninho sempre no mesmo lugar e recolocava-o, depois de embrulhar a marmita e o pão, em sinal de respeito ao companheiro que lutava pela sobrevivência da família.

Anton foi educado, desde a mais tenra idade, com esses pequenos detalhes do dia a dia de uma família coesa, em uma comunidade operária. Eram as tradições simples dos trabalhadores que se chocavam com os antigos valores de ociosidade, preguiça, individualismo, egoísmo, próprios do modo de viver dos príncipes decadentes e da burguesia nascente. Ali, junto com os amigos do pai, todos velhos artesãos, aprendia os exemplos de inteligência, vivacidade e humanismo.

O compadre da família Makarenko, o pintor de paredes Khudiakov, nunca faltava aos domingos para trocar algumas ideias com o companheiro Semion. Aquele homem gigante lembrava a figura do herói-*bogatir* Ilia Mumorets, das histórias contadas por Tatiana, que enfrentou o príncipe Vladimir. Divertia-se, ao ensinar o afilhado Anton, o modo de vida dos operários, colocando-o diante de si, de sua enorme boca risonha e desdentada e de seus olhos expressivos e irônicos:

– Tem coisa melhor do que estar entre os camaradas, hem, meu afilhadinho? A companhia de príncipes? Para o diabo! Para que eu ia querer a companhia de gente desse tipo? Nem que me oferecessem um festão daqueles, e ainda me cobrissem de ouro, que eu não ia querer saber de beber nem um golinho com esses parasitas! Venho à casa de meu companheiro Semion Grigorievich e passamos bons momentos juntos, falamos de umas coisas, de outras... Sem príncipes, se pode viver, mas e sem nós, os pintores? Claro que não! Que vida seria essa? Uma vida sem cores!

E foi assim que Tatiana resolveu colorir a vida do pequeno Anton, já sem esperanças de se tornar um operário, como o pai. "Pode ser um bom professor primário e ensinar na escola da oficina da ferrovia", pensou ela, sem compartilhar com ninguém seu segredo. Era a primeira vez que dali, dentre as famílias operárias, sairia um professor. Ela sabia um pouco e poderia ensinar tudo o que sabia.

Em março de 1893, Anton comemorava seus 5 anos e a conquista do mundo das palavras. Uma porta havia se fechado, mas Tatiana lhe havia aberto outra. Lia fluentemente histórias e escrevia pequenas cartas. Estava pronto para entrar na escola primária, sem dificuldades ou humilhações. Quem sabe não passasse também por sua cabeça o sonho de ver Anton passeando pelas poeirentas ruas da vila como os filhos de Novak, o chefe ferroviário, vestido com um daqueles maravilhosos uniformes de colegiais, com belos enfeites bordados nos ombros? Talvez, na sua ingenuidade, imaginasse que a escola pudesse igualar seu Anton aos filhos de famílias mais ricas, como os filhos do pope, do chefe da contabilidade, do comissário de polícia, do inspetor e do vigilante da via.

Menos sonhador e mais prático, Semion procurava calcular as perdas e ganhos para se aventurar em um mundo desconhecido. Valeria mesmo a pena encaminhar Anton para o magistério? Mesmo que o filho cursasse a escola primária para os filhos dos operários da ferrovia, teria gastos com cadernos, com livros... "Os livros ainda poderiam ser emprestados, mas os cadernos... cada caderno custava vinte copeques..." – pensava Semion, depois de cada dia de trabalho. No outro filho depositava a segurança habitual: seria operário como ele, seguiria a formação profissional para trabalhar nas oficinas da ferrovia. Com as filhas, também o destino natural era seguir o caminho de Tatiana, ser mãe e dona de casa. Mas, e com Anton, se não desse certo?

Matutava, fazia contas, conversava com Tatiana e, aos poucos, se convencia de que este era o único caminho que restava a Anton, não poderia ser nem operário e nem soldado... mas a fraqueza física não lhe impedia de ser professor primário. Seus esforços deveriam se concentrar no trabalho intelectual, dedicando-se mais que os outros meninos aos estudos.

A primeira infância de Anton desmente a ideologia do *dom natural*. Não nasceu com uma aura, iluminado, para o trabalho intelectual. Também, entre os pais e irmãos, nunca se destacou como *melhor*, uma vez que não pôde desenvolver as habilidades manuais, físicas, desejadas por sua comunidade operária. O sonho de todas as famílias operárias era formar seus filhos como mecânicos das oficinas da rede ferroviária. A própria necessidade exigiu da família uma orientação para a formação intelectual. Seria um professor primário e receberia um salário igual a de um operário sem qualificação. Mas não seria mais um peso para a família e nem dependeria dela no futuro.

“Essa escola não foi feita para nós”

Em 1895, ao completar sete anos, Anton estava pronto para ingressar na escola primária. Mas sabia que, para ele, a escola teria um outro significado. O estudo pesaria mais nos seus do que nos ombros dos demais meninos: deveria ser o melhor de todos. Deveria aprender bem para depois saber ensinar. Em seu primeiro dia de aula, antes de sair de casa, ouviu, em silêncio, a ameaça do pai:

– As escolas da cidade grande não foram feitas para pessoas como nós. Prova a essa gente o que vale, meu filho! Se for para trazer para casa as piores notas, melhor que nem vá. Agora, sei que está pronto. Eu quero ver apenas as melhores notas, entendeu, Anton?

Balançou a cabeça, em sinal de aceitação. Exigência e confiança. Com esses dois princípios da conduta moral de Semion, foi educado para enfrentar os bancos escolares. Não poderia ser exatamente igual ao pai, um operário, mas manteria a promessa de ser um bom trabalhador, como ele. Estudaria como quem trabalha duro para mostrar o quanto valia o filho de um operário honrado.

O pai de Anton tinha razão. As escolas primárias não haviam ainda sido criadas para a maioria do povo. O grande Império russo não tinha um sistema nacional de ensino até o final do século XIX e início do século XX: 71% dos homens e 87% das mulheres eram analfabetos. Entre as crianças, apenas 20% chegavam a sentar nos bancos escolares. As realidades culturais dos povos eram extremamente diferenciadas, pois não poderiam ser considerados analfabetos aqueles que nem possuíam escrita. Entre as 152 nações, que depois fariam parte da sociedade soviética, apenas 30 possuíam alfabeto. Dos povos da Kirguizia, Uzbequistão e Tadziquistão, apenas 2% da população era escolarizada. As poucas escolas primárias existentes possuíam um currículo descentralizado, de acordo com as diferentes necessidades locais, caracterizando um tipo de escola primária para cada classe social ou tipo de elite e até de clã. A maior parte das escolas era particular, sob a direção de camponeses ricos, nas aldeias, ou de burgueses, nos grandes centros. A Igreja detinha um poder maior sobre a educação popular, no ensino primário das paróquias, e a educação privada, para o ensino secundário das elites. As poucas escolas públicas existentes eram voltadas para o ensino primário, com duração de três anos, com um currículo mínimo de leitura, escrita, aritmética e ensino religioso, através do canto. O ensino suplementar, completando 6 anos, se realizava em apenas 5% dessas escolas públicas.

Em termos de educação popular, predominavam as escolas paroquiais, em que os alunos decoravam os dogmas religiosos e aprendiam a ler e a escrever pelos textos bíblicos. A escola primária tsarista das oficinas ferroviárias, como aquela para a qual foi encaminhado Anton, não deixava de ser um privilégio se comparadas às escolas paroquiais. Anton estava entre os 20% dos garotos que poderiam, pelo menos, se alfabetizar com um professor leigo...

Não, não foram fáceis os primeiros dias de Anton na escola. Um garotinho de apenas sete anos de idade teria de aprender as novas regras de um mundo desconhecido e, sozinho, assumir os erros, sofrer com os castigos. Era algo totalmente diferente do que tinha visto até então em sua vida.

A escola parecia uma casa cheia de crianças, mas não lembrava em nada um lar. O espaço, a disposição dos móveis, tudo fazia a escola assemelhar-se a um local de trabalho, mas não a uma oficina. Mais parecia um escritório. Algo totalmente impessoal, sem as marcas carinhosas da tradição familiar. Nenhum pano bordado com galos majestosos, nem flores singelas em pequenos vasos para enfeitar as rústicas mesas de madeira...

O professor, exigente e distante das crianças, ensinava como um chefe de seção, autorizado a exigir submissão e a castigar caso não fosse obedecido. Suas roupas também eram diferentes daquelas utilizadas pelos adultos da vila operária. Seu uniforme não era nem um macacão, nem uma roupa velha e remendada para o trabalho. Estava vestido para uma festa com terno, gravata e óculos de aros finos de metal. Embora ganhasse menos que um mecânico, estava vestido como um dos chefes da ferrovia, em dia de domingo.

Pesadas carteiras de madeira, colocadas em fileira, estavam voltadas para frente, onde se encontrava uma mesa e uma parede pintada de verde escuro, para servir de lousa. No fundo da sala, um cabideiro para pendurar as bolsas. Nas paredes laterais, um mural e uma estante com grossos livros de capa dura, ao lado das janelas. No mural: ilustrações e palavras para serem memorizadas.

Anton perdera aquela sensação de ser alguém, um menino amado pela família, mimado pelo padrinho. Era apenas mais um. Perdia-se no meio das dezenas de meninos que, como ele, tinham as cabecinhas raspadas, vestidos com um uniforme escuro. De repente, teve a sensação de estar no meio de um exército, de agir como um soldado, sob o comando de um general.

De fato estava em uma das salas de aula das escolas da rede pública de ensino do Império tsarista, pensadas e criadas a partir do século XIX. Na Ucrânia, as escolas da rede ferroviária nacional não eram diferentes daquelas criadas em todo o Império russo para a alfabetização e a formação profissional. A maquinaria escolar, grande invenção da sociedade capitalista, criada para atender às necessidades da produção fabril, surgiu e se expandiu, rapidamente, como os hospícios e os orfanatos.

O tempo de formação dos filhos dos trabalhadores nos centros urbanos do Império russo se resumia a três anos na escola primária e seis anos no ginásio, complementado pelo curso de especialização profissional. Resultado: caberia à família operária decidir se o filho seria formado como técnico das oficinas da ferrovia, como militar do exército tsarista ou como professor primário. Aos filhos dos trabalhadores só restavam estas opções: a fábrica, a guerra ou a escola primária.

Aos poucos, Anton foi vencendo o medo, a sensação estranha de estar num lugar totalmente desconhecido. Aceitou a exigência do professor como natural, habituado à disciplina imposta pelo pai, mas continuou cultivando a autoconfiança desenvolvida no meio familiar. Tinha, de saída, a vantagem de ter ingressado no 1º ano já alfabetizado, podendo desfrutar das tarefas de leitura e de escrita sem o temor dos castigos, entre as aulas de coral, de violino e de desenho.

Terminava suas tarefas antes dos colegas e, mais à vontade, observava-os. Eram as mesmas crianças que já conhecia fora da escola. Eram vizinhos, filhos de operários, como seu pai. Embora diferentes do tempo em que ainda não estudavam, com cabeças raspadas e uniformes escuros, sentados em silêncio, como num exército, percebia que ainda eram exatamente iguais aos meninos que sempre conheceu, pulando os muros para brincar de esconde-esconde, com suas vozes alegres que invadiam as ruas cinzentas da vila operária. Também o professor, embora se colocasse como um general duro e frio, fazia-o lembrar os adultos da comunidade operária. Parecia querer imitar outra pessoa naquele terno, mas era um homem simples, com gestos pouco refinados.

O professor era obrigado a ensinar aos filhos do povo ucraniano a língua oficial das escolas tsaristas, o russo. Aquela maravilhosa cultura ucraniana, que Anton aprendera com a mãe, fora apagada pela rotina escolar imperial. Durante os três anos da escola primária, Anton lutou para manter viva a chama da cultura ucraniana. O primeiro contato com a literatura russa, como as fábulas de Ivan Krilov, o ensinou a relacionar de forma especial a sua cultura local com a cultura universal, alimentando o sonho de emancipação.

No reino dos livros

Em 1897, aos nove anos, Anton concluiu com boas notas a escola primária, classificado como o melhor aluno da classe. Mais um desafio vencido e logo outro já estava colocado: cursar o ginásio, de seis anos de duração. Novas disciplinas, novos conhecimentos, novas dificuldades e novas descobertas. Anton havia mergulhado no contraditório universo dos conhecimentos da escola pública russa, que procurava desenvolver uma nova cultura, moderna, mas ao mesmo tempo reproduzir hábitos, valores e tradições de submissão.

No currículo da escola pública tsarista havia a típica combinação de conteúdos científicos, práticos e morais, da cultura iluminista, burguesa, do século XVIII, mas ainda sob domínio dos interesses da nobreza e da Igreja Ortodoxa. A elite estava aberta para o desenvolvimento das artes e das ciências, mas fechada para a liberdade política e religiosa.

A Monarquia Iluminista construiu para a rede pública de ensino este curioso currículo que atendia às diferentes necessidades do nascente capitalismo do Império russo. Os conteúdos estavam voltados para o conhecimento das leis da natureza, como nas disciplinas de Ciências Naturais e de Física; para atender às necessidades da vida prática burguesa, como os cálculos realizados pela disciplina de Aritmética e, ainda, o ensino da língua russa, para marcar o domínio da cultura do opressor; para dar as noções modernas do tempo e do espaço e impor a história oficial do Império russo, havia as disciplinas de Geografia e de História; noções de artes, com Desenho Geométrico e Artístico e Canto; preparar o corpo saudável e produtivo, com a Ginástica; e, finalmente, modular o espírito de acordo com os preceitos da Igreja Ortodoxa, com as aulas de catecismo.

Os filhos da classe trabalhadora deveriam ser formados segundo esse padrão híbrido de homem cortês, o gentil-homem, culto, prático, mas temente a Deus, à Santa Igreja e ao senhor todo-poderoso, o Tsar. Mas, a escola para o povo era diferente da escola da elite. O currículo das escolas populares era incompleto e impossibilitava que os filhos dos trabalhadores prosseguissem seus estudos nos graus mais avançados do ginásio e do ensino superior. Deveriam ser cultos, mas nem tanto... somente à elite caberia uma formação completa e profunda para comandar a sociedade.

Os jovens revolucionários, em 1899, já questionavam a educação popular nas escolas paroquiais, exigindo uma escola única para todos, sem distinção de classe social. Nadezhda Konstantinovna Krupskaia escreveu, nesse período, *A Mulher Trabalhadora* e defendeu a necessidade da construção da sociedade socialista que desse aos filhos do povo, não apenas as condições de sobrevivência, mas também todas as demais condições culturais para o seu pleno desenvolvimento. Os socialistas buscavam estudar novas experiências educacionais que servissem de modelo para uma pedagogia socialista. O "escolanovismo" europeu e norte-americano também seria estudado por Krupskaia, tomando como referência principal a experiência do escritor russo Leon Tolstoi (1828-1910). Tolstoi criou, em 1859, em Isnaia Poliana, na sua propriedade rural, uma escola para os filhos dos camponeses, baseada nos novos preceitos da escola nova. Era a primeira escola desse tipo na Europa e sua experiência influenciou profundamente as discussões educacionais sobre a necessidade da renovação pedagógica, principalmente para a realidade da educação autoritária do Império russo.

As ideias libertárias penetravam no campo da educação, principalmente com a defesa da "educação integral" do líder anarquista Kropotkin. No mesmo ano em que Krupskaia escrevia *A Mulher Trabalhadora*, era publicado *Campos, Oficinas e Fábricas*, de Kropotkin.

Depois do toque inicial da cultura escolar, Anton aprendeu a movimentar-se sozinho, como autodidata, nesse universo maravilhoso e contraditório do currículo ginasial. Queria saber tudo, mas tinha especial interesse pelos mistérios da astronomia, para muito além do que os seus olhos poderiam ver. Depois aprendeu a questionar a natureza e a sociedade com auxílio dos estudos filosóficos. Da filosofia grega clássica aos filósofos da modernidade, Anton bebeu em muitas fontes. Mas sua verdadeira paixão ainda era a literatura e transformou-se num verdadeiro caçador de aventuras literárias.

Inicialmente lia qualquer romance ou poesia que lhe caísse nas mãos, mas tendo já a curiosidade saciada, com mais calma, aprendeu a ser mais exigente, a escolher o que deveria ser saboreado aos poucos. E seu cardápio tornou-se mais refinado. Anton havia descoberto a alta literatura, os chamados clássicos. Entre os ucranianos descobriu Skovoroda, Chachkevitch, Gholovatski, Franko, Tchevtchenko e Gogol. Entre os russos, Pushkin, Tchekhov e, mais tarde, Gorki. E entre os estrangeiros, Walter Scott, Victor Hugo e Sienkiwicz.

Em 1900, Semion foi transferido para as grandes oficinas da rede ferroviária, recém construídas, em Kriukov. Tatiana retornava com a família para a sua cidade natal, onde conheceu e se casou com Semion. Com uma população de dez mil habitantes, Kriukov era praticamente um subúrbio de Krementchug, a cidade da indústria e da cultura. Próximo ao rio Dnieper, Kriukov e Krementchug estavam unidas por uma ponte da estrada ferroviária.

Aos 12 anos, Anton perdia a comunidade operária de sua primeira infância, mas ganhava um novo mundo cultural e social mais avançado. Em Krementchug, havia um teatro dramático e de música e quatro salas de cinema, além de grandes bibliotecas. Com muito custo conseguia economizar e juntar oitenta e cinco copeques para assistir a uma peça de teatro.

Anton ingressou na escola urbana de Krementchug para continuar o curso ginasial de seis anos. Sua dedicação aos estudos ganhou proporções impressionantes em comparação com os outros colegas da sua idade. Continuou, entretanto, apresentando grandes dificuldades com os jogos infantis e a ginástica.

Sua curiosidade atravessou os muros da escola e penetrou em todos os recantos de cultura da cidade industrial. As bibliotecas transformaram-se em verdadeiros templos, pois ali estavam todos os seus tesouros sagrados: os clássicos da literatura universal. Definitivamente, Anton havia criado uma nova escola, onde, de fato, poderia apreender uma outra visão sensível da realidade. A leitura de obras literárias do naturalismo e do realismo apresentou para Anton um cenário desolador da vida da nobreza decadente, dos burocratas do Estado tsarista, dos pequeno-burgueses acomodados e da grande burguesia ambiciosa. Prestava especial atenção à história dos escritores que foram perseguidos e presos pelo Estado tsarista, como Pushkin, e seu seguidor, Gogol, que denunciou com todas as forças o desumano sistema capitalista e seu aparato burocrático. Com Tchekhov, aprendeu a chorar as tragédias de seu povo.

Mas Anton tinha apenas 12 anos de idade e sua referência principal ainda era a família e a comunidade operária. O inimigo principal era o regime tsarista, mas a lógica da exploração capitalista ainda não era questionada pelo pai e seus companheiros. Semion seguia o seu limitado projeto de ascensão social: assumia o cargo de pintor oficial e, logo em seguida, de contramestre das oficinas de pintura da rede ferroviária de Kriukov. Mas, o pano vermelho ainda continuava ali, aguardando-o para outra jornada de 12 horas e com salários baixos.

A educação dos movimentos sociais

O reino dos livros foi o lugar da descoberta de novas experiências literárias. Mas, ao terminar cada leitura, Anton passava a observar a realidade social com um novo olhar. De fato, percebia que o velho mundo à sua volta estava mudando: 1º de maio de 1900, dez mil operários tomaram as ruas para uma manifestação política. Reivindicavam a instauração da jornada de 8 horas de trabalho e liberdades políticas. Os movimentos sociais, as lutas de classes, as manifestações, as greves, os motins, tomaram de assalto a vida de Anton.

Essa mudança não era repentina, ela já vinha ocorrendo há muitas décadas. Havia uma outra Ucrânia, outra Rússia, outra Europa, revolucionárias, que cresceram e se desenvolveram na segunda metade do século XIX e que explodiam no início do século XX. O movimento operário atingira seu caráter internacional, amadurecia e criava seus órgãos de participação política: os sovietes. Criados como forma de organização dos movimentos grevistas, os sovietes multiplicaram-se e ganharam força política em confronto com o Estado tsarista e com a participação dos partidos de oposição.

O Partido Operário Social-democrata Russo, de tendência marxista, fundado em 1898, dividiu-se em duas correntes: os mencheviques, sob a liderança de Martov, e os bolcheviques, com Lenin. O Partido Socialista Revolucionário, de tendência anarquista, também se dividiu em duas tendências: a tática de atentados e uso de violência contra o tsarismo, com Bakunin e, com Kropotkin, o uso da não violência como forma de contestação, como a propaganda contra o pagamento de impostos. O terceiro principal partido que se manteve na ilegalidade até 1905 foi o Partido Constitucional Democrata, representando os interesses de nobres e burgueses, que exigiam a participação da burguesia no Estado tsarista e a instauração da República Democrática.

A família Makarenko estava distante das organizações operárias e dos partidos de oposição. Mas, em Krementchug estavam em contato com trabalhadores de outras regiões, como russos, bielo-russos e poloneses. As ideias revolucionárias circulavam sussurradas ou impressas em jornais clandestinos. As concepções marxistas, de organização do proletariado do mundo inteiro para a instauração de uma sociedade livre, estavam se espalhando rapidamente por todos os grandes centros urbanos do Império russo. Os revolucionários traziam novas experiências de luta em outros países.

Uma nova literatura também chegava às mãos de Anton. Eram textos de Gorki, incitando o povo a lutar pela emancipação política e pelo fim da exploração. Seus heróis eram os miseráveis, trabalhadores desempregados, moradores de rua, operários, cheios de vida e de coragem. Em sua adolescência, Anton abandonou o sentimento de impotência dos personagens pequeno-burgueses de Tchekhov e abraçou o novo mundo pintado com cores fortes por Gorki. Ele podia ver claramente esse mundo iluminado em cada um de seus livros. Era o meio do caminho entre o anarquista Tolstoi e o comunista Lenin.

Na luta antitsarista, os estudantes aproximaram-se do anarquismo e do marxismo. O primeiro estava fortemente marcado pelo movimento criado pelo escritor russo, Leon Tolstoi, conhecido como tolstoianismo, de retorno à vida no campo e de busca de autoaperfeiçoamento; o segundo, teve com referência Lenin, do Partido Bolchevique, que defendia a organização da vanguarda operária e a revolução socialista.

Anton, como muitos estudantes antitsaristas, experimentou a utopia de Tolstoi, conheceu a proposta de sua escola para filhos de camponeses em Iasnaia Poliana, mas percebeu que a sua crítica estava voltada apenas para a opressão do velho regime e a desordem da nova ordem capitalista, mas não se opunha à propriedade privada. A escola nova de Tolstoi destruiu a ideia do coletivo, chamado por ele de "manada", e instituiu a ideia do indivíduo e da liberdade individual. Em sua escola, os pequenos camponeses liam livros, escreviam, desenhavam, à vontade, sem separação de sexo e de idade, mas isolados entre si.

Enquanto outros estudantes de origem pequeno-burguesa, decepcionados com o tolstoianismo, e em contato com o marxismo, procuravam se aproximar do meio operário, Anton percebeu que a sua descoberta do marxismo havia se dado pelo caminho inverso: da realidade operária, para as ideias marxistas. A verdade das ideias estava expressa na realidade que ele já conhecia.

Ainda sem ter consciência, Anton buscava um novo modelo de educador para uma nova escola, democrática, libertadora. Esse modelo não se encontrava em sua escola de formação para o magistério. Para a velha escola tsarista, o professor deveria aprender a submeter-se à burocracia estatal e desempenhar uma disciplina autoritária com seus alunos. O aprendizado dos conteúdos deveria seguir ainda a velha didática da memorização, sem atividades experimentais, voltada apenas para o domínio de habilidades práticas do trabalho nas oficinas.

Encontrara em Gorki, um escritor, o seu modelo ideal de educador. Como no projeto iluminista, Anton via no artista, no escritor, uma força criadora de importância vital para a nova educação. Além disso, Gorki era um intelectual de novo tipo, diferente da *intelligentsia* russa, de ex-aristocratas e pequeno-burgueses cheios de culpa e angústia. Era um intelectual que retratou com fidelidade a realidade do jovem proletariado, dos rebeldes camponeses expulsos de suas terras, os sem teto, os sem pátria, que atravessavam terras desconhecidas, subiam e desciam rios, andavam por avenidas de grandes cidades em busca de trabalho. Um intelectual do novo tipo porque era um como eles, igual a eles, um homem igual aos que soube tão bem retratar.

Gorki: novo modelo de educador

Em 1904, aos 16 anos de idade, Anton concluiu o ginásio. Era desfeito o coletivo de estudantes que seguiriam diferentes caminhos da vida proletária. A maioria de seus colegas optou por continuar os estudos nas escolas de especialização profissional da rede ferroviária; outros preferiram a carreira militar, e poucos, como Anton, ingressaram no curso de preparação de professores para o ensino primário. O curso durava apenas um ano e apresentava muitas deficiências. No entanto, Anton estava determinado a superar essas dificuldades, procurando novas orientações pedagógicas.

Anton aproximou-se das obras de Gorki, porque via claramente expressa a tendência para a educação do "povo" voltada para a rebeldia, para as rupturas com a antiga ordem. O realismo de Tolstoi e de Tchekhov chegava ao limite de suas propostas estéticas e filosóficas do final do século XIX, não acompanhando as novas transformações políticas com o surgimento gradual e explosivo do proletariado. O olhar de Anton estava voltado para o futuro.

Gorki havia dado um passo à frente em relação à geração anterior de escritores e intelectuais da elite, que viviam sob a "utopia cristã" e a luta da "vontade universal", trazendo para a literatura a perspectiva da nova classe em ascensão, o proletariado. Gorki retratava a superação dos dramas da aristocracia decadente e da pequena burguesia através da alegria, da coragem de personagens míticos: ciganos, antigos cavaleiros e heróis, vagabundos, marinheiros e operários. Ele estava diante de um espelho quando narrava suas histórias. Mas, ao seu lado, estavam esses milhões de trabalhadores que viviam os conflitos narrados. E Anton via-se, também, nesse espelho. Ele sentia que estava lá junto com os operários de *Vinte e seis e uma*:

> Cantam todos os vinte e seis; vozes rudes, enferrujadas, enchem a oficina, onde já não cabe a canção; ela brota das pedras das paredes, geme, chora, reanima uma dor plácida que faz cócegas no coração e nele revive antigas feridas, acorda saudades... Os cantores suspiram fundo e pesado; imprevistamente, um ou outro interrompe o canto, observa como cantam os companheiros e volta a derramar a sua voz na onda comum. Alguém soltando tristemente um – ai! – canta, fechando os olhos. Talvez a onda espessa e larga das vozes se lhe afigure uma estrada em lugar bem longínquo, iluminada por um sol claro, uma estrada ampla, onde ele se vê a si mesmo, andando...

Os operários de *Vinte e seis e uma* aparecem como um coletivo que compartilha a esperança de uma vida melhor através da arte. Gorki apresenta seus personagens proletários, não como sofredores, como no realismo, mas como artistas (trabalho-arte, e não trabalho-destruição/alienação), como construtores de uma nova realidade. Gorki cria a ligação entre os indivíduos, através da identidade criada pela convivência do trabalho comum, da revolta, da música, do coro, da experiência estética e do sonho comum. Não há, entre os operários, a oposição indivíduo *x* sociedade. A oposição é de classe. Assim, entre eles, é possível sonhar e ultrapassar os limites da oficina opressora.

A influência de Gorki sobre Anton é evidente. O romantismo ativo de Gorki (esse realismo de novo tipo, que busca a superação da realidade existente), em Anton, se expressou pela mesma crença dos "valores do povo", de sua sabedoria espontânea, das canções e lendas, de suas tradições coletivas, fonte de toda esperança, de toda alegria humana. Anton passou a estudar suas próprias raízes, retomando a cultura da primeira infância.

O coletivo de trabalhadores, seus hábitos e suas tradições tornam-se o ponto de partida, a relação da cultura local com a cultura universal. Passa o observar melhor as relações no interior da escola, da comunidade e da família. Procura superar a deficiente formação para o magistério, reinventando novos objetivos e buscando novos métodos.

A educação da criança, individualmente, serviria, ainda, de base para uma educação nova, influenciada pelo escolanovismo de Tolstoi. Mas, seu olhar traz o ponto de vista dos trabalhadores. Anton recupera a ideia do coletivo, da sala de aula, não como "manada", que despersonaliza a criança, mas como grupo, que estimula o desenvolvimento individual.

Em sua cabeça fervilhavam ideias, porém percebia o perigo de criar novas propostas sem teorias sólidas, sem um curso superior de pedagogia. Mas, era o que tinha no momento. E deveria seguir em frente, não desistir. Deveria acreditar na formação cultural geral que conquistara com tanto esforço nos últimos anos de estudos, principalmente em contato direto com uma bibliografia mais atualizada nas bibliotecas.

Não deveria se contentar com os conhecimentos que trazia, mas deveria realizar uma constante revisão do trabalho a ser encaminhado com os alunos. Preparar as suas aulas, discutir com os colegas professores, realizar mudanças de acordo com as necessidades e dificuldades dos alunos. Dar o máximo de si e, mesmo assim, fazer autocrítica constante do seu trabalho.

O ano de 1905 era um divisor de águas e Anton sentia a importância de cada um de seus atos. Deveria participar da ação coletiva de demolição do antigo sistema de ensino opressor, mas principalmente contribuir com os primeiros tijolos da nova educação.

O desafio estava colocado. Aos 16 anos, Anton já refletia sobre o seu papel: ser um intelectual de novo tipo, como Gorki. Ele imaginou, de olhos fechados, como no conto de Gorki, uma estrada ampla, iluminada por um sol claro, onde ele estava caminhando... ao seu lado estavam muitos professores, intelectuais de novo tipo, como ele e, atrás de si, suas crianças. Mas, à frente, estavam os milhões de trabalhadores de todo o Império russo.

CAPÍTULO II

O JOVEM EDUCADOR NO ENSAIO GERAL DA REVOLUÇÃO (1905-1914)

Nasce Makarenko, o jovem educador

O ano de 1905: um ano magnífico, surpreendente pela descoberta da força da classe trabalhadora, mas, também, trágico pelos massacres sofridos. A autocracia tsarista havia perdido a guerra contra o Japão, disputando a Manchúria, aprofundando a situação de miséria dos soldados, camponeses e operários do Império. As revoltas se espalharam por todos os lados. Nem no interior das forças armadas os generais conseguiam conter as revoltas. O ano de 1905 foi marcado pela rebelião no encouraçado Potemkin, triunfo da revolta dos marinheiros. Primeiras experiências do proletariado em armas. Ano de ensaio da revolução socialista.

Na primavera de 1905, Anton concluiu seu curso de formação para o magistério. Aos 17 anos, nascia Makarenko, o jovem educador. Embora com todas as deficiências de formação, sentia-se pronto para a experiência da sala de aula, para acertar e errar, para testar suas hipóteses e criar novas alternativas pedagógicas. Entusiasmado, sonhava assumir a sua sala de aula, ensinar o máximo que sabia aos seus alunos, mostrar-

-lhes um novo caminho, repleto de novas possibilidades para entender o mundo em que viviam.

Forjado a ferro e a fogo em 1905, ano de efervescência revolucionária, Makarenko projetou seu trabalho pedagógico como início de um trabalho político. Seu projeto educacional visava formar novos homens para uma sociedade livre. Mas como realizar esse novo tipo de educação? Eram crianças, meninos que, como ele, também tiveram uma vida dura... por outro lado, pertenciam a um coletivo de operários.

Embora sua fama como pedagogo tenha se dado a partir da experiência de reeducação de crianças e adolescentes órfãos e marginais durante a revolução socialista de 1917, sua experiência inicial se deu nas escolas primárias ferroviárias, sob domínio tsarista, durante nove anos, como professor (1905-1910), em Kriukov, e como diretor (1911-1914), em Dolinskaia. E, desde então, Makarenko buscou criar um novo método de educação. O Império russo atravessava seus anos de tormenta e destruição, reprimindo violentamente todos os movimentos de contestação. Os enfrentamentos entre trabalhadores, burgueses e exército tsarista tornavam-se cada vez mais constantes.

Em 1905, essa tendência da generalização das lutas proletárias expressou-se num confronto geral e aberto contra o tsarismo. Em janeiro, os trabalhadores de São Petersburgo realizaram uma manifestação pacífica, em que apresentaram uma carta de reivindicações ao Tsar, e foram massacrados pelo exército tsarista. Em resposta, os operários instauraram a greve geral e amotinaram-se. Rapidamente, os trabalhadores de todo o Império russo tomaram conhecimento do "Domingo Sangrento" e iniciaram motins, greves, protestos. Era o estopim do "Ensaio Geral" da Revolução.

No dia 1º de maio, estouraram manifestações de solidariedade em todo o Império russo. É decretada uma greve geral contra o desemprego, a alta dos preços, os salários baixos e pela liberdade de participação política. Dia após dia, novas fábricas aderiam à greve, que durou de maio a junho. Nesse período, foram organizados os comitês de greve nos vários locais de trabalho e, a partir desses, constituiu-se um Conselho de Representantes Operários, o Soviete de Deputados, com a participação do Partido Operário Social-democrata Russo.

Makarenko sentia que aqueles acontecimentos mudariam para sempre o seu destino e o de seu país. Nunca mais os trabalhadores seriam os mesmos e nem a vida continuaria a ser opressiva e miserável.

Sob pressão, em agosto, o Tsar Nicolau II criou a Duma, o Parlamento, transformando o Estado autocrático em uma monarquia parlamentar, que funcionou em caráter precário até junho de 1907. As lutas democrático-burguesas e as lutas proletárias, que estiveram unidas contra o tsarismo, enfrentaram os primeiros grandes conflitos. Os interesses não eram os mesmos. Os trabalhadores queriam mudanças profundas. Os burgueses, apenas reformas. Os acordos entre o Tsar Nicolau II e a burguesia não contiveram a tempestade que fazia ruir a monarquia.

Da Rússia, as revoltas se expandiam por todo o Império. Em outubro, 30 mil operários saíram às ruas de Kiev, na Ucrânia, para protestar contra as miseráveis condições de vida nas cidades e no campo. O Tsar ordenou um novo massacre: 500 manifestantes foram assassinados a tiros pelo exército tsarista. Os jornais de propaganda socialista denunciaram as trágicas notícias por todo o Império russo e propuseram ações contra o Estado tsarista. A palavra de ordem era: organizar os trabalhadores para a tomada do poder.

Os trabalhadores haviam aprendido uma dura lição: não é possível haver democracia, liberdade, sob o regime monarquista, seja ele sob direção exclusiva do Tsar, seja sob direção conjunta com a burguesia, no parlamento. A palavra de ordem era organizar a classe trabalhadora e derrubar o tsarismo. Todas as frentes deveriam ser utilizadas para a organização, inclusive a educação.

O jovem educador estava pronto. Vestia-se como o seu primeiro professor: com um terno simples, de golas largas, colete e gravata escura, a camisa impecavelmente branca com um colarinho duro de goma; os olhos fixos atrás dos óculos de aros finos de metal estavam fincados num rosto fino, impassível, emoldurado pelos cabelos curtos.

O uniforme de trabalho destoava da sua origem social, mas o seu miserável salário de 25 rublos reforçava a sua identidade de classe, acentuada pelo respeito profundo ao coletivo operário e aos seus filhos. Era um como eles, mas aprendera uma nova lição e ensinava um outro caminho. Os primeiros passos são sempre os mais difíceis, mas também inesquecíveis. Nunca mais se esqueceria daquela escola admirável...

Uma escola admirável

> Tzares, tzares tremiam,
> Tzares, tzares tremem!
> *Vielimir Khliebnikov*

Sim, ali estava, diante de si, uma escola admirável! "Uma verdadeira *manada*, diria Tolstoi..." Mas, não. Era um verdadeiro desafio pedagógico. Ali estava reunida, mesmo sob o regime opressivo, uma nova geração a ser formada, com forte identidade de classe. O tsarismo sofreria mais um abalo, agora por dentro do seu sistema educacional.

Foi ali que Makarenko iniciou o fascinante trabalho de destruição da velha educação tsarista. No outono de 1905, Makarenko assumiu sua primeira classe em uma escola para os filhos dos operários da rede ferroviária, instalada em uma das oficinas de Kriukov, onde trabalhava Semion. Era uma escola com cinco anos de duração. A primeira classe, de três anos, equivalia aos conhecimentos da escola primária; a segunda classe, de dois anos, capacitava o aluno a seguir para a escola de formação profissional da rede ferroviária.

Em seu primeiro dia de aula, Makarenko entendeu que aquela era a mesma velha escola em que também estudara, destinada a formar operários qualificados, submissos às ordens da fábrica e do Tsar. Uma escola mais triste que as demais, pois funcionava no interior da oficina. Sentiu um aperto no coração, pois percebia o grande desprezo do Tsar pelos filhos do povo ucraniano. As escolas dos filhos dos burgueses, dos burocratas, dos aristocratas, dos fazendeiros, eram instaladas em prédios grandes, salas iluminadas, arejadas, pátios com árvores frondosas. Nas escolas dos filhos dos ferroviários, as salas de aulas lembravam pequenas oficinas e seus alunos, operários em miniatura, futuros trabalhadores braçais. Não interessava se a carteira era grande e desajeitada para o pequeno menino de sete anos, nem que ele se entristecia naquele ambiente escuro e frio.

Mas, ali estava ele e sentia-se muito à vontade, pois Makarenko era filho de um operário ferroviário que trabalharia ainda durante mais de quarenta anos na fábrica de vagões. Os dois trabalhavam na mesma oficina: o pai era pintor e ele, professor. Além de Makarenko, ensinavam ali mais quatro professores e em cada classe havia 40 meninos. Seguiria o exemplo de Gorki, sua classe se transformaria em um coral, em que cada voz infantil soaria como um apelo, um sonho, uma certeza.

Muita poesia, muita música, muitas narrativas, especialmente aquelas da tradição ucraniana eram saboreadas junto com as crianças. O tesouro da primeira infância, doado por Tatiana, foi compartilhado com seus meninos. Quantas vezes contou aquela história de Ilia Muromets, que também ajudara a sentir-se mais forte e seguro na infância? Narrava as histórias, como o conto *Pele de bode*, colorindo com uma entonação vibrante as ações das personagens:

> Era uma vez um velho e uma velha. Eram camponeses e muito pobres. Passaram a vida inteira na maior miséria, comendo pouco num dia e nada nos dois seguintes. Até que certa manhã a velha morreu, deixando o velho muito aflito, pois não tinha nem como enterrar a mulher.
>
> Então, o velho mujique se arrastou até a casa do cura da aldeia, um pope conhecido pela sua avareza. Cumprimentou-o humildemente e pediu, com lágrimas nos olhos:
>
> – Ajuda-me, padre, paizinho espiritual: tenho de enterrar minha velha, que morreu esta manhã.
>
> Ao que o pope respondeu:
>
> – Tens dinheiro para pagar o enterro? Não faço fiado, nem parcelado. Tens de pagar antecipadamente.
>
> – Lamento, santo paizinho, mas não tenho nem um copeque furado. Vou trabalhar com afinco e tudo o que te for devido pagarei com o meu trabalho.
>
> – Nada feito, meu filho – respondeu o pope avarento. – Só com pagamento adiantado. Se não tens o dinheiro, podes voltar para de onde vieste.

Os meninos identificavam-se com a injustiça sofrida pelo velho, reprovavam o egoísmo do pope e se maravilhavam com o desfecho mágico do conto que premiava o velho e punia o pope.

Ensinava russo, mas não deixou de ensinar a língua de sua pátria. Após os movimentos revolucionários de 1905, o Tsar determinou a revogação da proibição do uso da língua ucraniana, reforçando ainda mais as iniciativas educacionais de Makarenko. O ensino do russo serviria apenas para ampliar a cultura dos meninos e não para oprimi-los. Na verdade, a convivência com outros povos, na Ucrânia, permitiu a difusão da língua russa como meio de comunicação entre eles. Deveriam falar e escrever as duas línguas, utilizando para isso, todos os tipos de estímulos, inclusive o teatro. Seguiu o currículo estabelecido, ensinando também aritmética, desenho e canto.

No entanto, Makarenko ainda estava em formação e, vez ou outra, acabava por reproduzir as relações da velha escola. Dentre as suas experiências mais desastrosas, estava a da avaliação da aprendizagem dos alunos realizada no terceiro ano, no período de conclusão da primeira classe. A cada novo conceito trabalhado, Makarenko procurava medir os avanços de aprendizagem de seus alunos. Ao fazer uma avaliação trimestral dos seus 37 alunos, experimentou dispor as médias de cada aluno por colocação: do 1º ao 37º. Sua intenção inicial era mostrar aos alunos menos esforçados, mais preguiçosos, que deveriam se esforçar para melhorar seu rendimento escolar.

Mas essa experiência mostrou-se totalmente desastrosa. Ao expor aos meninos suas colocações, o resultado foi chocante. Não houve o entusiasmo esperado. Ao contrário, os alunos que apresentaram maior dificuldade e foram colocados nos últimos lugares sentiram-se humilhados. Os que estavam em melhor posição tornaram-se vaidosos. O coletivo da classe havia se quebrado. E uma competição brotou nas relações entre os alunos. Um queria ser melhor que o outro, por isso não poderia ensinar o que sabia. E quem tinha dificuldades sentiu-se enfraquecido, sem incentivo para o estudo.

Mas, o pior de toda essa malsucedida experiência foi a reação do aluno que ficara com a 37ª posição. Era um menino doente de tuberculose e, ao se ver como último colocado, entrou em depressão profunda e caiu gravemente enfermo. Makarenko sentiu-se tão amargurado quanto seu frágil aluno. Lembrou-se de como também sofrera com as doenças durante a primeira infância e como sua mãe lutara para animá-lo. Sabia o quanto o humor ajudava na melhora do paciente. E agora também aprendia a dura lição de que a competição não reforçava a autoestima das crianças na escola.

Já havia errado antes, mas nunca dessa maneira. Sentiu-se incapaz de prosseguir sua carreira, mas o próprio erro forçou-o a continuar. Tinha de desfazer o que havia feito de errado. Não havia ajudado a melhorar a situação de aprendizagem dos alunos que sentiam maior dificuldade e ainda por cima havia acabado com o pouco do amor próprio que já haviam construído nesses três anos de escola. Muitos estavam envergonhados, sem vontade de sentar novamente no banco escolar, e o mais necessitado de ajuda encontrava-se em casa, isolado de todos, muito adoecido e humilhado.

Encontrou-se em um momento especial para a autocrítica e a reflexão sobre a sua prática pedagógica. Mais uma vez, errara ao imaginar que estaria inovando. Sem perceber, fazia com seus alunos o que seu pai fizera com ele: "– Traga somente as melhores notas, entendeu?" A exigência para que fosse o melhor colocado não era o melhor tipo de exigência pedagógica. A escola não deveria se transformar em uma competição.

Ao perguntar para si próprio o que estava fazendo, obteve as respostas de que necessitava: "Não estou considerando a realidade exterior, social, que se encontra fora da escola... Ou melhor, encontra-se aqui, entre nós, mas como reprodução da realidade social mais ampla."

Desse grande erro que marcara toda a sua vida, Makarenko levantou a hipótese de que deveria haver dois trabalhos bem diferenciados: o da educação e o da instrução. Não estão separados, um influi sobre o outro, mas requerem estudos e planejamentos específicos, com objetos distintos. O fracasso escolar tinha outras causas, relacionadas com os problemas sociais dos alunos. Não se tratava apenas de incentivar os alunos, era preciso entender as causas das dificuldades de aprendizagem. Se quisesse ajudá-los, de fato, deveria conhecê-los melhor, não apenas nas situações ideais da sala de aula, mas também em sua situação real na família. Seus alunos eram crianças reais, com diferentes histórias de vida. Era preciso conhecê-las.

Sua primeira iniciativa foi procurar seu aluno adoecido, pedir perdão, mostrar o quanto estava errado em julgar as pessoas a partir apenas de notas, sem conhecê-las mais profundamente. Foi pessoalmente até ele, em sua casa, para lhe dizer que sabia que ele nunca fora um menino preguiçoso, displicente, que a tuberculose era o seu maior problema. Deveria enfrentar a doença, melhorar e voltar para a escola.

Makarenko continuou o seu trabalho, observando cada um de seus alunos, não apenas quanto ao aspecto da aprendizagem, mas também quanto ao emocional, às atitudes, ao relacionamento com os colegas e com a família, visando auxiliar no desenvolvimento da personalidade de cada um deles.

O seu trabalho passou a ser mais vibrante, com a participação de cada aluno no coletivo da classe. Os alunos traziam para a sala de aula muitas das experiências familiares, contavam suas histórias de vida, as tradições culturais, participando com entusiasmo das atividades da escola.

Discutia com os professores da escola em que trabalhava, trocava experiências e procurava entender ao máximo como superar as dificuldades trazidas pelos alunos. Muitas dessas dificuldades pareciam insuperáveis, como a fome e a doença. Como vencê-las?

Makarenko passou a participar de atividades políticas. O coletivo de professores organizou-se em torno do jornal *Novaia Jizn*. O que significava o seu nome? "Nova Vida". A discussão política auxiliaria o jovem educador a entender os problemas educacionais e a propor mudanças radicais.

Novaia Jizn, a nova vida

Somos jovens jovens jovens
Frio do demo no abdômen
Agora sigam-me todos...
David Burliuk

Desde o tempo de estudante, em Krementchug, Makarenko acompanhou as polêmicas estabelecidas pela social-democracia russa, sintetizadas por Vladimir Ilich Ulianov (Lenin), líder bolchevique, no livro *Que Fazer*. Lenin se referia ao período de desmobilização da social-democracia, com o refluxo dos movimentos grevistas, e criticava duramente os militantes social-democratas, que concentraram suas ações na luta econômica. Lenin defendeu, nesse período, a necessidade de o militante marxista atuar, como intelectual, fora do movimento operário, trazendo propostas de organização revolucionária, passando da denúncia econômica para a luta geral, política.

Makarenko esforçou-se para entender o que significava a valorização do espontaneísmo e quais seriam as consequências para a luta da classe trabalhadora. Lenin apontava para o perigo de se ater aos movimentos organizados pelos próprios operários, quando se organizavam para fazer greves, lutar pelo aumento dos salários, sem conseguir se organizar para lutas mais gerais e políticas.

Lenin defendia a formação de uma direção revolucionária, uma forma de intervenção organizada do militante marxista, que direcionasse as lutas para os confrontos mais políticos, com resultados mais positivos para a classe trabalhadora, contra a social-democracia, que defendia a ação espontânea das massas.

Makarenko estudou as propostas leninistas de constituição do partido com base na organização do jornal clandestino, de núcleos de estudo, de debates e atividades políticas gerais. Tomando essas concepções leninistas, compreendeu que o intelectual revolucionário não deveria se ater apenas às lutas econômicas da classe operária, características do movimento operário em sua fase de constituição dos sindicatos e partidos reformistas, mas aproximar-se de todos os setores da sociedade, onde o operariado poderia se transformar em vanguarda da revolução. A bandeira era organizar todas as frentes contra a autocracia tsarista.

O coletivo de jovens educadores de Kriukov entrou em contato com a literatura revolucionária através do periódico legal bolchevique *Novaia Jizn* (Nova Vida). A presença dos escritos de Gorki, nesse periódico, aproxima Makarenko do pensamento de Lenin. Embora ainda fosse também muito espontaneísta, influenciado, inclusive pelo romantismo ativo de Gorki, Makarenko esforçava-se para entender o que seria a "ação de vanguarda".

Em 25 de janeiro de 1905, em Genebra, Lenin escreveu para o *Vperiod* nº 4, sobre *O Começo da Revolução na Rússia*. A experiência revolucionária de 1905 confirmava as teses leninistas de organização do "exército regular" da vanguarda do proletariado para as lutas insurrecionais que estavam muito próximas de acontecer. Segundo Lenin, seria necessário aproveitar esse primeiro ensaio de revolução para educar as massas, seguindo as leis da luta de classes. Lenin reafirmava a coragem e a possibilidade histórica de derrubar o tsarismo através da luta armada popular. A preparação para o confronto armado dividia a oposição, pois a burguesia queria derrubar o Tsar, mas temia perder o controle do processo revolucionário.

A escola tsarista também sofrera dois abalos, por fora, através do movimento operário e, por dentro, pelas lutas dos educadores no interior das escolas oficiais. Essa geração, vinculada à luta política, procurou questionar o método de ensino criado pelo tsarismo e o seu isolamento da vida social. Os jovens educadores marxistas estavam mais preocupados em contribuir para garantir o acesso universal à educação, com a formação de novos proletários politizados, cultos e engajados nas lutas sociais.

Assim, quando Makarenko afirmou, sobre a sua primeira experiência pedagógica em Kriukov, que era uma "escola magnífica" porque existia numa "comunidade operária muito unida", seu critério de avaliação foi a possibilidade de a escola se desenvolver a partir de uma referência operária organizada, constituindo um modelo, uma identidade social revolucionária para seus educandos. E a sua inserção nessa escola se deu pela mesma origem social, facilitando em grande medida seu trabalho inicial, de criação da identidade, mas, por outro lado, exigindo um aprofundamento teórico que ainda não tinha.

As ações educacionais, no campo cultural, poderiam proporcionar experiências de preparação para a ação revolucionária. As crianças, suas famílias, as comunidades operárias poderiam, organizadas a partir das escolas, compartilhar de um trabalho educacional de formação dos novos comandantes de uma sociedade livre. Eis o real desafio colocado para Makarenko.

Durante os anos de trabalho conjunto, passaram a fazer reuniões sistemáticas e aquele grupo de educadores tornou-se uma referência intelectual e política em Kriukov. Todas as tardes, reuniam-se educadores e intelectuais, na casa de um deles, para discutir as notícias e as polêmicas levantadas pelo *Novaia Jizn*. Os debates eram vibrantes e terminavam sempre com a entoação de hinos revolucionários.

Os anos seguintes, de 1905 até 1910, transcorreram na tentativa de se constituir uma nova educação, social, a partir das "experiências" na escola primária da ferrovia e dos estudos políticos desenvolvidos em círculos com intelectuais de Kriukov.

Em novembro de 1910, a morte do escritor russo Leon Tolstoi transformou-se em motivo de manifestação política dos jovens educadores e da intelectualidade dos círculos marxistas de Kriukov, para a criação de uma nova educação. Tolstoi havia se tornado o símbolo de oposição à educação tsarista e a manifestação política exigia a criação de uma educação livre e democrática.

Mas, ao contrário de Tolstoi, intelectual da aristocracia decadente, que tirava das escolas tsaristas os filhos dos camponeses, levando-os para dentro de sua escola anarquista cristã, em Iasnaia Poliana, Makarenko, intelectual do proletariado nascente, aproveitava o próprio coletivo social de operários da ferrovia para destruir o tsarismo por dentro de suas escolas. Assim, o horror de Tolstoi à vida em "manadas" das escolas e a defesa do individualismo, do homem natural, puro, condição para a liberdade e para a harmonia social, foram superados por Makarenko.

A primeira experiência de Makarenko havia lhe mostrado as infinitas possibilidades de uma vida coletiva na escola e na luta política, em que os indivíduos, conscientes das suas necessidades, não se "dissolvessem" em "manadas", mas, ao contrário, se constituíssem como indivíduos livres no próprio exercício da vida coletiva.

Visado pela burocracia tsarista, Makarenko foi transferido, em 1911, para uma afastada escola ferroviária, na estação de Dolinskaia. Sua punição: ser desligado da sala de aula e trabalhar como inspetor de ensino da escola. De que modo Makarenko poderia transformar essa punição em novo salto revolucionário de suas experiências educacionais?

O ensaio geral da educação revolucionária

O ano de 1911 inaugurava um novo período na vida do jovem educador. Ao chegar na estação de Dolinskaia, aos 23 anos de idade, Makarenko sentia-se confiante. Colocou os seus pés na plataforma já determinado a subverter a ordem estabelecida naquela escola. Se lhe fora conferida a autoridade de "inspecionar" a escola ferroviária, teria sob sua direção os professores, os alunos e, indiretamente, a comunidade próxima. Em sua cabeça fervilhavam ideias. Em nenhuma delas cabia exatamente a ideia de "inspeção", mas, sim, de "direção". Iniciava outra etapa de sua experiência pedagógica: dirigir uma escola, transformando-a em uma coletividade escolar.

Pegou suas bagagens e dirigiu-se imediatamente para a escola. Parou diante do prédio, como se estivesse diante de sua própria casa. Agora, sim, poderia desenvolver uma energia mais poderosa, somando as atividades de cada sala de aula, mas não se detendo ao trabalho de instrução. Seu plano de educação do coletivo seria experimentado ali.

Abriu a porta, cuidadosamente, como se virasse a página de um livro muito antigo; entrou e, logo em seguida, bateu-a com força, com aquele sentimento familiar de que já conhecia aquela escola há anos. E pensou: "É mais uma velha escola tsarista, como aquela em que fui aluno e professor... Mas, agora, prepare-se, sou o diretor e vou explodir suas paredes! Nada ficará em pé!"

Ria às gargalhadas, sozinho, enquanto caminhava pelas salas à procura de alguma alma viva. Diante do espanto de um grupo de professores, que o aguardavam em sua sala, Makarenko apresentou-se, não como inspetor, mas, sim, como novo diretor da escola. Ainda confusos, receberam, com medo e timidez, aquele jovem educador como se fosse um daqueles antigos supervisores de ensino da burocracia tsarista.

Mas, já naquele dia, ao passar pelas salas de aula, os professores sentiram-se aliviados. Não estava ali para inspecionar, advertir e punir, corrigindo-os para que seguissem o currículo oficial. Era um educador pronto para auxiliá-los, trazendo sempre novas contribuições para a melhoria das condições de ensino e de aprendizagem. E, em pouco tempo, já teria entusiasmado o grupo todo de professores, desde o mais cético, organizando festas, apresentações teatrais, corais e uma biblioteca aberta à comunidade.

Muitas famílias moravam longe e seus filhos eram obrigados a morar na escola, estreitando ainda mais o relacionamento de amizade entre os professores e os alunos. Organizavam muitas atividades de lazer com as famílias para aproximá-las da escola. Os alunos participavam ativamente da escola, incentivados pelos pais, ultrapassando sempre os horários normais de aula. De fato, Makarenko havia conseguido realizar o sonho de explodir as paredes da escola, abrindo-a definitivamente para a convivência com a família. A comunidade educava a escola e a escola interferia nas tradições familiares, segundo a concepção leninista de formação de coletivos operários revolucionários.

A realidade linguística de Dolinskaia também facilitou o questionamento da política educacional tsarista, pois muitos não conheciam o russo e dominavam apenas a língua materna. Assim, com base no ensino da escrita da língua ucraniana e, em seguida, da língua russa,

Makarenko colocou em debate, com pais e alunos, a antiga proibição do ensino da língua materna, estabelecida pelo Tsar em 1876, e a vitória dos movimentos revolucionários de 1905, que obtiveram a revogação da proibição da utilização da língua ucraniana.

Mas, muita coisa ainda estava para ser feita em Dolinskaia. Como diretor, o jovem educador Makarenko dispunha de grande liberdade para realizar experiências mais arrojadas. E lembranças de 1905 ainda lhe apareciam como faíscas no cérebro, provocando novas ações educacionais. Quem poderia se esquecer dos marinheiros heróis do encouraçado Potemkin? Organizaram uma rebelião, destituíram o poder dos oficiais, dominaram o navio, os mares e, rumo à Odessa, colocaram-se em defesa dos trabalhadores reprimidos pelo exército tsarista. Os canhões do Potemkin protegeram a cidade e indicaram o futuro do tsarismo: a derrocada.

Nos versos de Boris Pasternak, os marinheiros foram imortalizados para viverem no imaginário de todos os trabalhadores:

> (...)
> Elétrico inflama-se o Potiômkin.
> (...)
> Corações se aceleram
> E um deles:
> – Irmãos,
> Não suporto!
> Às armas, vamos!
> (Cabelos revoltos)
> Fogo nos covardes!
> Camaradas,
> Viva a liberdade!
> Passos e aços se alastram
> (...)
> O couraçado ruma para Odessa.
> Costados maciços
> (Borrões de laranja)
> Flamam.

Dolinskaia estava afastada de todos os movimentos operários mais avançados e precisava ser acordada para participar das mudanças políticas da Ucrânia. A população não havia visto com os seus próprios olhos os marinheiros do Potemkin, estava proibida de falar publicamente sobre eles, mas poderia, a partir das atividades cívicas impostas pelo Tsar, viver o entusiasmo pela libertação da Ucrânia.

Em seu projeto cultural, a escola levava o coletivo proletário a experimentar, pela vivência estética, pela arte, o desejo de libertação, educando-o para a luta antitsarista e anticapitalista, para o enfrentamento armado, tão próximo de ser realizado. Por isso, não foi por acaso que organizou uma encenação que contou com a participação de todos os alunos, professores e trabalhadores de Dolinskaia, tomando como cenário a própria cidade. A tendência de destruição do velho teatro como sala de visita e da divisão entre atores e plateia já vinha sendo experimentada pelo diretor teatral russo Meierhold, em Moscou, na perspectiva da "arte criando nova vida".

O espetáculo teatral fazia parte das comemorações do centenário da expulsão do exército napoleônico da terra russa. Crianças e adultos reviveram aquele dia glorioso de expulsão do inimigo como se realmente estivessem participando da guerra de libertação. As altas chamas dos barris arderam na estepe durante a noite toda e, ao amanhecer, foram ouvidos os estrondos dos canhões e os gritos de vitória. As "ações militares" só acabaram ao raiar o dia, quando os atores das colunas inimigas foram aprisionados e conduzidos, junto com a população, até a escola.

A experiência estética da vitória contra o inimigo comum estreitava os laços de solidariedade de classe, transformando a escola num coletivo produtor de uma nova concepção de sociedade, aquela em que a participação ativa do proletariado nas transformações políticas era condição para a solução dos problemas da humanidade. Dentre as atividades mais importantes, Makarenko organizou, com o grupo de professores e operários, aos domingos, reuniões políticas clandestinas, caracterizadas como piqueniques, nos bosques dos arredores.

O jovem educador havia amadurecido e desempenhava seu papel de intelectual organizador, conforme a teoria leninista, dos trabalhadores de Dolinskaia, reproduzindo as reuniões do círculo intelectual de Kriukov. Ali havia desenvolvido as mais belas experiências de educação revolucionária, com um coletivo de excelentes professores, alunos bem desenvolvidos culturalmente e pais mais abertos à participação política.

Em 1914, Makarenko encerrou o seu "ensaio educacional" em Dolinskaia, preocupado com a deflagração da I Guerra Mundial e com a tolerância da burguesia ucraniana, organizada na Rada Central, em Kiev, diante da presença do exército alemão em seu território. Preocupava-se com o movimento de libertação nacional liderado pela burguesia ucraniana, com o apoio da burguesia alemã. A aliança internacional da burguesia tinha como objetivo conter os movimentos revolucionários do proletariado ucraniano, separando-os das ações revolucionárias russas contra a autocracia tsarista.

Nesse período, Lenin denunciou o oportunismo da burguesia ao proclamar o direito de independência nacional frente ao Império russo e rejeitou o caráter nacionalista e burguês da proposta de desarticulação do movimento antitsarista da Ucrânia. Makarenko concordava com a análise de Lenin, pois a transformação da velha Ucrânia e da Rússia, bem como dos camponeses e ex-artesãos em proletários, só seria possível através da manutenção de um Estado comum. Milhares de trabalhadores atravessavam as fronteiras ucranianas e russas à procura de trabalho nas fábricas, acelerando o processo de industrialização capitalista e de politização.

CAPÍTULO III

ESTUDO E REVOLUÇÃO: REFLEXÃO E PRÁXIS (1914-1920)

O Instituto Pedagógico de Poltava

Vivendo as contradições da desagregação do poder tsarista e a articulação da burguesia ucraniana aliada aos alemães e aos bandos de marginais que implantavam o medo no meio proletário, Anton deixou Dolinskaia para buscar novos conhecimentos em Poltava.

O ano de 1914 estava se mostrando um ano difícil, mas poderia servir como um tempo de recolhimento para a reflexão, o estudo, a escrita e para a avaliação de suas experiências pedagógicas. Depois, poderia voltar à prática, com uma intervenção política mais avançada.

Sua geração estava influenciada pela força das palavras. Entre os escritores revolucionários, muitos percorriam o Império russo para inflamar as massas com suas palavras. Entre eles estava Vladimir Maiakovski, com seu vozeirão, fazendo espalhar seus versos em plateias lotadas de trabalhadores:

> Costurarei calças pretas
> Com o veludo da minha garganta
> E uma blusa amarela com três metros de poente.

Por que não seguir o caminho da literatura como missão cultural? Desde a infância, amara os livros e imaginara escrever um novo tipo de literatura. Retomou um texto literário, reescreveu-o e decidiu enviá-lo ao escritor russo que mais admirava e respeitava, Maximo Gorki. Naquele período, ele liderava um movimento cultural de formação de uma nova geração de escritores, segundo o seu padrão literário do "romantismo ativo".

Gorki recebeu seu trabalho, leu com atenção, anotando suas críticas:

> O tema é interessante, mas o texto é fraco literariamente, não deixa claro o drama, os sofrimentos do pope, não descreve a fundo e o diálogo não é interessante. Pode escrever sobre uma outra coisa.

Não esperava que alguém tão importante e ocupado como Gorki respondesse a sua carta e, ao abrir a correspondência, ficou muito emocionado, sentindo-se respeitado com aquele gesto. No entanto, ao ler as críticas, ficou desapontado. Abandonou o sonho de ser escritor e voltou a planejar a retomada dos estudos.

Não fosse Gorki, talvez Makarenko tivesse desistido da Pedagogia e se atirado à Literatura, sua segunda paixão. Um pouco desapontado, colocou-se à caminho de Poltava, entre Krementchug e Kharkov, mais próximo da fronteira russa, para ingressar no recém-criado Instituto Pedagógico para a formação de professores para o curso superior.

Ao procurar o Instituto Pedagógico, deu-se conta do novo desafio. Estaria procurando completar seus estudos e alcançar o ensino superior. Sabia que essa era a escola da elite e ele, filho de operários, deveria se esforçar muito mais para ser admitido entre aristocratas e burgueses. Lembrou-se do aviso do pai, quando ingressou na escola primária: *"Esta escola não é para nós. Mostre o quanto vales..."* Estudou com afinco, realizou os exames e foi admitido com boas notas. Ao matricular-se como estudante do curso superior de Pedagogia, Makarenko sentiu aquele gostinho de desforra: "– Quem disse que isso não seria possível?"

Aos 26 anos, dedicou-se à leitura dos clássicos da literatura filosófica, histórica e pedagógica. Inicialmente, queria compreender melhor os erros e acertos de suas experiências pedagógicas, nos nove primeiros anos de profissão. Mas, em seguida, procurou entender as principais questões das teorias pedagógicas, desvinculadas das necessidades práticas imediatas. Estudou com afinco a História da Pedagogia e suas correntes filosóficas, estabelecendo relações entre o terreno da história e das ideias e procurando perceber as contribuições e os limites de determinadas correntes pedagógicas. Ainda predominavam no recém-criado Instituto as concepções idealistas e o naturalismo de Rousseau.

Seguia os seus estudos, revendo suas posições com novas descobertas teóricas, quando foi surpreendido, no outono de 1916, com um chamado para o serviço militar, sendo encaminhado para um quartel em Kiev, ao norte da Ucrânia, próximo da fronteira da Bielo-Rússia e da Polônia. Não compreendia como poderia ter sido convocado para o exército, se sofria de uma forte miopia. Na primeira avaliação da comissão médica, foi mantido como apto para o serviço militar.

Esta, sim, foi uma experiência que lhe pareceu uma verdadeira punição. Durante meses, ficou preso nos serviços administrativos do quartel, no meio dos piolhos e da imundície, sob a grosseria dos oficiais militares. Gostavam especialmente de encarregá-lo de tarefas inúteis, usando sempre de brincadeiras para desvalorizar as suas condições físicas, humilhando-o na condição de "intelectual".

Desesperado, escreveu aos amigos pedindo que lhe ajudassem a livrar-se do serviço militar e sair o quanto antes daquele inferno. Sentia-se totalmente abandonado, estranho às suas próprias raízes: nem intelectual, nem operário. Era mais um prisioneiro dos caprichos da burocracia militar. Os companheiros socorreram o mais rápido possível, protestaram junto à comissão médica e exigiram uma segunda avaliação. Enfim, um novo resultado: "inútil para o serviço militar".

Makarenko retornou à Poltava, ávido para dar continuidade aos estudos. Recuperou o tempo perdido, colocou suas leituras e trabalhos em dia, mas foi pego de surpresa por outra terrível notícia: a morte de seu pai. A morte rondava a vida e a vida rondava a morte, como no poema de Vielimir Khliebnikov:

Quando morrem, os cavalos respiram,
Quando morrem, as ervas secam,
Quando morrem, os sóis se apagam,
Quando morrem, os homens cantam.

A máquina mortífera da I Guerra Mundial e a morte do pai... O entusiasmo inicial de suas experiências pedagógicas e do estudo no Instituto Pedagógico foi abandonado. Makarenko estava extremamente abalado com a perda do pai que sempre havia lhe servido de modelo, mas exigindo o máximo possível, confiando nas suas possibilidades de desenvolvimento. Sentiu faltar-lhe aquelas forças provenientes do amor paterno: o olhar sério de homem simples, exigente e confiante. Recuperou as forças apenas ajudar na sobrevivência da família. Tornou-se professor particular.

O mundo operário e o mundo principesco

Durante as férias, Makarenko trabalhou como professor particular de um menino de família muito rica e poderosa. Conhecido como excelente professor, foi convidado para preparar para um exame escolar o filho de uma família principesca, que passava o verão em uma de suas propriedades, próximo da cidade de Kiev. Fora seduzido pelo bom pagamento e pela curiosidade de conhecer de perto os costumes da alta aristocracia. De bagagem e livros nas mãos, foi levado, da estação até o castelo, numa bela carruagem com um aristocrático serviçal que dirigia um elegante cavalo. Esse foi um dos momentos em que o jovem educador experimentou a prova dos nove. Estavam em xeque os seus princípios. Não aqueles que fora adotando no final de sua vida, mas aqueles mais arraigados, entranhados em sua alma, desde menino.

Durante a viagem de carruagem, voltaram à mente as imagens da sua infância. Estava realmente confuso. E a perda do pai expunha ainda mais a ferida. Sempre se orgulhou de ser filho de operário, mas lá no fundo percebia que fora educado para cultivar costumes semelhantes aos dos príncipes. Não exatamente os mesmos costumes, mas talvez um modo ingênuo de interpretá-los.

Aproveitou o momento para refletir o mais honestamente possível sobre a sua história e sobre si mesmo. Por que diabos iria se meter em casa de gente grã-fina? Mas, a fantasia de um mundo bonito, mais colorido, cheio de aventuras e prazeres havia conquistado todo o seu ser. E resolveu ver de perto e enfrentar a realidade e a fantasia. Fazia parte de seu processo de formação.

Ao chegar, notou que a família principesca não tinha um pai junto de si. O príncipe, um major-general do séquito do Tsar, estava sempre na corte e nunca junto da mulher e dos filhos. A mãe, uma mulher alta e magra, parecia ser uma pessoa seca de sentimentos, com o grande nariz empinado, junto de suas duas filhas e de seu filho de doze anos. Em redor da família circulavam, diariamente, uma média de vinte diferentes pessoas: alguns vizinhos e admiradores da corte. E a educação daquela estranha comunidade principesca era feita de inutilidades e futilidades gerais.

Aqueles adolescentes estavam sendo educados pelo método geral da preguiça. E uma imagem grotesca lhe veio à cabeça: a comunidade principesca mais se parecia com uma associação de bandidos, uma máfia, um bando de preguiçosos reunidos em volta de um chefão. Como pedagogo, passou a observar também os pormenores da educação principesca: o tom afetado, as situações inusitadas, as mesas repletas de alimentos que não seriam consumidos nem em meses, os cristais, as intermináveis filas de garfos e de facas junto dos pratos e os empregados, sempre agindo como escravos dos mínimos e impossíveis desejos da comunidade principesca.

O conteúdo das conversas também servia para educar os futuros príncipes e princesas: o sucesso econômico de fulano, a decadência de sicrano, as intrigas entre famílias poderosas, os casamentos, nascimentos e falecimentos, as heranças, os gostos, as viagens, as compras e vendas de propriedades... Resultado: o aluno de Makarenko, assim como as irmãs e a mãe, era mentalmente atrasado. Não lhe seria necessário nem o conhecimento da simples aritmética. A riqueza, um título, o seu lugarzinho no mundo da corte, regras de vida e de moralidade, receitas estéticas e tradições ultrapassadas faziam parte do seu verdadeiro universo.

A educação principesca resumia-se em uma só palavra: adquirir. O *ter* vinha antes do *ser;* ou melhor, o *ter* era todo o *ser*, a essência da vida principesca. A preocupação incessante, contínua, em acumular, em fazer crescer a riqueza dominava a alma da família. O egoísmo mal era disfarçado sob a aparência do requinte, da etiqueta e da arrogância. Tinham uma grande fazenda, queriam mais, a construção de uma estrada de ferro, e mais uma grande companhia para expandir e criar fábricas de porcelana por todo o Império russo, e mais... alguém havia dado uma dica de especulação com títulos... E assim passavam os dias, as semanas e os meses: sempre especulando e lutando para acumular mais e mais riqueza. A excitação e o sofrimento vinham do movimento incessante do crescimento e do perigo de perda de capital.

Ali estava o seu aluno. Sentia-se especialmente tentado a comparar esse rapaz principesco com as dezenas de alunos, filhos de operários, que havia educado. Um garoto bem alimentado, mas nada saudável, sem a prática de atividades ao ar livre. Cercado de cultura, com obras de arte por todo o castelo, uma biblioteca gigantesca, mas sem conhecimento algum sobre a vasta cultura de seu povo. Incapaz de abrir um livro sequer. Seus interesses e aflições acompanhavam os da mãe, que teria de retardar a compra de um iate para que o pai pudesse comprar uma outra fazenda, muito mais produtiva.

Durante os dois meses que Makarenko passou junto daquela família de aristocratas, somente experimentou a melancolia de um mundo que não mais existia, sem sentido, inútil e triste. Nem mesmo o entusiasmo da educação lhe acompanhou em suas tarefas de professor. Seu aluno já estava fechado para a aventura do conhecimento; seu único interesse era decorar algumas regras, com a ajuda de um professor particular, porque era muito preguiçoso para estudar sozinho, e passar nos exames finais.

A alegria só chegou ao coração de Makarenko quando retornou, na mesma luxuosa carruagem, com a sua bagagem, pulando de contentamento, ao seu lar operário. Voltava, ao mesmo tempo, às lembranças que tinha do mundo paterno:

> O mundo operário, o meu mundo, era incomensuravelmente mais rico e mais brilhante. Ali se encontravam os verdadeiros criadores da civilização humana; operários, professores, médicos, engenheiros, estudantes. Ali se encontravam personalidades, convicções, aspirações; ali se acendiam as discussões e reinava a luta.

No verão de 1917, Makarenko concluiu o curso de Pedagogia, como aluno destacado do Instituto Pedagógico, com a medalha de ouro. Estava habilitado a ensinar e a ocupar os cargos administrativos de direção. Na avaliação final do curso, estava escrito:

> Makarenko, Anton – aluno destacado por sua capacidade, conhecimento, desenvolvimento e produtividade – mostrou especial interesse pela Pedagogia e as Ciências Humanas, sobre as quais leu muito e apresentou brilhantes trabalhos de pesquisa. Será um professor de grande valor em todas as disciplinas, particularmente em História e Língua Russa.

Mais uma vez atendia àquela mesma voz exigente: "As melhores notas, entendeu?" Uma voz interiorizada em Makarenko, que provava para si próprio e para todos os filhos dos operários do seu mundo, que o conhecimento universal poderia estar ao alcance de todos. Também a prática havia lhe provado ser mais fácil um filho da classe trabalhadora vir a ser um estudante universitário do que o filho de um príncipe.

Havia apenas uma dívida de Makarenko para consigo próprio: a supervalorização do meio operário e o cultivo do espontaneísmo da cultura popular. Acertaria as contas diante de algumas novas experiências pedagógicas, depois da revolução proletária de outubro de 1917. Não se pode enxergar tudo de uma só vez, nem por desejo, nem por decreto. O jovem educador amadurecia no seu próprio tempo, como a Ucrânia.

Revolução: primeiro tempo em fevereiro, vitória em outubro

Como escreveu o poeta russo, Maiakovski, em seu poema *A plenos pulmões,* a luta de classes ensinava o caminho da revolução socialista, mesmo que a maioria dos trabalhadores estivesse distante das escolas e dos livros marxistas. A educação se deu nas ruas, nas fábricas, nos campos, mas foi, principalmente, na forma de organização dos trabalhadores que garantiu a participação de todos. Uma revolução de massas, para as massas. Algo nunca visto antes na história da humanidade:

> Nós abríamos Marx
> volume após volume,
> janelas
> de nossa casa
> abertas amplamente,
> mas ainda sem ler
> saberíamos o rumo!
> Onde combater,
> de que lado,
> em que frente.
> Dialética,
> não aprendemos com Hegel.
> Invadiu-nos os versos
> o fragor das batalhas,
> quando,
> sob o nosso projétil,
> debandava o burguês
> que antes nos debandara.

Em 1917, as contradições políticas tornavam-se agudas principalmente devido às derrotas da autocracia tsarista na I Guerra Mundial, levando as massas a participarem da destruição do decadente Império tsarista e da construção de uma nova sociedade, livre, socialista. Em fevereiro, a autocracia tsarista foi derrubada pela insurreição proletária e um governo provisório, sob direção burguesa, assumiu o poder. A insistência da burguesia para a continuidade das guerras inflamou a velha Rússia, destruída e cansada de conflitos militares. A Rússia vivia sob o duplo poder, burguês e proletário, e, depois da vitória sobre os monarquistas, os operários, soldados e marinheiros, armados, sob a direção bolchevique, levaram até o fim a tarefa da revolução socialista, derrubando o Governo Provisório, em outubro, e instaurando o Governo Operário.

Mas, na Ucrânia, a história foi diferente. Para que a revolução socialista fosse vitoriosa teria de enfrentar as tropas alemãs e o lumpesinato aliado da burguesia. Os ucranianos sempre viveram uma história de invasões e lutas de independência. Sempre anexada por exércitos ocidentais, a Ucrânia resultou em uma terra de trabalhadores maltratados e temperados pelas guerras. Os maiores exemplos são as excepcionais rebeliões camponesas lideradas por líderes anarquistas como Nestor Makhno*, em Gulyai-Polye, cidade de uma das regiões agrárias mais ricas, e com uma grande comunidade judia, em Zaporozhye, ao Sul da Ucrânia.

A cabeça de Makarenko também não seria a mesma depois de 1917. Aos 29 anos de idade, já estava maduro para enfrentar-se diante de um espelho. O que havia prometido para si próprio na adolescência e juventude? O que havia, sinceramente, cumprido? Com seus óculos de aro fino de metal, sobre o rosto barbeado, os cabelos bem cortados, de terno e gravata, carregando embaixo do braço o diploma de Pedagogia, não se reconhecia diante do espelho. Quem era Makarenko, próximo dos 30 anos de idade? Ele, o filho de Semion, o operário, transformado em um intelectual pequeno-burguês?

Não, respondia para si próprio: as aparências enganam. Não era exatamente a origem de classe que garantiria qualquer tipo de adesão à revolução. A História estava repleta de exemplos. Marx e Lenin desenvolveram teorias e práticas da revolução comunista, mas foram filhos da pequena burguesia.

Embora o desenrolar da História mostrasse os trabalhadores, especialmente os operários, como agentes da revolução, não havia nenhum componente genético que garantisse que um filho da classe operária se transformasse naturalmente em um revolucionário. E há muitos casos que provavam o contrário: filhos da classe trabalhadora que se transformaram em traidores. A luta de classes atingia um de seus pontos mais

* Nestor Makhno é considerado como principal líder anarquista da Ucrânia, que lutou contra o tsarismo, foi preso e participou da organização de sovietes ucranianos logo após a revolução de 1917, da libertação da Ucrânia sob domínio dos exércitos branco e alemão. Manteve sua participação nas lutas proletárias até o fim de sua vida, quando morreu em Paris em grandes dificuldades financeiras.

altos, exigindo uma preparação consciente, aliada às reações espontâneas. A revolução era também um projeto a ser pensado, discutido, compartilhado e defendido com unhas e dentes.

Sua origem operária, sua formação intelectual não o aproximara de fato de uma vida burguesa. Profissionalmente não havia se desligado da classe trabalhadora: foi professor e diretor das escolas ferroviárias. Sinceramente, nunca almejou os cargos burocráticos como forma de ascensão social. E poderia, se quisesse, pois havia cursado o Instituto Pedagógico de Poltava, junto com representantes da mais fina flor da intelectualidade ucraniana.

Diante do espelho, via claramente seu trabalho intelectual como ação política na frente cultural. Sua tarefa principal: construir uma nova educação. Mas havia algo que lhe confundia. Era uma antiga dívida, pendurada na história de sua formação, que agora deveria ser paga: o espontaneísmo proletário.

O ano de 1917 exigiria uma prática totalmente nova de Makarenko. Quais os exemplos? O camponês anarquista, Nestor Makhno, apenas um ano mais novo que Makarenko, liderava, do Sul da Ucrânia, em Gulyai-Polye, na região de Zaporozhye, a formação dos sovietes ucranianos e uma poderosa força guerrilheira contra o Exército Branco.

Outro exemplo: o judeu camponês, filho de fazendeiro ucraniano, próximo de Odessa, Lev Davidovitch Bronstein, revolucionário conhecido como Leon Trotski, fora nomeado Comissário da Guerra e, mesmo sem formação militar, organizou e dirigiu o poderoso Exército Vermelho, com mais de 5 milhões de soldados do povo para garantir a vitória da Revolução.

Makarenko nunca esteve entre os militantes das ações insurrecionais. Para ele, sua batalha era travada no campo da educação, no difícil dia a dia que confunde o velho e o novo. Suas armas eram apenas as orientações políticas leninistas. Deveria pensar em uma nova educação como ferramenta para a criação do novo mundo, livre, de homens livres. Em 1918, retornava, como diretor, à mesma velha escola da oficina ferroviária, onde ensinara há treze anos atrás, em Kriukov, transformada em escola secundária.

Em meio às novas experiências pedagógicas, a cidade era tomada pelos exércitos inimigos, dos contrarrevolucionários "brancos" e dos alemães, mas logo depois era liberta pelos guerrilheiros anarquistas. No fogo cruzado dos anos de 1918 e 1919, Makarenko penetrou mais profundamente na vida de seu coletivo operário. O que deveria ser revisto na educação operária?

Enquanto os guerrilheiros de Makhno lutavam corajosamente contra os exércitos inimigos, Makarenko lutava contra o espontaneísmo. A história da revolução ucraniana deveria ser entendida tanto quanto a da educação operária.

Logo após a revolução de fevereiro, um movimento nacionalista ucraniano, no qual participava também a burguesia, instalou um conselho de sovietes, a Rada, em Kiev. Reivindicavam a autonomia política da Ucrânia junto ao Governo Provisório, na Rússia. Depois da revolução de outubro, a Rada, sob liderança da burguesia ucraniana, resistente ao socialismo, proclamou a independência da Ucrânia. Os anos de 1918 e de 1919 foram tomados por uma violenta guerra civil entre o Exército Vermelho, bolchevique, e as forças revolucionárias ucranianas contra o Exército Branco, da burguesia e aristocracia russa e ucraniana, apoiado pela burguesia do Ocidente.

Em 1918, diante da ofensiva do exército alemão e o desgaste do Exército Vermelho, Lenin propôs assinar, em 24 de fevereiro, a paz anexionista com a Alemanha, enfrentando várias contestações no Partido Bolchevique. A proposta foi aceita por maioria, tendo em vista as condições de esgotamento do campesinato e do operariado e a necessidade de organizar o mais rápido possível a vida econômica do país. A economia de guerra foi defendida por Lenin como uma preparação "firme e sistemática da capacidade defensiva do país", visando criar uma forte disciplina para o desenvolvimento econômico e a consolidação do Poder Soviético. Nisto consistia a "guerra revolucionária" na visão de

Lenin, aceitando a derrota parcial na guerra com a burguesia alemã, para fortalecer o processo revolucionário.

Com o acordo, que ficou conhecido como "tratado vergonhoso", segundo as palavras do próprio Lenin, a Revolução foi obrigada a abrir mão das possessões ocidentais do antigo Império russo: Polônia, Ucrânia, Países Bálticos, Lituânia, Letônia e Estônia.

A assinatura do Tratado de Brest-Litovski pelo governo soviético desuniu as várias tendências revolucionárias na Ucrânia. Da perspectiva dos anarquistas, o líder camponês Nestor Makhno foi o primeiro a contestar essa decisão política na Ucrânia. De sua cidade, Gulyai-Polye, organizou os exércitos livres para a defesa da Revolução, enquanto o governo de Lenin, de uma parte, e a Rada Central da Ucrânia, de outra, concluíam com os governos alemão e austro-húngaro um pacto que obrigava a retirada das forças armadas revolucionárias da Ucrânia. A Rada Central abria as portas para a entrada das hordas germano-austro-húngaras encarregadas de liquidar a Revolução na Ucrânia.

Nestor Makhno teve um papel destacado na libertação da Ucrânia. Trabalhador rural que sofreu a exploração dos grandes fazendeiros ucranianos, os *kulaks,* em 1905, aos 16 anos, passou a defender o anarquismo, com práticas de atentados políticos contra o tsarismo, sendo preso e transferido para a Rússia em 1909. Aliado da revolução bolchevique, Makhno voltou para sua terra natal, em 1917, para organizar o Soviete da Ucrânia. De sua cidade, Gulyai-Polye, no Sul da Ucrânia, preparou a ação guerrilheira contra os exércitos inimigos. No período de 1919 e 1920, Makhno armou suas tropas, compostas por bolcheviques, camponeses e operários, com o apoio militar do comandante do Exército Vermelho, Belinkevitch, que entregou grande quantidade de armamentos aos revolucionários ucranianos. Suas tropas derrotaram a Rada Central ucraniana, o general tsarista Denikin, e todos os generais "brancos" de Koltchak e de Wrangel, libertando a Ucrânia do domínio dos austríacos e alemães.

Somente em dezembro de 1920, o Exército Vermelho controlou as forças conservadoras na Ucrânia e decretou a sua libertação do antigo Império russo, passando a se constituir como República Soviética da Ucrânia.

Em 1918, foram formados destacamentos de alimentos visando o recolhimento de cereais escondidos nas grandes fazendas dos *kulaks*, fazendeiros ricos, exploradores de camponeses pobres. Uma comissão especial, a *Tcheká* (Comissão Extraordinária de Luta contra a Sabotagem e a Contrarrevolução), foi criada para prender os sabotadores contrarrevolucionários, com o auxílio das comissões de camponeses pobres para a supervisão da coleta de alimentos, sob a direção do Comissariado do Povo para o Abastecimento. Várias campanhas foram feitas para incentivar a disciplina do trabalho e a produtividade, como os "sábados comunistas", mas a falta de uma vanguarda revolucionária camponesa levou ao triunfo dos *kulaks*, dando fim ao período do "comunismo de guerra" e início ao período da "economia de mercado" (NEP).

Revolução na revolução: a efervescência cultural

Junta as partes nodosas dos dias:
Soa a flauta, e o mundo está liberto,
Soa a flauta, e a vida se recria.
Angústia! A onda do tempo oscila
Batida pelo vento do século.
E a víbora na relva respira
O ouro da idade, áurea medida.
Ossip Mandelshtam

A experiência pedagógica de Makarenko, no período de 1917 a 1928, foi marcada por esses dois momentos: o enfrentamento contra os *kulaks* e a economia de mercado. Em 1918, em Kriukov, Makarenko foi chamado para dirigir uma escola ferroviária transformada em curso secundário, onde trabalhara, pela primeira vez, como professor primário, e, em seguida, em uma improvisada escola em Poltava (1918-1920).

Os educadores ucranianos participavam do debate sobre a revolução cultural e a construção da escola comunista, a partir das definições propostas pelo Comissariado da Instrução Pública, com Nadezhda Krupskaia (vice-comissária para a Instrução Pública) e Anatoli V. Lunatcharski (comissário para a Instrução Pública). Desde fevereiro de 1917, Krupskaia exigiu o cumprimento das promessas da burguesia para a destruição da antiga educação tsarista e a constituição de uma educação única, para todas as classes sociais. Em seu *Programa Escolar Municipal*, ela defendeu a criação de pré-escolas e creches públicas para os filhos dos trabalhadores, a exemplo do movimento dos operários de Petrogrado.

De outubro de 1917 a 1929, os debates sobre os rumos da educação eram intensos, oscilando entre uma e outra posição frente à instrução, a partir de determinadas concepções e acordos estabelecidos para cada momento da revolução. Mesmo com o enfrentamento de posições divergentes, a Comissão de Instrução Pública levou a cabo rápidas transformações no campo da educação. A revolução pôs fim à educação privada e religiosa, instituindo a educação única, pública, leiga, universal, democrática, livre para a criação de escolas que respeitassem a identidade cultural de cada povo. Além das escolas, todos os locais poderiam abrigar as novas salas de aula: desde as antigas igrejas e Casas do Povo, as fábricas, as fazendas, os escritórios, as casas familiares, até no *front*. Os soldados eram alfabetizados, também nos campos de batalha, com as cartilhas criadas por Krupskaia.

Lunatcharski criou a legislação educacional da União Soviética e o sistema de ensino das repúblicas soviéticas, determinando os graus de estudo: desde o primário até o superior, e os cursos profissionalizantes. Dentre as tarefas emergenciais no campo da educação, estavam a alfabetização em massa e a politização dos trabalhadores. Saber ler e escrever era a condição básica para a participação consciente dos povos nos rumos da revolução. Dentre os principais decretos desse período, estava o que simplificava a ortografia; dois decretos sobre a mobilização dos alfabetizados e a liquidação do analfabetismo, tornando obrigatória a alfabetização, na língua materna ou na russa, de toda a população, desde os 8 anos até os 50 anos de idade; e a separação definitiva da Igreja e do Estado e, também, da educação. Em seguida, determinou-se que a jornada de trabalho seria reduzida em duas horas, para que todos pudessem estudar.

Nunca se publicou tantos livros e nunca os antigos povos subjugados pelo tsarismo leram tanto depois da revolução. A receita do Estado para a educação e a cultura era a segunda maior, mesmo durante a guerra civil (1918-1920), promovendo a publicação, nesse período, de 115 diferentes títulos da literatura russa com mais de 6 milhões de exemplares.

Krupskaia e Lunatcharski estudaram e trabalharam com colaboradores de diferentes concepções pedagógicas, desde não comunistas, como Chatski, até anarquistas, como Kalashnikov, influenciados pela pedagogia de Kropotkin. Em 1922, num artigo que explicava o sentido da educação socialista como educação social, Krupskaia afirmava

> (...) Em nossa época transitória, a escola deve contribuir por todos os meios para desenvolver os instintos sociais nas crianças e nos adolescentes.

As orientações gerais para a vinculação do trabalho, da autogestão e da vida coletiva na escola, pareciam, num primeiro momento, resolver o problema da constituição da escola socialista. Mas, no dia a dia do trabalho de instrução e de educação, os diretores e professores faziam diferentes interpretações dessas orientações gerais.

Pinkevitch, reitor da Segunda Universidade de Moscou, dirigia os cursos de formação de pedagogos e preocupava-se com as oscilações das pesquisas empreendidas pelos professores e estudantes. No início, desde Georg Kerschenteiner, da Alemanha, até Ovide Decroly, da Bélgica, estavam entre os pedagogos pesquisados.

Lunatcharski e Krupskaia analisaram as diferentes propostas e foram, aos poucos, descartando as ideias pedagógicas que defendiam a "educação pelo trabalho" e a formação do "homem útil", porque a concepção de trabalho não reafirmava a perspectiva marxista de criação consciente, mas apenas de treinamento para o trabalho manual, como nas escolas profissionalizantes burguesas. Outras perspectivas, como a concepção romântica, natural e religiosa de Friedrich Fröebel, seguidor de Rousseau, e a perspectiva da autoeducação de Maria Montessori, foram estudadas pela Comissão de Instrução Pública no início da revolução, procurando tirar dessas propostas novas diretrizes para a educação soviética. Várias concepções de educação foram estudadas a fundo, mesmo as que deveriam ser descartadas, como o funcionalismo de Émile Durkheim, a escola progressiva de John Dewey e o "Plano Dalton", de valorização da atividade individual e do estudo temático. Os questionamentos sobre muitas dessas propostas deram-se sobre a valorização do individualismo e, ao mesmo tempo, do coletivo sem a participação dinâmica de todos os alunos e professores. Por outro lado, observou-se, em várias dessas propostas educacionais, a excessiva preocupação com atividades temáticas para serem discutidas e trabalhadas em grupo, sem que os conhecimentos específicos das disciplinas fossem trabalhados com os alunos.

Ainda nos anos 20, as propostas de Jean Piaget foram estudadas por Lev Semionovitch Vigotski, em Moscou, e caracterizaram-se como uma apreensão lógica e biológica do indivíduo, diferenciando-se dos resultados das pesquisas do grupo de Vigotski, que apontava para o desenvolvimento psicológico da criança como produto, principalmente, de sua relação social e histórica com o grupo social e cultural ao qual pertence. A educação deveria, portanto, promover, não as descobertas individuais das crianças em cada uma de suas fases biológicas e lógicas, como nas teses piagetianas, mas se antecipar aos modelos culturais das crianças, com os modelos dos adultos, promovendo saltos qualitativos.

As orientações da Comissão de Instrução Pública na Ucrânia eram o resultado das diferentes tendências políticas e culturais que compunham o Comissariado do Povo para a Instrução Pública e a Arte. O Estado refletia as diversas expressões culturais do final do século XIX e do início do século XX e buscava criar uma direção cultural. Lunatcharski foi um dos principais organizadores dessas diferentes tendências e Krupskaia se constituiu como a principal representação política do partido bolchevique nas orientações da cultura soviética.

Nesse período de constituição das orientações do Estado soviético para a cultura socialista, essas tendências se dividiam em bogdanovistas do *Proletkult*, realistas românticos e futuristas, entre outros. Nessa primeira fase da revolução, foram criadas as condições materiais para que essas diferentes expressões produzissem, num mínimo de consenso, a cultura necessária para a edificação da sociedade socialista e a direção para o desenvolvimento das teses educacionais. No entanto, percebe-se que os formalistas russos, do *Círculo Linguístico de Moscou,* liderado por Ossip Brik, motivaram as principais experiências estéticas da primeira fase da revolução em todos os campos da cultura: literatura, educação, teatro e cinema. Junto com Maiakovski, Brik buscou novas normas estéticas da arte como antecipação de um mundo novo. As revistas *A arte da comuna* (1918) e *LEF* (1923-1925) serviram de aglutinadoras de intelectuais e artistas para a experimentação da nova cultura.

Na história do cinema soviético, de 1920 a 1930, podemos visualizar os confrontos entre essas diferentes linhas culturais. O cinema era considerado uma das expressões culturais mais importantes para "educação das massas", possibilitando que milhares de pessoas pudessem ter acesso às novas experiências artísticas, ao mesmo tempo, em toda a URSS. Essa descoberta fora feita a partir da constatação, pelo teatro de Meierhold, da dificuldade de os grupos de teatro percorrerem toda a URSS. O Estado havia cedido aos atores um trem, onde se apresentavam as peças teatrais para que os cidadãos vivessem, pela experiência estética, uma nova vida, para que exercitassem o sentimento de serem sujeitos, comandantes da sociedade. Os atores, assim como os poetas, levavam, aos mais longínquos campos, a notícia da construção, por trabalhadores da cidade e do campo, do socialismo.

Essa geração de intelectuais, no entanto, não se constituía de especialistas, mas de artistas que compreendiam a cultura como uma unidade. Os jovens cineastas eram, ao mesmo tempo, poetas, atores, diretores de teatro, artistas plásticos. Assim, quando Eisenstein, no *Proletkult* inicia suas atividades no cinema voltado para o "espontaneísmo" das massas, por outro lado, Vertov, ligado à Maiakovski, aos futuristas e ao partido bolchevique, inaugurava, através de um manifesto, o *Kinok*, o *Cine-Olho*, pregando o fim do cinema como unidade cultural e dando início a uma nova linguagem, independente das artes plásticas, da literatura e do teatro. Vertov e Maiakovski protestavam contra a invasão das demais artes na criação cinematográfica e exigiam um caminho próprio, novo, para uma nova linguagem artística: a linguagem cinematográfica.

Maiakovski, compartilhando a visão de Vertov, afirmava que o cinema seria a arte de projeção de novos movimentos, de educação do novo homem, através da ruptura radical com as expressões culturais anteriores. O cinema, mais do que uma arte, seria uma nova concepção de mundo, veículo do movimento revolucionário, que destruiria os velhos temas e as ultrapassadas estéticas do mundo burguês. Esse novo tipo de cinema bateria de frente com o romantismo ativo gorkiano, propondo um distanciamento dos "romances melosos, do veneno da novela psicológica, do abraço teatral do amante", segundo Vertov.

Enquanto Vertov e Maiakovski buscavam, no *Cine-Olho*, recriar os movimentos humanos segundo os movimentos precisos da máquina, Eisenstein opunha-se a essa perspectiva "objetivadora" da arte, criando o personagem-coletivo em dramas de ação da História da Revolução Soviética, empregando trabalhadores, de modo geral, como atores e não mais atores profissionais. Eisenstein recria a própria História da Revolução, defendendo a continuidade do movimento sob liderança proletária, apresentando para um público proletário um filme cujo ator principal é a massa, com seus tipos sociais fundamentais.

A emoção despertada no público se tornou tão intensa com os filmes de Eisenstein que, mesmo depois de o *Proletkult* ter sido anexado pelo Estado, essa nova estética permaneceu e se desenvolveu por toda a década de 1920 e, depois, ainda que simbólica, até a década de 1930. Em seu diário, *Memórias imorais*, Eisenstein se recorda da observação feita por

Stalin, com lápis vermelho, no roteiro do filme *Alexandre Nevski*: "O personagem não deve morrer". O cineasta já havia feito inúmeras concessões, como a de criar personagens para cultuar líderes como Stalin, mas não perdeu a chance de estabelecer com esses "grandes heróis" uma visão crítica sobre o momento histórico que atravessavam. Eisenstein apresenta a morte de Alexandre Nevski, como forma de humanização dos grandes mitos. Atrás de Nevski havia um povo criativo, participante e corajoso.

No cinema soviético, Pudovkin, poderia ser considerado um gorkiano entre os futuristas e os espontaneístas do *Proletkult*. Seu cinema exalta o personagem-herói, o drama do indivíduo, em meio à epopeia da revolução. A identificação do público com filmes como *A Mãe* e a *Trilogia de Máximo Gorki* se deu por meio da relação com os personagens-indivíduos. Pudovkin havia transformado o cinema num teatro de grandes recursos estéticos, desde os gestos minuciosos dos atores, até a recuperação dos cenários através das cenas externas, criando um novo clima psicológico. No filme *A Mãe* procurou sensibilizar o espectador, não por meio do trabalho psicológico dos atores, mas por meio da montagem, como instrumento de síntese plástica. A cena em que o filho, encarcerado, recebe, clandestinamente, um bilhete em que se lhe anuncia que será libertado no dia seguinte, foi expressa pelo jogo nervoso das suas mãos e um grande plano, um plano máximo da metade inferior da face: o sorriso no canto dos lábios. Estes dois planos foram montados com outro material: a primavera, raios de sol refletindo-se nas águas, aves banhando-se num charco de aldeia e, por fim, uma criança a rir. Esse era o novo cinema de Pudovkin, o cineasta gorkiano.

A educação se desenvolveu, nesse período inicial da revolução, a partir, também, dos debates culturais. Das diferentes tendências que compunham a Comissão de Instrução Pública, e das diferentes concepções que foram pesquisadas e absorvidas, chegou-se à afirmação da tese central da escola única, obrigatória, relacionando instrução com trabalho, tal como nas principais teses marxistas e leninistas. No entanto, as várias concepções da organização da escola soviética acabavam por trazer acordos entre vários tipos de propostas, muitas vezes antagônicas. Krupskaia, referindo-se à dificuldade de implantação da politecnia, da formação global dos alunos, principalmente na Ucrânia, discutia com Lenin sobre a possibilidade de manter a escola profissional, monotécnica, inicialmente nas regiões mais atrasadas. Mas, Lenin apontava para o perigo desse tipo de ensino servir de base para uma sociedade mais desigual e não como auxílio para a construção de uma sociedade mais justa, sem classes.

Desde o momento da tomada do poder, Lenin insistiu para que o Comissariado de Instrução Pública se ocupasse em dar vida à escola politécnica. Iniciou-se com a fundação de escolas experimentais. Em seus primeiros passos, o ensino "politécnico" era muito limitado e se manifestava fundamentalmente no trabalho artesanal, no trabalho com ferramentas de carpintaria, de costura e encadernação, como aquelas já desenvolvidas nas escolas ativas europeias. Lenin queria que se organizasse, com toda seriedade e em todos os centros docentes, o ensino da eletrificação e até rascunhou um plano de trabalho. Isto foi em dezembro de 1920.

Krupskaia conhecia bem as críticas de Lenin às propostas educacionais soviéticas: a educação ia a passos de tartaruga para politecnização da escola soviética e a saltos de coelho na simples profissionalização. Esse descompasso se dava pela existência de discordâncias no interior do Comissariado de Instrução Pública: havia uma corrente que pretendia dar, em primeiro lugar, um caráter profissional à escola, que negava a necessidade do ensino politécnico e propunha o monotécnico; dizia-se que não era possível aplicar o ensino politécnico em todas as partes, que unicamente havia de fazê-lo nas cidades e que não era necessário nas aldeias.

A ideia da escola politécnica foi completamente negada na Ucrânia. Lenin insistia para que Krupskaia fizesse uma reunião de Partido para discutir a educação e defendesse em suas teses a educação politécnica. Mas ela sabia o quanto em suas próprias teses havia concessões aos profissionalistas. Dizia que nas escolas secundárias devia haver fusões com as escolas profissionais reformadas. Diante dessas posições, Lenin defendeu a politecnização das escolas profissionais sem cair no artesanal, ou seja, trabalhar com a tecnologia mais desenvolvida e também não apenas no plano manual, reservando espaço para o ensino de conhecimentos gerais.

Como nos versos de Ossip Mandelshtam: "Soa a flauta, e o mundo está liberto; Soa a flauta, e a vida se recria", a educação e a cultura do primeiro período da revolução, da guerra civil, da fome, e dos anos de 1920, caracterizavam-se por sua nova função: libertar o mundo e recriar a vida. Diante da encantadora tarefa, Mandelshtam lembrava a dificuldade de se lutar contra a força dos séculos: "A onda do tempo oscila/Batida pelo vento do século."

Entre as oscilações da onda do tempo, Makarenko passou a refletir seriamente sobre as concepções espontaneísta e romântica dos operários que dominaram a sua prática educacional. Que nova canção deveria ser criada para libertar o mundo e recriar a vida? Uma canção explosiva, que colocasse abaixo os velhos hábitos principescos que haviam dominado as relações entre os trabalhadores. Essa era a sua mais recente descoberta depois da Revolução de Outubro: havia muita coisa em comum entre as famílias principescas e as famílias operárias. A educação deveria ser antes de tudo explosiva.

O acerto de contas

> Mundo de amar,
> É boa a espera.
> Ouço no ar
> Nova era.
> *Sierguei Iessienin*

Em 1920, com 32 anos de idade, Makarenko fora transferido para dirigir uma escola improvisada em um prédio da prefeitura, em Poltava. Durante parte do dia funcionava como escritório e, na outra parte, como escola. O improviso dera apenas péssimos resultados. Os alunos e professores não reconheciam aquele espaço como de uma escola. Estavam mal alojados, obrigados a estudar em meio à sujeira de papéis amassados pelas salas e com o cheiro forte do tabaco no ar.

Percebia o quanto havia idealizado o meio operário e o quanto estavam mal educados, principalmente para dirigir uma revolução. Os maus hábitos, o desleixo, a desorganização eram tomados como naturais da rotina diária de trabalho. Seu trabalho com professores e alunos ia de mal a pior. No meio da desorganização, perdiam as energias em detalhes inúteis.

Irritado, Makarenko abriu a caixinha preta de sua memória. Lembrou-se do tempo em que era menino e o seu padrinho, Khudiakov, discutia com seu pai sobre o futuro de sua única filha, apaixonada pelo jovem torneiro Nesterenko. Bravíssimo, dizia-lhe que não poderia permitir que a filha se casasse com um "torneirozinho", que recebia um salário baixo e tinha como futuro, na velhice, receber apenas rublo e meio por dia. A filha sofreu com as reprovações do pai, afastando-se de Nesterenko. Depois de alguns meses, aceitou a ordem do pai e casou-se com o ajudante de mecânico Svertchkov.

Orgulhoso, Khudiakov foi dividir com Semion a alegria de ter casado a filha com um operário de futuro promissor, afastando-a do perigo de estar ao lado de um simples torneiro.

– Svertchkov é ajudante de mecânico nas locomotivas de passageiros, mas daqui um ou dois anos será condutor da locomotiva. Mas, sempre será um mecânico, honrando o nome de nossa família. Para que eu trabalhei todos esses anos? Um dote de quinhentos rublos não é coisa que se encontre pela rua, não é compadre?

Semion enfurecera-se, porque havia considerado apenas os seus interesses mesquinhos, casando a filha com um homem que não amava. Mas naquela comunidade operária, um mecânico das estradas de ferro não era companheiro de um pintor qualquer, como Khudiakov. Aos sete anos de idade, Makarenko olhava para os mecânicos como se fossem os verdadeiros príncipes da vila operária. Enquanto que para o padrinho, o casamento da filha significava uma ascensão, para Svertchkov, era uma queda de categoria.

Aproveitando aquele momento, Semion resolveu passar a limpo outras atitudes interesseiras do compadre:

– Escuta, amigo, além desse casamento errado, também tem outra coisa que me desagradou muito. Você anda atrás dessa gente da alta...

– Quem, eu? Está enganado, compadre, eu vivo com gente nossa. Eu não sei de nada disso...

– Não sabe? E com quem o compadre foi pescar no último domingo? Com aquele barrigudo, o vigia da estrada de ferro! E a tua mulher, na casa de quem anda de noite e de dia? Na casa dos Novak! Hem? Tá mudando de jeito, hem compadre?

– A minha mulher não anda em casa de gente alta coisa nenhuma. E vou pescar com qualquer um que goste de pesca. Tá certo, compadre?

– Está, não. Está é muito errado. Os Novak são gente danada de rica e exploradora. Ele é mais rico que o chefe da estação e tudo à custa da nossa gente.

E era tudo verdade. Makarenko recordava-se daquele mundo sem a visão mágica, pura, santa. Mesmo sem consciência, Semion jogava na cara de seu grande amigo os maus hábitos do puxa-saquismo, de querer aproximar-se de pessoas poderosas para ganhar prestígio e algum favor. Quando menino, Makarenko dirigia-se à loja de Novak, para comprar petróleo, óleo de girassol e tabaco barato para o pai. Pelas janelas da majestosa casa de dois andares dos Novak, podia imaginar a riqueza pelo simples detalhe das cortinas de tule. Quando as janelas estavam abertas, lembravam as grinaldas brancas e alegres das noivas. Enquanto o tule enfeitava as janelas dos Novak, os filhos dos operários não podiam trocar suas surradas roupinhas.

Mas, era das casas principescas, como dos Novak, que desciam às casas mais simples, como a do pintor Khudiakov, os estilos familiares, as leis da sociedade capitalista, como numa escadaria sem fim. Makarenko percebia que havia um abismo de classe que separava aquelas famílias, mas as famílias operárias, mesmo ganhando honestamente o seu sustento, invejavam e procuravam imitar, com todos os detalhes, a vida principesca, de riquezas e futilidades. Enquanto as filhas da burguesia e da aristocracia recebiam em herança títulos, propriedades, diamantes, a filha de Khudiakov herdava apenas: um enxoval, uma máquina de costura, uma cama de ferro trabalhado e o sonho paterno de um dia ter um gramofone para ouvir as músicas românticas que tocavam na casa dos Novak. Mesmo assim, essa herança significava muito para as famílias operárias: anos e anos de economias e sacrifícios.

A acumulação, fórmula capitalista da exploração, saía dos velhos hábitos dos aristocratas e dos burgueses para penetrar na vida cotidiana dos operários. O hábito de acumular criava uma vida de sacrifícios e de angústias ainda maiores para as famílias trabalhadoras. Se já era difícil pagar as contas do mês, o que fazer para sobrar e fazer crescer algum dinheiro?

Os que acumulavam rapidamente, o faziam através da desgraça dos vizinhos: os Novak através da caderneta de fiado, obrigando os trabalhadores a comprarem mais caro em seu armazém; o vigilante faturava às custas das dívidas dos operários: emprestava a juros e enriquecia sem sacrifício algum. Enquanto os operários como Khudiakov teriam de trabalhar ainda mais, fora de seu horário normal; o compadre pintava a casa dos ricos e dourava os cristos de ferro fundido para os túmulos do cemitério.

E se perguntados para que guardavam, acumulavam dinheiro, em vez de gastá-lo com as necessidades do dia a dia, diriam: para os estudos dos filhos, para o dote das filhas, para garantir os dias da velhice, para consolidar algum início de riqueza da família... quem sabe até ter um negocinho próprio. A poupança era o início do sonho de fugir da miséria e conquistar um lugar melhor, ser "alguém" de verdade.

Essas revelações recuperadas pela memória de Makarenko serviram como ferramentas para a construção de uma nova educação, comunista. Era triste perceber o quanto as pessoas destruíram suas próprias vidas em nome da acumulação, da riqueza, da ascensão social, arruinavam suas vidas e as de seus filhos. Um dos caminhos para a acumulação era através de um "bom" casamento. Tal como as famílias principescas, raramente os operários se casavam por amor. Os filhos namoravam entre si, mas a definição do casamento dependia dos bens herdados. Um dote de duzentos, trezentos rublos era a garantia para conseguir um bom marido. E o destino dos filhos estava nas mãos do pai. Naquele pequeno universo eram reproduzidos os séculos de opressão do tsarismo. Cada família operária possuía o seu pequeno tsar: o pai.

A revolução de outubro apontava um novo caminho contra os velhos hábitos, contra a acumulação, o instinto de aquisição, a aspiração ao poder, a ambição, a arrogância, o servilismo, o puxa-saquismo e a rede de dependências do mundo burguês. Uma nova educação deveria levar em conta essa realidade e, em novas bases, construir novos hábitos segundo o código moral da Constituição Soviética, conforme o artigo 6º:

> A terra, o subsolo, as águas, as florestas, as fábricas, os estabelecimentos industriais, as minas de carvão e de minerais, as estradas ferroviárias, os transportes marítimos e aéreos, os bancos, os correios, telégrafos e telefones, as grandes empresas agrícolas organizadas pelo Estado (sovkhozes, estações de máquinas e de tratores etc.), assim como as empresas municipais e o conjunto das habitações nas cidades e nos aglomerados industriais, são propriedades do Estado, isto é, do povo inteiro.

Mas, o artigo 10 poderia servir para manter e desenvolver esse perigoso desejo de acumulação, reproduzindo as diferenças mesmo em uma nova sociedade:

> O direito dos cidadãos à propriedade pessoal dos rendimentos e poupanças provenientes do seu trabalho, à propriedade da sua casa de habitação e da economia doméstica, auxiliar, dos objetos de uso doméstico e cotidiano, dos objetos de uso pessoal, bem como o direito de os cidadãos herdarem a propriedade pessoal, são protegidos pela lei.

Desde modo, de acordo com o princípio marxista da vida comunista, "De cada um segundo as suas capacidades, a cada um segundo as suas necessidades", cabe à tarefa educativa, tanto nas escolas, quanto nas famílias, nos organismos sociais, organizar e selecionar na cultura das necessidades humanas a altura moral que só pode ser atingida em uma sociedade sem classes. O que seria o novo homem da sociedade comunista senão aquele que além de suprir suas próprias necessidades individuais, como consumidor, é também produtor, voltado para o bem coletivo. O prazer do novo homem deixaria de ser o de consumir e acumular; seria moralmente mais elevado: criar, consumir e dividir.

Finalmente estava ali, diante de seus olhos, uma nova verdade a ser testada pedagogicamente. Mas encontrava-se muito insatisfeito com as condições de trabalho em Poltava. Desejava desesperadamente realizar um projeto educacional sério, liberando todas as energias possíveis para isso.

Algo de novo no ar. Mas, ainda é preciso esperar mais um pouco. O ano de 1920 ainda guarda surpresas. Surpresas para Makarenko e para a Ucrânia.

CAPÍTULO IV

A COLÔNIA GORKI* (1920-1928)

Uma forte intuição: a educação pela coletividade

Quando, em setembro de 1920, Makarenko foi convocado para assumir a direção de uma colônia de reeducação de crianças e jovens órfãos e ex-delinquentes compreendeu que se encontrava diante de um gigantesco desafio. Somente em dezembro desse mesmo ano, a Ucrânia estaria totalmente livre do domínio do exército branco, mas o trabalho de reorganização da educação sob a direção de um novo Estado, socialista, já se iniciava. Makarenko estaria entre os parteiros da nova Ucrânia, no campo da educação.

O funcionário do Estado Soviético, bolchevique, responsável pelos problemas sociais do distrito, o *Zavgubnarobraz*, convocou Makarenko e disse:

– O que foi antes da Revolução não presta para nós. Temos de criar o homem novo de maneira nova. Precisamos de um homem novo assim... um que seja nosso! E você trate de construí-lo.

---

* A reconstituição dos momentos principais da organização da Colônia Gorki como coletividade foi feita a partir da leitura dos três volumes de *Poema Pedagógico*, de Makarenko, com a tradução de Tatiana Belinky. Vários trechos foram transcritos, reproduzindo os depoimentos de Makarenko e seus educandos.

Desde o início, quando assumiu a direção da colônia de jovens delinquentes, Makarenko tinha consciência de que seria necessária uma nova teoria pedagógica para o trabalho de educação socialista. Mas essa teoria ainda não existia. Havia um debate em torno de várias correntes pedagógicas, mas ainda não existiam indicações mais precisas, apenas diretrizes gerais. No caso de Makarenko, a situação era ainda mais difícil, porque o trabalho de reeducação dos jovens ex-delinquentes estava muito marcado por antigos preconceitos: a criança está marcada pela marginalidade e seu caráter dificilmente mudará; ou, ainda, que esses jovens dificilmente desenvolverão uma cultura mais refinada, devendo ser educados para o trabalho manual.

Makarenko aceitou trabalhar como diretor de uma colônia de reeducação de crianças e jovens delinquentes, pois estava interessado em construir um método geral de educação comunista. Para ele, a resposta ao problema colocado pela necessidade de reeducação só poderia ser encontrada na relação entre teoria e prática. Somente assim haveria a constituição de uma nova concepção pedagógica, que superasse a educação liberal burguesa. Aos olhos dos ex-funcionários do tsarismo, nacionalistas e burocratas, tratava-se apenas de uma contribuição "heroica" para o fim da marginalidade e para a adaptação dos marginalizados à vida produtiva. As questões mais polêmicas giravam em torno de temas como trabalho, instrução, diretivismo e espontaneísmo, métodos gerais e específicos de reeducação.

A visão de que todo homem nasce bom e deve se desenvolver, individualmente e pelo trabalho, revelava o "fetichismo" da educação "social" e do "trabalho" santificado pelas orientações do Departamento de Instrução Pública da Ucrânia, influenciado ainda pela concepção educacional de Rousseau. A orientação para a educação espontânea, numa visão naturalista, biológica do ser social, apanhado em sua perspectiva individualizante e especifista (a "criança"), embora procurasse se diferenciar da velha escola, violenta, que marcava negativamente a vida dos jovens delinquentes, mantinha ainda os hábitos e tradições do antigo regime.

A maioria dos intelectuais da Instrução Pública ucraniana emocionava-se com as terríveis histórias de meninos e meninas marginalizados, mas não acreditava sinceramente na possibilidade de superação desses problemas. Segundo a concepção dos burocratas ucranianos, para esses meninos não deveria haver uma exigência tão grande quanto para os meninos e as meninas integrados à sociedade; no lugar da exigência, a piedade e a educação para o conformismo, buscando apenas a readaptação à sociedade com algum tipo de trabalho de segunda categoria.

Seguindo algumas hipóteses do Comissariado do Povo para a Instrução Pública e a Arte da URSS, Makarenko observou que seria necessário realizar uma ruptura radical com a antiga concepção de formação da personalidade e centrar a atividade pedagógica na educação da coletividade e não do indivíduo. Mas, como fazer isso? Como criar uma coletividade?

Essa experiência de construção da coletividade – a Colônia Gorki, de 1920 a 1928 – deu-se em três locais: Poltava (1920-1923), Trepke (1923-1926) e Kuriaj (1926-1928), marcando a conquista de novas fases de desenvolvimento dialético da coletividade. Nasce uma nova experiência pedagógica.

Poltava (1920-1923): a inglória história de anti-heróis

Ao contrário do que se imagina, Makarenko não iniciou sua maior experiência pedagógica com teses bem fundamentadas e com um caminho claro a seguir. Ao contrário, tudo estava em discussão e o cotidiano estava permeado de dúvidas e erros. A única certeza era de que havia uma causa justa que deveria ser perseguida. A poesia de Sierguei Iessienin ilustrava esse momento heroico, sem heróis e sem glória:

> Há uma só senda no jardim da aurora.
> Vento de outubro corrói a floresta.
> Para conhecer tudo e não ter glória
> Veio ao mundo o poeta.
> Veio para beijar as vacas
> E ouvir no coração o triturar da aveia.

Cava, foice de versos, cava!
Vai, sol-arbusto, e flor-semeia.

Uma revolução que enfrentava o dia a dia difícil, carregado de tradições do passado opressor, procurando construir uma nova vida com pessoas comuns, inclusive com jovens ex-marginais. Todos eram poetas, chamados a conhecer tudo e a cavar com a foice dos versos um novo mundo. Como todos os ilustres desconhecidos de seu tempo, estava Makarenko, que construiu um verdadeiro "poema pedagógico".

E para semear suas flores, recebeu Makarenko um pequeno sítio, a seis quilômetros de Poltava, a caminho de Kharkov. Entre as colinas arenosas e a floresta de pinhos de duzentos hectares, acompanhada pela estrada de pedras limpas e brilhantes, podia-se avistar uma clareira de uns quarenta hectares, onde funcionou a antiga colônia para infratores da lei, com seus cinco prédios quadrados, de tijolos.

Makarenko percebeu que a própria arquitetura denunciava as intenções do velho regime: parecia-se mais com um presídio do que com uma colônia de reeducação. Havia pouco espaço para o trabalho e as atividades esportivas e culturais. Entre os prédios havia apenas um pátio arenoso, a clareira da floresta, os juncos e uma lagoa que separava os ex-marginais da propriedade dos *kulaks*, com apenas três casas de madeira e telhado de palha.

A colônia estava abandonada desde 1917 e seus equipamentos haviam sido surrupiados pelos vizinhos: oficinas, móveis e até mesmo um pomar inteiro. Da sua memória, restam apenas os antigos diários, onde podiam ser encontrados os nomes dos oficiais reformados de baixa patente, que dirigiram a colônia e suas atividades: vigiar os ex-marginais durante o trabalho e, durante as horas de descanso, dormir num quarto, ao lado do dormitório coletivo. Makarenko procurou reconstituir o método pedagógico utilizado pelos velhos oficiais entre os camponeses vizinhos e descobriu que o instrumento pedagógico utilizado era simplesmente um porrete. Vigiar e punir: eis a velha fórmula de reeducação do passado.

O coletivo inicial era constituído por um auxiliar de direção, duas educadoras e seis educandos. Desde o início, Makarenko se dispôs a educar cada um dos integrantes para constituir o coletivo, desde o seu auxiliar Kalina Ivanovitch, que queria comandar a colônia por ser mais velho que Makarenko, mas que deveria assumir outras funções. Porém, logo de saída aprenderam a trabalhar numa direção conjunta para atender às necessidades primárias de organização da colônia.

Os primeiros meses, para Makarenko e seus companheiros, foram marcados por desespero e esforço em vão. Mas também por uma busca alucinada da verdade, a verdade pedagógica. Nunca Makarenko havia lido tanta literatura pedagógica quanto naquele inverno de 1920. Deve ter lido tudo, desde os clássicos da antiguidade, os filósofos, até os novos pedagogos europeus e norte-americanos, as novas propostas soviéticas, procurando vislumbrar uma metodologia educacional...

Estudava com as mãos na cabeça, ouvindo os estrondos da guerra polonesa, do exército de Wrangel, que se encontrava logo ali, próximo de Novgorod; e, em Tcherkassi, lutavam os polacos. Sentia o caos de uma velha Ucrânia que morria e de outra que nascia, mas ainda infestada de *batkos*, chefes dos bandos cossacos ucranianos. Resultado: a pressão dos acontecimentos, da necessidade urgente de uma ação de reeducação dos jovens levou Makarenko a fechar os livros e abandonar a ideia fixa em fórmulas pedagógicas e a pensar sobre o problema educacional que tinha diante de si.

Rapidamente percebeu que o desenrolar dos problemas cotidianos deveria ser o objeto de uma ação pedagógica, com preocupação para uma intervenção dialética. Estava convencido de que não existia, naquele momento, uma ciência ou uma teoria que resolvesse o problema. Ao contrário, essa nova teoria deveria ser extraída da soma total dos fenômenos reais que se desenrolavam diante dos seus olhos.

Makarenko resolveu seguir a forte intuição, que passou a dominar as suas convicções. Sentia que, quanto menos se apegasse às fórmulas livrescas, melhor estaria preparado para entender o problema colocado e propor ações educacionais imediatas. Deveria construir a coletividade educacional a partir das necessidades concretas da vida coletiva e, daí, extrair uma metodologia educacional.

O primeiro período estabelecido para a construção da coletividade foi o de organização. Durante dois meses, Makarenko e Kalina Ivanovitch viajaram de charrete à cidade, em busca de equipamentos e alimentos. Com muito esforço, conseguiram reconstruir apenas uma das casernas, que voltou a ter portas e vidraças nas janelas, e obtiveram alguns sacos de farinha de centeio, cedidos com muita dificuldade pela Comissão Especial de Alimentos do Primeiro Exército da Reserva. A relação da colônia com os setores da administração estatal era péssima e revelava a crise de escassez de alimentos gerada pela apropriação, pelos *kulaks,* da produção agrícola.

Kalina, velho ucraniano, não via outra alternativa senão seguir o mesmo caminho do lendário herói, o *bogatir* Ilia Muromets, apossando--se dos materiais necessários, em poder dos ricos, e os distribuindo aos pobres. Makarenko não via outra saída a não ser dar por encerrado o período de organização e procurar novas alternativas junto ao coletivo inicial. As duas educadoras, Lídia Pietrovna e Iekaterina Grigorievna, eram pessoas muito dedicadas. Haviam decidido partilhar do processo de reeducação dos jovens depois de uma intervenção de Makarenko em uma conferência dos trabalhadores da escola rural, em que a maioria dos educadores tinha medo e desdém pelos "vagabundos".

Lídia Pietrovna era quase uma ovelhinha, uma jovem recém--formada, enquanto Iekaterina Grigorievna era uma verdadeira loba da pedagogia ucraniana. Uma se apoiava na outra, como filha no ombro da mãe, e lá estavam as duas educadoras que Makarenko precisava para iniciar o seu processo de educação, com um toque feminino, cheio de alegria, entusiasmo e sabedoria.

Os pequenos príncipes e mendigos das ruas de Kharkov

No dia 4 de dezembro de 1920, chegavam à colônia os seis primeiros educandos: Zadorov, Burun, Volokhov, Bendiuk, Gud e Taranets. Os quatro mais velhos, de 18 anos, eram acusados de assalto domiciliar a mão armada; os dois mais novos, de furto. Ali estavam os verdadeiros *bogatires* sonhados por Kalina: vestidos como filhos de burgueses, com culotes, botas de couro caras e elegantes e com cabelos cortados na moda, estavam longe de aparentar meninos abandonados.

Era um dia muito especial e os educadores prepararam uma festa de recepção para aqueles garotos desconhecidos, que deveriam ser transformados em "novos homens" da sociedade socialista. Mesas enfeitadas, todos arrumados, até a cozinheira usava uma touca branquinha; Kalina vestia um paletó de veludo verde no lugar do velho e surrado paletó cinza. Um discurso de Makarenko vibra na caserna: iluminar a vida de dificuldades, esquecer o passado e olhar para o futuro radiante. Mas, logo de início, o tiro saía pela culatra: os garotos riam das camas de campanha, das portas e janelas sem pintura e zombavam de Makarenko por tê-los trazido para um lugar de última categoria.

Não era bem isso que Makarenko imaginava encontrar. Os garotos assemelhavam-se a príncipes mal-educados e vagabundos. Queriam ser servidos, queixavam-se da comida, não ajudavam em nada, passavam os dias fora da colônia para roubar e voltavam apenas para dormir. O inverno chegou com tempestades de neve logo cedo. Era preciso reunir lenha e abrir o caminho que a neve cobria. Os educadores os convidavam para trabalhar, com respeito, diferente do velho estilo opressor do passado... e nada! Depois de quatro meses de tentativas... nada! Não surtia efeito. Os educadores já estavam quase desistindo de continuar até quando... o inevitável aconteceu. Diante de tantos conflitos vividos na pedagogia da corda-bamba, Makarenko voltou sua ira furiosa contra Zadorov, o garoto com cara de bem alimentado e bem instruído, que se negou a rachar lenha, dizendo:

– Vão rachar vocês, que são tantos por aqui...

Makarenko deu um tapa tão forte no rosto de Zadorov que o derrubou. Encolerizado, continuou a esbofeteá-lo, pela segunda e pela terceira vez, colocando o garoto em pé pelos colarinhos. Ia continuar a bater cegamente, quando as ações do garoto indefeso lhe chamaram a atenção: estava pálido, trêmulo e gaguejava um pedido de desculpas sincero.

Fingiu não estar arrependido do que fez e tirou proveito daquele ato insano para deixar claro que deveriam seguir a ordem do trabalho coletivo. Com firmeza, fez uma ameaça para os cinco educandos, que olhavam assustados, próximos às camas do dormitório, reproduzindo a dura linguagem das ruas. Pegou um ferro e o bateu na cama, dizendo:

– Ou vocês vão rachar lenha já, ou sumam e que o diabo os carregue para longe da colônia!

Os meninos foram, enfezados com Makarenko, trabalhar na floresta e derrubaram alguns pinheirinhos até a hora do almoço. Mas naquele silêncio, com o ar gelado e a luz do sol, os meninos tiveram, com aquele trabalho coletivo, a primeira lição, diferente do roubo, da luta selvagem das ruas. No final do trabalho, Zadorov ria lembrando-se da surra que tomara de Makarenko, e os dois riam juntos. Ao voltar para a colônia, o rapaz entendeu o ato desesperado e violento do educador, dizendo-lhe com carinho:

– Nós não somos tão maus assim, tudo acabará bem.

Zadorov admirou a coragem de Makarenko, pois poderia, junto com os demais garotos, espancá-lo até a morte. E todos sabiam que ele havia se arriscado e não os devolveria à Instrução Pública como incorrigíveis. A partir daí, os primeiros educandos entenderam que era melhor aprender a trabalhar e a conviver no coletivo, do que voltar para cumprir suas penas na prisão. As educadoras Lídia e Iekaterina reprovaram totalmente o descontrole de Makarenko e passaram a discutir mais detalhadamente os próximos passos do trabalho educacional, procurando superar o momento de indisciplina e egoísmo dos educandos.

No dia seguinte, Makarenko comunicou logo cedo as regras da colônia: limpar o dormitório e designar um monitor de plantão para vigiar quem entrasse e quem saísse. Sair dali, apenas com a permissão dos educadores. Se isso não fosse feito, o educando não poderia mais voltar. Era preciso deixar claro que a colônia não era um lugar sem regras, um covil de bandidos, em que seguiriam fazendo o que haviam aprendido nas ruas durante a vida de marginalidade. Deveriam trabalhar e estudar, respeitando as normas.

Zadorov transformou-se em líder dos educandos e aproximou-os dos educadores. Mesmo reprovando o ato violento de Makarenko, as educadoras observaram que ele havia se transformado em um verdadeiro herói para os garotos. Na verdade, eles admiravam no diretor o seu lado humano, que sabia explodir, como eles, em situações conflitantes.

Em fevereiro de 1921, Makarenko trouxe, para a colônia, em uma carroça, mais quinze educandos, esses verdadeiramente abandonados, esfarrapados e doentes. Tinham a aparência de filhotes de animais selvagens, com poucos hábitos sociais e quase nenhuma curiosidade para aprender sobre o mundo que os cercava. O coletivo cresceu e chegou a 21 educandos. Era preciso ter mais professores e, em março, Makarenko conseguiu formar um "Conselho Pedagógico", contratando o casal Ivan e Natália Ossipov e recebendo uma superintendente muito idosa... não se sabe para que, porque a colônia continuava penosamente pobre.

Em vão Makarenko procurava ajuda junto ao Departamento de Educação Pública. Nada recebiam. A colônia havia reformado apenas um único grande salão, com duas estufas de ferro para o aquecimento necessário durante os rigorosos invernos, com trinta camas de campanha, dobráveis, e três grandes mesas, em que os educandos se alimentavam e estudavam. Os cômodos restantes, outro grande salão, duas salas de aula e o escritório continuavam funcionando precariamente.

Os invernos continuaram torturantes até o ano de 1923. Quando a neve voltava a cair, Makarenko desesperava-se ao notar que não havia conseguido vestir e calçar os seus meninos. Vestiam-se com casacos esfarrapados e calçavam trapos amarrados com barbantes nos pés. A alimentação se resumia a um *condior*, um mingau ralo de painço. O Estado racionava a alimentação, distribuindo-a conforme a necessidade, aos hospitais, às crianças, aos idosos etc. Muitas vezes foi preciso que Makarenko levasse os colonistas aos funcionários do Estado para que, espantados, notassem as dificuldades e passassem a fornecer, não a ração mais forte, que incluía pão branco, leite e muitas gorduras, mas, pelo menos, aquela que incluía, além do *condior*, o pão de centeio. Em algumas situações de ameaça de revolta dos colonistas, chegavam a fornecer carne, defumados e balas.

Decidido a não permitir que a fome tomasse conta da colônia, Makarenko inaugurou uma secreta "guerra de guerrilhas" contra a nova burocracia socialista, do Departamento de Educação Pública. Makarenko dirigia-se a outros departamentos – como a Comissão de Produtos Alimentícios da Província, ou o Primeiro Exército de Reserva, ou o setor de abastecimento de qualquer outro órgão burocrático – e entregava à autoridade, próximo à porta do gabinete, um papelzinho em que estava escrito: "A Colônia de Delinquentes Juvenis solicita a liberação de cem *puds* (cerca de 15 kg) de farinha para a alimentação dos educandos." Muitas vezes conseguiu enganar as autoridades e obter uma autorização para obtenção dos alimentos.

Mesmo assim, a fome continuava a ser o problema número um da Colônia, dificultando o processo de reeducação moral dos garotos. Um colonista, Taranets, conseguiu uma *iateri*, uma rede para pescar, mas se escondia para comer sozinho os peixes que pescava. Certa vez, ofereceu peixes para Makarenko, que os recusou, alegando que os peixes deveriam ser oferecidos ao coletivo. Makarenko havia iniciado a luta contra o individualismo. Foi preciso mostrar que ali tudo era de todos: a frigideira, o óleo, a rede e os peixes pescados. O combate ao individualismo fazia parte de um processo de desenvolvimento de atividades práticas em que os educandos percebessem o *nosso* no lugar do *meu*. E a pesca passou a ser uma atividade coletiva. Durante a primavera e o verão, os garotos se revezavam e traziam muitos peixes à mesa coletiva, mas durante o inverno a fome apertava.

O que fazer diante dessa necessidade crucial? Muitos deles faziam pequenos roubos nos dias de feira na cidade, dizendo que um conhecido ou uma feirante havia dado de presente. Makarenko fingia acreditar, porque não tinha o que fazer contra os meninos, que se defendiam da fome brutal roubando algumas rosquinhas na feira. Era preciso organizar o trabalho produtivo para atender às necessidades do coletivo e isso significava enfrentar vários problemas educacionais e políticos. Era preciso organizar um sistema geral em que o trabalho estivesse relacionado com uma nova prática social no interior do coletivo, junto aos movimentos sociais, de combate à acumulação de riquezas dos velhos *kulaks*, os camponeses ricos, que continuavam a explorar secretamente os camponeses pobres.

Era preciso retirar o caráter sagrado do trabalho, mostrando que o mesmo, isolado de um sistema geral de educação, não influencia na formação de novos homens. Ao contrário, dependendo do modo como o trabalho é realizado, pode resultar na negação da educação libertadora, acentuando apenas os antigos vícios do passado: exploração, competição, individualismo, acumulação. E foi assim que decidiram lutar para obter mais terras para arar e plantar, como os camponeses da região. Os rapazes se transformariam em agricultores e criadores de animais, além de estudantes e cidadãos da nova sociedade socialista.

Nunca mais ladrões, nem mendigos: somos os dirigentes

Mais próximos e confiantes, os colonos criaram as *normas disciplinares* e o *tribunal popular*. As propostas iniciais de Makarenko foram aceitas: trabalho e estudo obrigatórios. Construir metas para superar as dificuldades e garantir a alimentação independente do auxílio (escasso) do Estado. Nesse primeiro momento, os educandos passaram a viver num novo ambiente, de trabalho e estudo, com disciplina, responsabilidade, com atividades culturais e recreativas.

No entanto, a realidade não se transforma apenas pela força das palavras. Os antigos hábitos ainda existiam e continuariam a existir por muito tempo, principalmente diante da falta de alimentos e roupas. A coletividade era chamada a se colocar em alerta contra os atos individualistas.

Com o surgimento de pequenos roubos no interior da colônia, de roupas de funcionários, de comida, de dinheiro da administração, Makarenko colocou os colonistas em prontidão. A revolta contra o ladrão que convivia entre eles transformou-se em motivo de união para a formação da consciência de que todos ali eram os verdadeiros "donos" da colônia, que não deveriam tolerar ameaças, nem a ideia de que os que falassem a verdade seriam considerados delatores. Ao descobrirem que Burun era o ladrão, ele foi encaminhado a um tribunal popular para ser julgado pelos companheiros. Aos poucos, cada um foi mostrando o que sabia das ações egoístas de Burun e todos foram se enchendo de ódio, lembrando-se da pior fome que passaram porque ele havia roubado a comida de todos. Quando o tribunal já havia perdido a capacidade de julgar, o educando mais velho, Zadorov, propôs que Makarenko o retirasse dali para conversar melhor e decidir o que fazer com ele. Se fosse pela opinião da maioria, Burun seria simplesmente linchado.

Makarenko também sentia-se traído por Burun, um jovem de olhar sério e inteligente, esforçado nos estudos, devorador de livros. Sentia muita raiva e estava decidido a expulsá-lo, por tantos danos que havia causado ao coletivo. Mas, Burun, aos prantos, pediu:

– Por favor, não me expulse, nunca mais eu vou roubar...

– Como posso acreditar em suas palavras, se você já havia prometido isso ao Comitê de Instrução Pública? Como acreditar em alguém que roubou os próprios companheiros?

– Roubei porque sentia muita fome. Farei tudo o que me mandarem, aguentarei qualquer pena, mas, por favor, deixe-me ficar.

– E por que gostaria de ficar aqui? O que há aqui para você? Não percebe que já não temos quase nada e você ainda por cima nos roubou?

– Desculpe, não farei mais. Sinto-me bem aqui, gosto também de estudar.

– Está bem. Conversarei com todos para que você tenha a punição utilizada em atos graves: detenção por três dias, alimentado apenas com pão e água.

– Obrigado, Semionovich.

No dia seguinte, Burun foi levado para o quarto onde dormiam os antigos tutores, no passado, e ali ficou, sem ser trancado, por três dias. No primeiro dia, alimentou-se apenas com pão e água, mas no segundo dia, Makarenko, com pena, levou um prato caprichado. Burun recusou, balançando a cabeça, mas Makarenko insistiu na forma de ordem:

– O que é isso, agora, vai querer criar um caso? Vamos, rapaz, limpe esse prato já!

Rapidamente Burun aceitou a ordem, agarrou a colher e comeu com gosto, como se fosse o manjar dos deuses, abrindo um sorriso de satisfação consigo próprio. Nunca mais Burun voltou a roubar, nem ali, nem em lugar algum. Era um novo homem, de palavra. A honra constituía-se num dos pilares da Pedagogia de Makarenko.

Makarenko compreendeu que a vida do coletivo dependia de uma luta política mais geral, para dar aos seus educandos uma formação integral, como cidadãos. Do período de organização inicial, interna, passou para a constituição de uma solidariedade mais forte entre os educandos, confrontando, na realidade social, os espoliadores da produção agrícola. Era necessário transformar os jovens delinquentes em revolucionários, destinando-lhes tarefas de proteção dos camponeses contra os bandos de ladrões e *kulaks*.

A solidariedade de classe apareceria logo em seguida com uma nova experiência: os educandos protegiam os aldeões dos bandidos. O coletivismo ultrapassava os muros da Colônia para alcançar a vida pública. Tudo começou quando um bando de marginais passou a atacar os camponeses na estrada principal para Kharkov. Até as caravanas com famílias de camponeses eram assaltadas. Os marginais enfiavam as mãos nos corpetes das mulheres e levavam as poucas moedas que ganhavam nas feiras.

Embora os crimes não resultassem em assassinatos, ou, como se dizia na gíria da região, não fossem "molhados" de sangue, os camponeses não contavam ainda nesse período, com a ajuda da polícia local e nem estavam preparados para prender os bandidos e entregá-los à Justiça. Sabendo que na colônia viviam muitos rapazes que conheceram os métodos desses bandos, os camponeses pediram a ajuda dos colonos. Foi firmado um acordo: assim que fossem atacados, deveriam correr para a colônia e pedir ajuda imediatamente.

Makarenko reunia o seu pequeno exército e procurava pelo mato, ao longo da estrada, algum bandido escondido ou alguma pista. Várias vezes, correram para atender aos pedidos de socorro e, mesmo sem conseguir nenhuma pista, os camponeses ficavam agradecidos. Mas o dia de glória chegou. Um dia, os colonos conseguiram se aproximar de um bando que havia se escondido em um monte de neve. Os bandidos ouviram suas vozes e se dispersaram, mas um deles não conseguiu fugir e foi pego pelo exército gorkiano. Não foi encontrado nem arma, nem prova do roubo e o homem continuava negando tudo. Mas, ao ser entregue ao Departamento de Investigações da Província, logo foi identificado como um bandido famoso e todo o bando foi preso.

Depois disso, os colonos passaram a fazer investigações sobre casos de crimes "molhados", descobrindo corpos enterrados na neve. Uma mulher morta com um tiro no rosto, um homem com jaqueta de cocheiro com o crânio fraturado... Depois que a primavera chegou derretendo a neve, os colonos, interessados em desvendar os crimes, encontraram no bosque crânios roídos pelas raposas. Mas os educadores estavam preocupados com o aumento da violência, temendo que a Colônia Gorki fosse atacada pelos marginais.

Nem mesmo o velho Kalina foi poupado pelos bandidos. Ao voltar em sua carroça sem material interessante para roubo, recebeu uma paulada na cabeça e ficou jogado, sangrando, no meio da estrada. Depois de socorrido, o coletivo decidiu que não deixaria de acompanhar a volta de Kalina. A ordem era: "ocupar a estrada!" E assim foi durante dois anos, enquanto persistiram as ações dos bandidos na estrada de Kharkov. O exército popular da Colônia era composto de dez colonos, às vezes liderado por Makarenko, outras vezes por Zadorov, que desfilava orgulhoso com o revólver do coletivo na cintura. Montavam guarda em 1,5 km de estrada, desde a ponte sobre o riacho até a curva da colônia. Muitas vezes, no entanto, os garotos esqueciam-se do verdadeiro objetivo da ocupação da estrada e brincavam de assustar os viajantes na escuridão da noite.

O exército popular gorkiano

A ocupação da estrada pelos colonos ficou conhecida por bandidos, camponeses e autoridades de Poltava. Um guarda florestal procurou Makarenko e pediu que os colonos ajudassem a vigiar a floresta, pois havia muitos lenhadores que roubavam lenha durante a madrugada e sua pequena equipe não conseguia prender todos os infratores. Mais um desafio: "ocupar a floresta".

Em uma madrugada, Makarenko acorda com batidas em sua vidraça. Acende a lamparina e mal enxerga uma cabeça com cabelos cheios de neve que gritava:

– Acorde, Anton Semionovich, estão rachando lenha no bosque!

Makarenko vestiu-se, pegou o revólver e o fuzil de dois canos e correu ao encontro dos colonos, procurando seguir o som de machadadas. O mesmo Burun, que antes roubava o coletivo, foi o oficial da madrugada, tirando o machado da mão do camponês rico, o *kulak* Mussi Karpovitch, e encaminhando-o para a Colônia. Detido para a realização do boletim de ocorrência, o velho *kulak* foi recebido pelos colonos como um verdadeiro troféu:

– Que beleza! A operação foi um verdadeiro sucesso.

Os colonos interrogaram Mussi Karpovitch e anotaram no boletim: "Possui uma grande propriedade de terra, equivalente a 12 *diesseatinas*, ou 12 vezes 11.000 m^2, três cavalos e uma égua. Foi encontrado derrubando um grande pinheiro durante a madrugada, sem a autorização da guarda florestal."

O velho *kulak* saiu humilhado da Colônia. Os educandos conheceram outra forma de exploração que deveria ser combatida: a madeira, que era roubada pelos *kulaks*, de madrugada, seria vendida aos camponeses pobres. A ação coletiva de enfrentamento da marginalidade e da exploração levou à criação do sentimento de solidariedade na coletividade em formação e junto aos camponeses. O jogo militar de ocupação e vigilância da propriedade do povo passou a ter um significado muito forte para os colonos. Makarenko resolveu assumir o jogo militar que estavam experimentando e nomear o novo organismo social que nascia como "destacamento". A partir de então, Makarenko passou a vestir-se como um soldado revolucionário, um bolchevique, com farda e boné.

A origem militar do nome "destacamento" também tinha sua origem na admiração que, tanto Makarenko quanto a Colônia Gorki, tinham pelo Exército Vermelho, em luta contra os bandos contrarrevolucionários ucranianos. Até mesmo os rituais militares, com cornetas e fileiras de "tropas", tinham o sentido da organização, da disciplina militar para a luta armada, mantendo vivo o espírito da revolução. No entanto, "destacamento" significava, antes de tudo, "parte do exército", da coletividade geral.

Ao criar um novo tipo de organismo social, Makarenko percebeu que era preciso aproveitar as experiências concretas para reorganizar a escola como uma nova instituição social. O "destacamento" foi denominado por Makarenko como *coletividade primária*, ou seja, um coletivo de contato principal, que não satisfazia unicamente os interesses da aula, nem os da escola, nem apenas os interesses da produção. A coletividade primária era a principal instância de organização da coletividade geral, era uma célula na qual tanto os interesses escolares quanto os da produção provinham de diferentes grupos.

As gerações mais velhas eram espalhadas pelas coletividades primárias, em que garotos mais novos, de níveis de instrução e grupos de produção diferenciados, estavam unidos para pensarem e trabalharem para o interesse do coletivo geral. Ali também cada um dos garotos tinha uma atenção especial: os mais velhos cuidavam dos mais novos e todos os problemas individuais procuravam ser solucionados ali.

Makarenko percebia que estava chegando na constituição de um todo coeso em que poderia educar todos ao mesmo tempo, com atenção especial a cada um dos educandos organizados em grupos primários. O salto qualitativo de uma geração mais velha poderia ser sentido por todos os grupos primários, todos os educandos e toda a coletividade.

Brigas de faca, bebedeiras, apostas e preconceitos...

A luta contra a marginalidade produzia novas gerações de educandos. Cada vez que um bando era preso, os integrantes menores de idade eram encaminhados para as colônias de reeducação. A coletividade vivia sempre as contradições das gerações que a compunham. Eram enormes os choques entre as gerações mais velhas, que já viviam sob novas tradições do trabalho coletivo, e as novas, que traziam consigo os problemas ainda vividos pela nova sociedade socialista.

Durante o período inicial da coletividade, em Poltava, ela enfrentou todos os tipos de problemas sociais de marginalidade: disputas de poder, brigas violentas, uso de bebida alcoólica, jogos de cartas com apostas em dinheiro ou em espécie (comida, roupa). No entanto, com o funcionamento dos destacamentos, das assembleias gerais, dos tribunais, cada problema era discutido e resolvido coletivamente, servindo como meio de educação geral. Naquele período, já havia um ritmo próprio do coletivo, uma rotina diária que se repetia com a força da tradição: acordar cedo, arrumar o dormitório, tomar o café, estudar, almoçar, descansar ao sol, trabalhar nas oficinas e no campo, na agricultura e com os animais, tomar banho, jantar, descansar, brincar, ler e dormir. Os educadores e os educandos mais velhos organizavam a rotina do dia, procurando manter a tranquilidade num emaranhado de conflitos diários.

A Colônia Gorki passou a receber garotos que abandonavam suas famílias para viver nas ruas e eram qualificados como "dificilmente reeducáveis". Eram, em sua maioria, analfabetos e semianalfabetos, acostumados com a sujeira, com os piolhos, resistentes à convivência coletiva e cheios de um tipo de heroísmo primitivo. Não havia entre eles filhos de operários e desprezavam o trabalho agrícola principalmente pelo ódio que tinham à mentalidade atrasada dos camponeses.

Em uma das noites, depois de ter lido alguns capítulos de um romance com os educandos, Makarenko recolheu-se em seu quarto para conversar com Kalina e foi interrompido com os gritos de um garoto:

– Os rapazes estão se esfaqueando no dormitório!

Makarenko correu para o dormitório dos educandos e deu com uma confusão tremenda: dois grupos que se enfrentavam com socos e chutes. Burun se meteu no meio e tirou o punhal finlandês da mão de um garoto. Do outro lado, um grupo rodeia o rapaz, que foi ferido e tinha a mão enrolada no lençol todo ensanguentado. Makarenko deixa-se ficar em silêncio, junto à porta, observando com ódio aquela selvageria. Aos poucos, os educandos percebem a sua presença e se calam. Finalmente, ordena:

– As facas na mesa! E rápido, com os diabos! E porretes também.

Zadorov ajudava a recolher e ria daquela situação ridícula. Todos pararam, de cabeça baixa, e obedeceram à última ordem da noite:

– Dormir!

Makarenko não sai do dormitório até que todos estejam deitados. Mas, no dia seguinte dá o caso por encerrado. Era este o seu método: fazer avançar a vida nova, interceder a cada novo conflito, mas não se deixar envolver por ele, não voltar ao passado, olhar sempre para frente, com otimismo. Mas, quando os conflitos não eram facilmente resolvidos, Makarenko decidia "apertar melhor o parafuso". Tchobot continuou usando faca em suas explosões. Um dia, porque um colega não cedeu um lugar à mesa, Tchobot o esfaqueou. Makarenko chamou-o em seu quarto e ordenou:

– Pode arrumar suas coisas e partir da Colônia. Você está expulso. Procure um lugar onde você possa resolver os seus problemas a facadas.

Tchobot aceitou a ordem, mas os educandos insistiram para que ficasse sob responsabilidade do coletivo. Makarenko não aceitou a proposta: como controlar alguém com tanta fúria e violência? Estava na hora de Tchobot aprender a lição, voltar para as ruas, pensar sobre o tratamento que tinha ali, na Colônia, e se decidir se queria ou não aprender a se controlar e respeitar os companheiros. Antes de partir, Makarenko lhe deu uma última chance:

– Vá, mas se a vida estiver difícil, volte... não antes de duas semanas.

– Adeus, Anton Semionovich, obrigado pela lição.

Depois de um mês, Tchobot voltou para a colônia magro e pálido:

– Então, eu vim como o senhor falou...

– Não encontrou aquele lugar em que se resolvem as coisas com facadas?

– Encontrei, mas quero ficar na Colônia. Não pego nunca mais numa faca.

Era preciso uma dose de disciplina, de compreensão, de vida coletiva, mas também de uma vivência cultural, estética, muito profunda, para que os educandos refizessem suas experiências de vida. A literatura de Máximo Gorki foi a ampla estrada pela qual, tanto educadores quanto educandos, se revoltaram contra a violência da antiga ordem e se uniram e sonharam com uma nova vida.

Somos como a raiz amarga e forte: somos filhos de Gorki

Foi necessário descobrir a dinâmica explosiva desses dias difíceis, amargos, mas fortes como a literatura de Máximo Gorki. Eram garotos geniais, cheios de vida, amargurados pelas marcas dos dias terríveis do abandono nas ruas. Cinco educadores aprendiam a conviver com os garotos e a imprimir novas marcas em suas vidas: a jovem Lídia, a experiente Iekaterina e o casal Ossipov, Ivan e Natália, além de Makarenko. A orientação geral era estar sempre entre os educandos, não apenas nos horários de aula, ou durante as atividades culturais, mas também durante as refeições, o horário de lazer, de trabalho, até antes de dormir. Os adultos serviam de referência, de modelo para a educação de novas relações de respeito, amizade e de amor na coletividade. Então, também os educadores deveriam ser educados, aprendendo a conviver com os ex-marginais, sem medo ou repulsa. Ao sentir que eram respeitados, aceitos e amados, davam o primeiro passo para sentir que faziam parte da colônia e construir uma nova vida.

O trabalho dos educadores se dividia em plantões principais, plantões de trabalho e plantões noturnos, além do trabalho na escola, pela manhã. Quando era o dia do plantão principal do educador, ele deveria acordar às cinco da manhã e se responsabilizar por todos os acontecimentos daquele dia até o fim da noite, com o toque de recolher. O plantonista principal era um coordenador que cuidava da execução dos trabalhos, resolvia todos os conflitos, reconciliava os briguentos, convencia os que protestavam, encomendava os produtos necessários, vigiava a despensa de Kalina e supervisionava a higiene, desde a troca dos lençóis, até a troca de roupa.

Com o passar do tempo, os colonos mais velhos passaram a coordenar junto com os educadores. E esse tipo de participação mais responsável dos educandos passou a contar com uma formação integral da coletividade. Todos passavam por um dia de coordenação e entendiam os problemas gerais e as necessidades cruciais, deixando o comodismo de lado e envolvendo-se com a resolução dos problemas. Esse tipo de participação vibrante pedia a formação de um novo tipo de espírito cultural, gorkiano. Os educadores participavam efetivamente da vida produtiva, trabalhavam junto com os educandos nas oficinas, no preparo da lenha, no campo, na horta, nas reformas.

Durante a noite, reuniam nos dormitórios todos os educandos, os plantonistas e os demais. Conversavam animadamente, ouvindo as histórias, as belas mentiras, as intrigas, brincavam com jogos de “ladrões e delatores”, em que uns davam tapas nas mãos dos outros, inclusive dos educadores. Entre eles havia sempre um excelente contador de histórias mágicas para os pequeninos, como Mitiaguin. Com o tempo, foram organizados os serões de leitura, ajudando aqueles que ainda liam muito mal. Geralmente, era Makarenko ou Zadorov que liam contos ou capítulos de livros de autores como Pushkin, Korolenko, Sibiriak, mas principalmente Gorki.

Makarenko percebeu a força das ideias de Gorki na coletividade e iniciou um trabalho de orientação política através da literatura e da arte de forma geral. Gorki passou a ser o modelo da coragem, da dignidade, da honra, da esperança e da transformação para os educandos, através da sua própria história de vida e dos seus personagens. Em seu livro, *Como aprendi a escrever,* afirma Gorki:

> Os vagabundos eram para mim 'homens extraordinários', por serem 'desclassificados', homens que haviam se separado de seu meio ou haviam sido repudiados por ele e que, devido a isto, tinham perdido os traços mais característicos de sua classe.

Durante anos Makarenko leu e releu as obras de Gorki para os garotos, à noite. Emocionavam-se especialmente com o livro *Infância*, em que o autor contava a sua terrível história de menino órfão que foi obrigado a trabalhar para patrões egoístas e desumanos e a viver pelas ruas e estradas da velha Rússia. Quando percebiam que Gorki tinha uma história terrível como a deles, diziam espantados e maravilhados:

– Quer dizer que o Gorki é parecido conosco? Mas, sim, senhor, como pode ser? Isto é que é!

E foi assim que a vida de Máximo Gorki passou a fazer parte da vida da coletividade e vários episódios narrados pelo autor serviam como modelos, reflexões, comparações; muitos garotos ganhavam apelidos com os nomes de personagens gorkianos, presenteando-os com uma infância e uma adolescência dotada de padrões de medidas dos valores humanos. A ética da vida prática era também discutida a partir de uma ética aprendida na literatura, na arte.

E foi assim, de uma forma natural, que os educandos passaram a se autodenominar gorkianos e, a exemplo de uma nova colônia que fora instalada a três quilômetros dali e tinha o nome do escritor Korolenko, decidiu-se prontamente que a colônia deveria chamar-se Colônia Gorki. E assim ficou: Colônia Gorki. E os educandos e os educadores passaram a considerar as lições de Gorki como as mais importantes para curar as feridas do passado e criar uma nova vida com respeito e amor.

Os educadores foram educados pela cartilha de Gorki e pelo apelo dos educandos. Ivan, que sempre evitara almoçar com os garotos e tinha nojo de sentar em suas camas, com muitos piolhos, foi aos poucos se envolvendo com eles, até não conseguir separar-se deles, nem mesmo durante as noites. Sensibilizados, transformavam-se em verdadeiros pais dos garotos sem família. Iekaterina, educadora e enfermeira improvisada, era a mais dedicada junto aos pequenos, acolhendo cada novato sujo e doente, transformando-os em meninos limpos, sadios e alegres. Ela ouvia suas palavras de dor e animava seus sonhos de se tornarem marinheiros, engenheiros, comandantes revolucionários... E Makarenko admirava a sua grandiosidade humana, pensando consigo próprio: "Ela sabe compreender toda a profundidade da terrível ofensa que a vida estúpida e maldita fizera aos garotos."

O carinho com que Iekaterina tratava as crianças menores criava um ambiente de amor e de acolhimento que se espalhava pela coletividade, educando o sentimento dos mais velhos. A todo momento, podia se ver como os adolescentes andavam com os pequenos, preocupavam-se com eles, brincavam e ajudavam no seu dia a dia como verdadeiros irmãos mais velhos.

De um lado, os educadores, de outro, os próprios educandos, sustentados por uma formidável literatura que também havia ajudado Gorki a se levantar e a superar as dificuldades da infância, como ele mesmo explica em suas lembranças:

> Foi nesse ambiente maldito, aos catorze anos, que eu comecei a ler os livros notáveis de escritores estrangeiros. Era grande o meu espanto diante de cada livro que abria diante de mim um mundo novo, um mundo ignorado, que me falava de pessoas, de sentimentos, de ideias e de costumes que eu ignorava por completo, que eu não havia percebido nunca. Isso produzia em mim um sentimento de estranhamento sobre todas as coisas que me rodeavam, todas aquelas coisas tristes, sujas e cruéis de todos os meus dias, como se elas fossem irreais e inúteis e a verdadeira realidade e utilidade das coisas estivessem nos livros, um lugar mais racional, mais bonito e mais humano. Nos livros se falava também sobre a grosseria, as necessidades das pessoas, de seus sofrimentos; eram descritos personagens maus e covardes; mas, por outro

> lado, apareciam personagens de que eu nunca tive notícia em minha vida: pessoas honradas, homens justos, dispostos, a todo momento, a morrer, se fosse necessário, pelo triunfo da verdade.

Desse dia em diante os colonos desenvolveram um forte sentimento de amizade por Gorki, que somente anos mais tarde será do conhecimento do autor. Transformar-se em homens honrados, este era o desafio dos filhos de Gorki.

Diante dos resultados positivos de suas experiências pedagógicas iniciais, Makarenko resolveu debater suas teses com os representantes da Instrução Pública de Moscou. Escreveu, em 24 de agosto de 1922, o documento

> Solicitação ao Instituto Central de Organizadores de Instrução Pública:
> Considero os seguintes problemas como fundamentais da ciência pedagógica:
> 1. Criação de um método científico de investigação pedagógica. Na atualidade, considerava-se como o abc que a criança é o objeto da investigação pedagógica. Isto me parece incorreto. O objeto da investigação da ciência pedagógica deve ser o processo pedagógico.
> 2. Acentuar a atenção para a coletividade infantil como um todo orgânico. E, para isto, é preciso reestruturar toda a psicologia do trabalhador escolar.
> 3. Renunciar por completo à ideia de que para uma boa escola se necessita, em primeiro lugar, de bons métodos na sala de aula. O que é necessário, antes de tudo, para uma boa escola é um sistema cientificamente organizado de todas as influências.
> 4. A psicologia não deve ser um fundamento da pedagogia, mas sua auxiliar no processo de realização da lei pedagógica.
> 5. A escola russa do trabalho deve reestruturar-se totalmente, posto que, atualmente, sua concepção é burguesa. O fundamento da escola russa não deve ser a ocupação-trabalho, mas o trabalho-preocupação. Somente a organização da escola como uma economia a tornará socialista.

A partir destas teses principais, Makarenko procurou desenvolver uma monografia teórica, dirigindo-se para o Instituto Central de Organizadores da Instrução Pública, em Moscou, para continuar por alguns meses seus estudos e debates. No furor da vida da Colônia Gorki, em 1922, não foi possível a Makarenko terminar seus estudos. Os educandos enviavam cartas diárias implorando para que retornasse para resolver milhares de pequenos problemas. Resistiu ainda por mais alguns dias, sabendo da importância de se afastar daquele turbilhão de detalhes que poderiam fazer com que perdesse a visão geral, o espírito crítico e a reflexão científica e teórica sobre a experiência pedagógica que estava desenvolvendo. Mas, o tempo necessário para uma reflexão mais cuidadosa não foi conquistado por Makarenko. Chegava em Moscou uma chamada telegráfica urgente do chefe da Seção de Instrução Pública de Poltava e Makarenko foi obrigado a retornar à Colônia Gorki, para sua frustração e alegria dos colonos.

Foi preciso continuar seus estudos na colônia, em seu escritório, durante as madrugadas, quando os educandos descansavam de cada um dos aventurosos e desafiantes dias gorkianos. Mas, nunca deixou de ler os trabalhos pedagógicos editados naquele período nem de participar de encontros de educadores ou procurar se atualizar sobre as novas correntes pedagógicas estudadas pelos especialistas da educação soviética. Makarenko procurou manter o esforço de reflexão teórica sobre a direção da experiência pedagógica.

Um novo mundo para meninos e meninas

No inverno 1922, a Colônia Gorki contava com seis meninas. O processo de reeducação se torna ainda mais complexo: como se comportariam os rapazes diante da presença das meninas? De que modo as meninas conseguiriam se reeducar junto aos rapazes? A resposta foi maravilhosa. A presença feminina era o que faltava para constituir o coletivo de um senso de humanismo ainda mais profundo. Dentre elas, a mais bonita era Olia Voronova, que despertava suspiros entre os rapazes, mas que se interessava apenas pela amizade com Burun. Sua beleza era acompanhada de um caráter de tenacidade e esforço no trabalho coletivo. Amava o trabalho no campo e jurava que um dia se casaria com um camponês. Nastia Notchevnaia era a líder; estudiosa, amiga de todos, de porte elegante e voz firme, sabia questionar os colegas quando era o seu dia de coordenadora de plantão:

– Por que esfarelaste e jogaste o pão? Ficaste rico ou te formaste na faculdade dos porcos? Apanha tudo já!

E, no entanto, se abríssemos o arquivo de Nastia ficaríamos assombrados com o seu passado: ladra, vendedora de artigos roubados, zeladora de um esconderijo de bandidos. E, na Colônia Gorki, Nastia havia se transformado em uma mocinha honesta e sincera. Com certeza, faria parte da geração a ser enviada para seguir os estudos superiores na *rabfak*, a Faculdade Operária, tão sonhada por todos os colonos mais velhos.

No entanto, a história de Raissa foi bem diferente, já preparada para ser enviada à *rabfak* de Kiev, capital da Ucrânia, deu sinais de que apresentaria problemas sérios: estava em contato direto com um jovem marginal irrecuperável e mostrava-se desinteressada pelos estudos, embora tivesse sido aprovada nos exames de seleção. Em Kiev, recebia 30 rublos por mês da Colônia Gorki, mas sempre escrevia dizendo que não tinha dinheiro. Em abril, voltou com suas malas, alegando estar em férias, mas a faculdade comunicou a Makarenko que Raissa havia abandonado as aulas e a habitação comunal. Depois de alguns meses, tudo estava esclarecido: a barriga enorme de Raissa delatava o seu estado de gravidez.

Makarenko gelou: "O que diriam agora os burocratas da educação? Diriam que na Colônia Gorki era um vale tudo entre garotas e garotos!" Procurou deixar de lado essa preocupação e orientar sua educanda. Educadoras e amigas tentaram em vão conversar com Raissa: continuou a negar tudo e a se isolar de todos. Mesmo com Makarenko a conversa não foi diferente: ela chorava e negava tudo. Então, foi preciso mostrar a ela que o coletivo iria ajudá-la no que fosse preciso: nas roupinhas do bebê, nos cuidados, com o dinheiro necessário para a manutenção da criança, para encontrar um trabalho na Colônia ou fora dela. E todos resolveram aguardar a chegada do nenê.

Justamente na noite em que Makarenko realizava uma conferência sobre disciplina em uma grande reunião de pedagogos, com o teatro municipal fervilhando de educadores interessados na experiência pioneira, na União Soviética, de coeducação de meninos e meninas na Colônia

Gorki, ainda proibida por lei nas colônias de delinquentes juvenis, Bratchenko viera avisar esbaforido que haviam encontrado o bebê de Raissa morto, escondido em uma cesta em seu dormitório.

Makarenko voltou à colônia e encontrou Raissa em seu gabinete, toda descabelada e ainda com o avental sujo que usara para trabalhar na lavanderia. A cesta com o bebê morto fora colocada na lavanderia. Ajeitando o avental sobre os joelhos, Raissa explicou que teve o bebê durante a noite, procurando não gemer para não acordar os colonos, mas procurou calar o choro do bebê e sem querer sufocou-o. Makarenko quis saber porque ela não havia dado ouvidos às palavras amigas de todos. Raissa baixou os olhos e chorou baixinho. Ela também não sabia por que teve medo de todos.

Raissa foi condenada condicionalmente a oito anos e entregue sob vigilância responsável da Colônia Gorki. Makarenko arrumou-lhe um emprego em uma malharia na cidade e depois de muitos anos encontrou-a muito feliz trabalhando em um bufê. Havia casado com um trabalhador honrado e teve dois filhos. Era preciso acreditar que as mudanças não ocorrem de imediato: elas fazem parte de um longo processo de transformação da personalidade.

Os gorkianos tomam o poder

Quando a Colônia Gorki conquistou alguns sucessos, alcançou, finalmente, o momento propício para o desenvolvimento da experiência de autogestão. O número de colonos havia crescido, chegava a 80 colonos e não havia espaço e nem terras férteis na quantidade suficiente para aumentar a produção agrícola. Era necessário "conquistar" um novo local, estabelecer novas metas, dar um novo salto qualitativo na vida da coletividade.

Makarenko havia percebido que a coletividade geral, em autogestão, só poderia ser mobilizada e viver, no dia a dia, na organização de grupos menores, os *destacamentos* (grupos sociais primários, de contato), sob a direção de um "comandante", um "coordenador" eleito pelo coletivo.

Ele tomou o processo pedagógico como objeto da pedagogia soviética e observou que a coletividade geral tinha suas fases de desenvolvimento, crise e estagnação, para chegar a um novo salto de desenvolvimento. A partir daí, buscou relacionar o funcionamento das coletividades primárias e o desenvolvimento da coletividade geral, para a compreensão das suas fases de estagnação e a forma adequada para a obtenção de novos saltos.

Observando o movimento peculiar da vida da coletividade primária, notou que o tempo de sua duração, sem a mudança de componentes, era de sete a oito anos em média, quando muitos dos educandos eram transferidos para as *rabfaks,* as universidades operárias. Constatava que, no período de vida da coletividade primária, era produzido um movimento de avanço de toda a coletividade geral, marcando o desenvolvimento da coletividade geral em fases de avanço e de estagnação. E é justamente a marca social, material, cultural e política de cada uma dessas gerações das coletividades primárias que fizeram parte da história do movimento de construção da coletividade geral.

Esses educandos, organizados em coletividades primárias, se constituíam em gerações que imprimiam suas marcas na história da coletividade porque estavam individualmente responsabilizadas pela vida coletiva. Não poderiam se constituir desse modo se não houvesse um "rodízio" do comando, sem que todos viessem um dia a se tornar "comandante", coordenador da coletividade primária. Um dia o colono comandava o coletivo, noutro dia se subordinava a ele. Era uma nova vida de camaradagem e de responsabilidade.

As antigas formas de comportamento, baseadas no acomodamento e no autoritarismo, vividas sob o capitalismo na relação explorado--explorador, deveriam ser arrebentadas por dentro das próprias relações da coletividade.

Criticado pelos pedagogos que acreditavam nas formas espontâneas de relacionamento social e que condenavam sua pedagogia, chamando-a de militar e opressora, Makarenko questionava:

– O que é uma coletividade? Não é simplesmente um conjunto, um grupo de indivíduos em interação... A coletividade é um complexo de indivíduos que têm um objetivo determinado, estão organizados e possuem organismos coletivos. São conscientes, devem discutir esse projeto e se responsabilizar por ele, passo a passo.

Influenciado pela concepção leninista de transformação dos trabalhadores em novos comandantes da sociedade socialista, Makarenko pôde comprovar, em sua experiência em Poltava, que as novas relações sociais na sociedade socialista deveriam se basear nessa nova rede de relações recíprocas provocadas pela "subordinação entre os iguais". Ao perceber que essa nova lógica social funcionava muito bem na Colônia Gorki, explicava aos educadores interessados nessa nova pedagogia dos comandantes:

– Eu somente saberei ordenar a um camarada, pedir-lhe algo, despertar sua atividade, obter sua resposta, quando sinto minha responsabilidade ante a coletividade, quando sei que, ordenando-lhe, cumpro a vontade coletiva. Se não sinto isto em mim, somente haverá espaço para o predomínio pessoal, para a ânsia do poder, para a ambição e para todos os demais sentimentos e tendências alheias à nosso modo de vida.

Makarenko continuou sua experiência pedagógica em Poltava, desenvolvendo as partes orgânicas do sistema geral da coletividade: a sala de aula, o trabalho cultural, o trabalho produtivo, as coletividades primárias (destacamentos), o Conselho dos comandantes (coordenadores das coletividades primárias), a Assembleia Geral (onde todos os educandos e os educadores resolviam os problemas mais gerais), o coletivo dos educadores (com a intensa participação no processo pedagógico e cultural) e a constituição de um órgão de ligação com os operários e camponeses organizados em sovietes, o *Komsomol**.

* União da Juventude Comunista Leninista da União Soviética (UJCLUS), criada em 1918; guia dos pioneiros – representante da UJCLUS na organização dos pioneiros, organização das crianças e adolescentes de 10 a 15 anos de idade, criada em 1922.

Enquanto os gorkianos aprendiam a constituir o poder socialista na Colônia Gorki, também se formavam para participar e conquistar o poder fora dos muros da colônia. A educação dos gorkianos era integral, transformando-se numa luta contra os antigos sinais da propriedade privada e a presença da exploração capitalista. E as lutas se intensificaram desde quando a Colônia Gorki sonhou com uma nova propriedade coletiva, lutou por ela e recebeu o direito de posse das terras dos irmãos Trepke, que abandonaram tudo durante a revolução e acompanharam o exército branco. Era quase um sonho com campos aráveis, pomares e um rio, o Kolomak, com negras terras férteis e jardins floridos de todas as cores.

Os gorkianos não se cansavam de visitar e sonhar com as reformas da nova propriedade. O riacho rodeava toda a propriedade por três lados e uma grande colina. Havia três degraus de diferentes pomares: cerejas, macieiras e pereiras e o último de groselhas negras. Num segundo pátio funcionava um grande moinho de cinco andares. Iniciados os trabalhos de reforma, Makarenko descobriu que as terras já estavam aradas e foi mal recebido pelos camponeses da aldeia de Gontcharovka. Conversando com Serguei Gretchani, presidente do soviete rural, ouviu que as novas ordens de propriedade eram uma facada nas costas do trabalhador que já estava nas terras dos irmãos Trepke.

Na aldeia de Gontcharovka, os jovens camponeses zombavam dos colonos maltrapilhos e ainda cheios de piolhos e desafiavam dizendo:

– Vamos expulsá-los de Trepke de qualquer jeito!

Makarenko ficou na dúvida, mas os colonos, inconformados com toda essa história, foram investigar de perto e descobriram que todas aquelas terras estavam sob domínio dos fazendeiros ricos, os *kulaks*, e que até mesmo o soviete rural havia caído nas mãos deles, representados por Serguei Gretchani. Eram os camponeses pobres que aravam as terras dos irmãos Trepke para os *kulaks* e pediam que tomassem as terras dos ricos e fizessem justiça.

Desde então, compreendeu-se que o socialismo era uma sociedade que não se conquistaria sem a luta cotidiana. A Colônia Gorki decidiu enviar destacamentos de trabalho para ocupação real das terras, mesmo no período das reformas. Era com o trabalho no campo que se veria quem era o dono da propriedade. Em uma dessas novas ocupações, os garotos se encontraram com o ruivo Serguei, presidente do soviete rural, e o bando de *kulaks* nas terras de Trepke. Os colonos exigiram que saíssem das terras e foram recebidos com chicotadas. A revolta tomou conta dos garotos, que brigaram com socos e pontapés, levando para a colônia a semeadeira que usavam ilegalmente em Trepke.

Ao procurar Makarenko na colônia, o ruivo Serguei, do soviete rural, exigiu que devolvesse a semeadeira e entregasse os garotos agressores. Mas, Makarenko avisou que enviaria um boletim de ocorrência à milícia, informando sobre a incursão arbitrária em Trepke e o espancamento dos educandos da Colônia Gorki. Os colonos acompanharam a conversa e foram firmes na determinação de ocupar as terras que lhes foram destinadas pelo Estado.

Durante o outono, os colonos conseguiram semear centeio em Trepke, com muita disposição para o uso da semeadeira e do arado, e já se podia ver em outubro seus brotos brilhantes pelos campos a perder de vista. Mas, era preciso dar andamento à reforma o mais rápido possível para que a Colônia Gorki se transferisse para Trepke. Sem dinheiro e com o limitado material de construção destinado pelo Estado, em Kiev, foi preciso que o coletivo pensasse, trabalhasse e criasse novas alternativas.

Os educandos trabalhavam meio dia, passavam a segunda metade nas mesas de estudo e iam para Trepke duas vezes por dia, em dois turnos. Trepke era uma ilha de propriedade coletivista cercada de *kulaks* por todos os lados. Enquanto a velha Ucrânia chorava todos os dias para reconquistar os seus dias de fartura, expondo os ossos de seus filhos camponeses, em suas pequenas cabanas, as *isbás*, que mal se colocavam em pé, os ambiciosos *kulaks* se aninhavam em suas alvas casinhas caiadas, separadas e rodeadas por cercas bem feitas, e, zelosos, não deixavam que ninguém entrasse nos seus quintais. Essa atitude egoísta gerava conflitos constantes, chegando a envolver, inclusive, a milícia contra os colonos. Eles procuravam sempre criar problemas e apontar os garotos da Colônia como ladrões e baderneiros, procurando desonrar a nova imagem que com tanto sacrifício Makarenko criara, junto com os educadores, para os meninos e as meninas.

Essas famílias estavam longe de representarem os interesses e o modo de vida dos trabalhadores da sociedade socialista. Eram a sombra do passado opressor que lutava para se manter viva e crescer, feito erva daninha. Reclamavam sobre o imposto em espécie, amaldiçoando o poder soviético, mas saíam de suas grandes propriedades em cavalos gordos e fortes, se enchiam de uma bebida típica ucraniana, o *samogon*, durante os feriados e suas mulheres vestiam sempre roupas que cheiravam a tecido novo, engomado, e elas reluziam como porcas engordadas com muito creme de leite e pastéis. Os herdeiros não eram diferentes dos pais: serviam apenas como isca de casamentos milionários, sempre vestindo belos paletós, bonés novos e botas de couro lustrosas.

Era preciso plantar, colher, alimentar melhor os educandos, torná-los saudáveis, limpos, bem vestidos. E durante todo o período de trabalho no campo, com a reforma de Trepke, o coletivo se esforçou para conquistar a aparência de verdadeiros comandantes, cidadãos soviéticos respeitados por todos. Não se podia deixar que os verdadeiros ladrões que aparentavam saúde e beleza, continuassem desonrando os colonos porque tinham a aparência de maltrapilhos. As garotas se puseram a remendar e a criar novas roupas para todo o coletivo e, aos poucos, todos estavam mais limpos, saudáveis e bonitos aos olhos do povo de Gontcharovka.

Ao mesmo tempo que a Colônia lutava para melhorar sua vida, era obrigada a lutar contra os *kulaks* e contra os "instintos de banditismo" que existiam entre os líderes dos educandos. Durante muitas noites, revoltados, eles invadiam as propriedades dos poderosos camponeses ricos para se apropriar de produtos que eram guardados com muito egoísmo em um tempo de fome terrível. Plantações inteiras de melancias eram surrupiadas numa só madrugada. Os educadores entendiam a revolta dos garotos, mas não concordavam. Makarenko tornou-se ainda mais exigente com os educandos, perdendo alguns de seus melhores líderes, como Zadorov.

Era preciso cortar os laços primitivos dos garotos com a expressão do banditismo, da revolta cega, das lideranças sem compromisso com o coletivo. E, por isso, ficou ainda mais clara a ideia de aproximar os educandos da imagem de uma milícia revolucionária. Os educandos entusiasmaram-se com a admissão nas fileiras do Departamento Geral da Instrução Militar, passando uma borracha no passado de ex-marginais. Com os exercícios militares, os garotos e as garotas haviam conquistado uma postura mais esbelta, elegante, firme, com a cabeça erguida, com as mãos ao longo do corpo.

Na memória dos meninos ainda estavam as imagens dos corajosos soldados do Exército Vermelho, genialmente organizado por Leon Trotski, ou mesmo dos guerrilheiros anarquistas ucranianos. E se quisessem enfrentar os *kulaks*, que fosse ao lado dos trabalhadores, junto ao poder soviético, e não como aventureiros ou ladrões. E, de repente, Makarenko via diante de si a força mágica do jogo infantil. O exército gorkiano era um jogo cheio de potência e criatividade, que incitava a transformá-los de infratores da lei em defensores da lei. Os gorkianos entenderam, finalmente, que deveriam ocupar o seu lugar e tomar o poder.

Makarenko recordou-se daquele pano vermelho que seu pai embrulhara a marmita durante anos a fio e entendeu que era preciso fazer despertar todos os sinais estéticos de uma nova vida. Cada coisa do cotidiano deveria ter um significado muito claro e simples e tudo dentro de uma ordem, de um sistema organizado pela vontade do coletivo de educadores e educandos. Foi aí que, junto com os exercícios militares, os educandos passaram a responder com respeito às perguntas, às ordens dadas, bem como o uso da corneta para avisar que era a hora de acordar, de estudar, de trabalhar, de descansar e de recolher. Foi preciso que os meninos fossem à cidade ter aulas com um regente de banda.

Também era o tempo de colocar um especialista para dirigir a produção. Makarenko contratou o agrônomo Shere que, com muita agilidade e competência, organizou o trabalho da agricultura com o plano de semear seis campos. Acostumados a discutir e a decidir coletivamente sobre tudo, os educandos foram obrigados a aceitar as ordens de um especialista:

– Façam como eu falei.

Em pouco tempo, Shere passou a ser respeitado pelas crianças por provar ser portador de um conhecimento extraordinário, uma grande disposição para o trabalho e total ausência de vaidade. Mais uma vez, os colonos preparavam-se para tomar o poder, de fato, dominando as técnicas da produção agrícola, iniciando a nova experiência produtiva em Trepke sem dúvidas ou fracassos. O exército gorkiano estava organizado para vencer o egoísmo, a fome, o frio, o passado e conquistar um futuro radiante para seus meninos e meninas.

Prometeu desafia as leis de Zeus

A decisão pela escolha de um jogo militar e a organização da coletividade primária com o nome de "destacamento" foi a gota d'água que faltava para transbordar a ira do Olimpo Pedagógico, os pedagogos da Comissão de Instrução Pública da Ucrânia, contra Makarenko. A Colônia Gorki passou a ser chamada de "caserna", apelidando, com ironia, a experiência da coletividade de "pedagogia dos destacamentos".

Muitas vezes Makarenko já havia contrariado as orientações dos burocratas da educação: havia dado instrução e cultura, além de trabalho para os ex-marginais; utilizado de autoridade severa e até violência no início da colônia para que os educandos seguissem as normas disciplinares coletivas; permitido a coeducação de meninos e meninas na colônia; utilizado do jogo militar para criar uma nova identidade social dos educandos; e, por último, determinou o pagamento de um salário para os educandos, como forma de pagamento do trabalho produtivo realizado.

O Departamento de Instrução Pública via no pagamento do salário uma forma de "deformação capitalista" do trabalho "sagrado". Ao contrário, Makarenko preocupou-se por não criar um novo tipo de exploração sob a aparência de "trabalho coletivo", pois, se todo trabalho produzia valor, o trabalhador deveria receber por ele. Os educandos não seriam considerados trabalhadores apenas no futuro: já eram considerados trabalhadores desde o momento da entrada na colônia. Era preciso dar condições materiais, reais, para a constituição da nova identidade dos educandos.

Dentre os deuses do Olimpo Pedagógico, da burocracia pedagógica no poder, estava o todo poderoso Zeus, conhecido como Sharin, um belo moreno, de cabelos encaracolados, de livre docente, bem cuidados pelo vaidoso dono, que lançava olhares românticos e conquistava os corações das mulheres da região. Não se sabe exatamente o que fazia antes da revolução, mas depois havia ganho um cargo de direção e era considerado um especialista da educação socialista, sabendo utilizar todos os termos da última moda em educação. Sempre perseguiu Makarenko, dando-lhe, inclusive, ordem de prisão por sete dias, por ter aceito um menino enviado por outra instituição, sem a sua permissão. Sua ira contra a experiência pedagógica de Makarenko era tão grande que sentenciara sem nenhuma vergonha:

– Essa sua educação policialesca agora será definitivamente liquidada!

Foi preciso comparecer durante várias vezes para dar explicação de cada uma das decisões que iam contra a orientação geral do Departamento de Instrução Pública e os caprichos do irado Sharin, o Zeus pedagogo. Pacientemente Makarenko apresentava os seus argumentos contra as ilusões pedagógicas de que a punição serviria apenas para educar escravos, que para criar novos homens era preciso apenas dar plena liberdade à criatividade infantil e na auto-organização e na autodisciplina da criança.

– Não é a criança o centro de nossa atenção, com o seu desenvolvimento biológico e psicológico. A pedagogia socialista deve centrar sua atenção na educação do coletivo e aí, sim, estará educando o novo caráter coletivista de cada criança em particular.

Questionado sobre a utilização de uma autoridade severa, defendeu-se com firmeza:

– Enquanto o educador não dispuser de um sistema de trabalho organizado com tradições e órgãos de participação social da coletividade, não poderá abrir mão de uma direção centralizada e severa para que os educandos, mesmo obrigados sejam iniciados no trabalho coletivo. Não é possível acreditar que todas as atividades de instrução e de educação desenvolvidas se baseiem apenas no interesse da criança. O senso de responsabilidade muitas vezes entra em conflito com o interesse da criança. E o que fazer? Abandonar uma atividade importante para ela e para o coletivo? É possível desenvolver, no lugar do interesse, a consciência da criança para a importância social da atividade a ser desenvolvida e o prazer de ter realizado a atividade será resultado mais da própria consciência do que mesmo do interesse em si. Se não for assim, como educar as crianças para a necessidade de realizar tarefas que muitas vezes são também entediantes, mas necessárias?

Mas as palavras de Makarenko eram assassinadas antes mesmo de chegar aos ouvidos dos deuses do Olimpo Pedagógico. Não se interessavam nem por conhecer a experiência de perto, de conversar com os educandos. A única intenção era orientar para que a Colônia se transformasse em um paraíso infantil na terra. Cada criança deveria se transformar no centro da educação e toda a vida coletiva se desenvolveria como em dezenas de centros individuais que se combinariam aleatoriamente, graças às forças espontâneas de auto-organização das crianças.

Na realidade, contentavam-se enquanto as crianças seguissem o antigo caminho de seres inocentes, que viviam no mundo dos contos de fadas. Como conceber que meninos, especialmente aqueles retirados das ruas, se transformariam nos futuros comandantes da sociedade socialista? E era justamente isso que Makarenko lutava para que entendessem. Ele, um reles mortal, um Prometeu, no meio dos deuses das leis pedagógicas, criava uma nova prática e uma nova teoria e falava para si próprio:

– Vejam vocês como funciona a coletividade. Não é uma caserna, é uma coletividade, em que os meninos e as meninas envolveram-se com um jogo, uma brincadeira, com regras militares. Eles são grandes admiradores do Exército Vermelho, dos revolucionários armados. Entre eles há também os que lutaram junto com o guerrilheiro Makhno e entre eles era comum, na Ucrânia, chamar os grupos guerrilheiros de destacamentos.

Makarenko se esforçava para que entendessem cada passo do processo de conquista da coletividade primária, nomeada de destacamento pelos próprios educandos em uma de suas brincadeiras, imitando os revolucionários. Falava com entusiasmo sobre a ideia de distribuir as gerações mais velhas pelos destacamentos, misturando os grupos de trabalho, os diferentes níveis de instrução e de como no início ele mesmo nomeava os comandantes e depois passaram a ser escolhidos pelos próprios educandos.

A experiência tornou-se mais complexa, atendendo às necessidades do dia a dia. Nasceu o soviete dos comandantes, reunião dos representantes de cada destacamento, que se reunia para discutir os problemas e deliberar as tarefas do dia. O comandante não tinha nenhum tipo de privilégio, realizava as mesmas tarefas que todos, inclusive de trabalho. E a mais importante invenção coletiva foi o destacamento misto: criado para atender às necessidades de ordem geral e urgente. Esse tipo de ação reunia diferentes destacamentos, combinava as diferentes iniciativas e criava uma força impressionante da coletividade. Como resolver o problema do plantio de seis campos se não fosse dessa maneira?

O destacamento permanente havia se transformado para Makarenko no porto seguro da pedagogia coletivista. Ele possuía um comandante efetivo, que participava do soviete dos comandantes, com seu lugar determinado no sistema de oficinas, um lugar no dormitório e no refeitório. E o soviete dos comandantes sempre se esforçava para realizar um rodízio entre os educandos na tarefa de comandar os destacamentos mistos, procurando dar sempre condições de comando e não arriscando quando o educando fosse incapaz de realizar aquela tarefa. Era essa cadeia complexa de inter-relações que Makarenko queria mostrar ao Olimpo Pedagógico, mas não estavam interessados nessa descoberta.

E continuava a falar sem que fosse compreendido:

– A vida na coletividade tornou-se mais tensa, mais cheia de interesse, de alternância de funções de trabalho e de organização, de exercícios de comando e de subordinação, e de movimentos coletivos e individuais.

Foi preciso Makarenko dar as costas ao Olimpo Pedagógico para radicalizar suas teses e dar continuidade ao seu trabalho. Prometeu voltava para junto dos seres mortais, como ele, a Colônia Gorki. De acordo com as forças que ajudara a liberar e a desencadear da coletividade, foi possível encerrar a primeira fase em Poltava com grandes conquistas políticas: a denúncia da existência de oportunistas *kulaks* no soviete rural e a organização do *Komsomol* no interior da Colônia Gorki.

Trepke (1923-1926): terra para quem nela trabalha

Os anos vinte foram para a revolução socialista soviética o tempo de grandes dificuldades, mas também de fertilidade, com criações extraordinárias no campo da produção material e espiritual. E havia entre elas uma comunicação intensa, a riqueza cultural estimulava o desafio do crescimento material e vice-versa. Como nos versos de Vladimir Maiakovski, Makarenko construía uma nova experiência cultural, mas totalmente fincada nos desafios da nova vida urbano-industrial sob direção do Estado Socialista:

> Ouvi
> o gemido das locomotivas,
> que lufa das frinchas, do chão:
> Dai-nos, companheiros,
> carvão do Don!
> Ao depósito, vamos,
> serralheiros,
> mecânicos!

À nascente dos rios,
deitados com furos nas costas,
– Petróleo de Baku! – pedem navios
uivando nas docas.

Perdidos em disputas monótonas,
buscamos o sentido secreto,
quando um clamor sacode os objetos:
Dai-nos novas formas!

Não há mais tolos boquiabertos,
esperando a palavra do mestre.
Dai-nos, camaradas, uma arte nova
– nova –
que arranque a República da escória.

No dia 3 de outubro de 1923, os oitenta educandos da Colônia Gorki transferiram-se para Trepke, propriedade próxima a Poltava, em marcha com uniforme de tecido de chita e descalços para não causar má aparência diante dos desgastados sapatos. Com oito tambores e quatro cornetas à frente, os oitenta colonos atravessaram a nova ponte sobre o rio Kolomak, entraram na nova propriedade, ostentando o maravilhoso estandarte de seda. Como nos dias de comemorações festivas, colocaram-se em fileiras e marcharam até se colocarem em ordem no pátio da nova colônia. Com as cabeças levantadas, com uniformes novos, os olhos iluminados e um largo sorriso no rosto, tinham um mesmo pensamento: "Terra para quem nela trabalha". Enfim, a conquista da terra prometida.

Era um dia especialmente lindo de outono e a vegetação ainda verdejante se debruçava calma e feliz sobre o majestoso rio Kolomak, levando a notícia da chegada da Colônia Gorki até a aldeia de Gontcharovka. As casas ficavam próximas das margens do rio e os meninos faziam das janelas seus trampolins para mergulharem nus em suas águas frescas. A propriedade era ampla, cheia de parques e ambientes diferenciados: abertos, iluminados, para atividades coletivas ou para uma reflexão solitária entre as sombras de um bosque fechado.

Dez destacamentos foram instalados em três prédios colocados em perfeita ordem. Na velha mansão dos antigos donos, conhecida como casa branca, foram organizados os dormitórios e a escola, e no grande salão foi instalada a carpintaria. No porão da segunda casa foi colocado o escritório e os alojamentos dos colaboradores. Em salas improvisadas de produção foram instaladas as oficinas de sapataria, de rodas e de costura. Estavam ainda apertados, mas em melhores condições que no inglório começo em Poltava. Até um barbeiro havia sido contratado para ir à colônia duas vezes por mês.

Mas uma das grandes vitórias desse período foi a mudança na qualidade das relações sociais estabelecidas no interior da colônia. Os educandos participavam de todos os tipos de atividades com entusiasmo, pois perceberam que os projetos discutidos coletivamente estavam sendo realizados. Até a vida escolar, que não era tão valorizada quanto à formação profissional, ganhou novo estímulo com a criação de novos desafios entre os próprios educandos. No início, ainda em Poltava, a escola significava muito pouco para os colonos, porque eles chegavam dilacerados da vida brutal das ruas e aproveitavam para reforçar os seus nervos e desenvolver um amor próprio com o pequeno sonho de se transformar em um sapateiro, um carpinteiro, ou, no caso das meninas, em uma costureira. Não sonhariam nunca em seguir a carreira de médico, ator, engenheiro, pedagogo...

A geração de colonos mais velhos, organizados no *Komsomol*, bateu de frente com o preconceito de que os meninos e as meninas, ex-marginais, não teriam capacidade para o trabalho intelectual. Aproveitando-se do desenvolvimento da autoestima dos educandos, com a transferência para Trepke, com melhores condições de vida e com o desenvolvimento de atividades culturais que os apresentavam como cidadãos de valor, como as marchas com fanfarras para as cidades, o *Komsomol* introduziu e alimentou o sonho de continuar os estudos e entrar na *rabfak,* a faculdade operária. Por que os meninos e as meninas sem família, ex--marginais, não poderiam sonhar com outros caminhos, outro tipo de vida, de realização profissional, senão a do trabalho manual e, mesmo assim, atrasado, sem qualificação para as atividades econômicas mais desenvolvidas?

Diante dessa nova perspectiva, a vida escolar ganhou novo brilho, facilitando em grande medida o trabalho dos educadores, que não precisavam ficar imaginando mil estratégias para fazer com que os alunos gostassem das aulas, participassem, se esforçassem e desenvolvessem o hábito da leitura e do estudo. A biblioteca cresceu em número de títulos e de leitores, passando a ser uma das primeiras atividades mais procuradas pelos colonos no horário de descanso. Makarenko mal podia crer em seus próprios olhos: da janela de seu escritório observava uma bela menina de tranças negras comendo maçãs e lendo à sombra das árvores; mais adiante, próximos à margem do rio, um menino mais velho lia para um garotinho e os dois riam de rolar na grama; sentado em um banco próximo à entrada, um rapaz, com um grosso livro de capa dura, fazia anotações num papelzinho...

Também surgia entre eles o desafio da autoeducação, com a chegada de um novo grupo de meninos e meninas órfãos. Graças a um acordo com a Assistência à Infância Ucraniana, a Colônia receberia mais quarenta educandos, chegando a 120 educandos, e um auxílio de seis mil rublos para a conclusão das reformas. E a Colônia se encheu de energia para reformar o último prédio, manter a produção e preparar a primeira geração para ingressar na *rabfak*, a faculdade operária. Para tantos colonos, era preciso aumentar o número de educadores e lá se foi Makarenko em busca de seres humanos dotados de entusiasmo e senso de humanismo: encontrou um professor de educação física, um ex-oficial de reserva do Exército Vermelho, um artista plástico.

E, além disso tudo, outra novidade: a mãe de Makarenko, muito velhinha, viera de mala e cuia morar com o filho em seu apartamento. Todos estavam surpresos com a ideia de que um dia Makarenko também havia sido menino... e ali estava diante deles a mulher que um dia chamou a sua atenção e o colocou de castigo! Desde que chegou, passou a ser chamada de vovó por todos os colonos, como se fossem todos os 120 filhos de Makarenko. A vida dava uma grande volta e unia as pontas, da infância até a maturidade, fazendo com que Makarenko dividisse com seus meninos e meninas as memórias das mais belas histórias ucranianas contadas por sua mãe.

Em meio aos novos desafios, a Colônia Gorki recebeu alunas do Instituto Pedagógico de Kharkov para pesquisar a organização do trabalho pedagógico de Makarenko. Queriam saber sobre o método experimental de estudo sobre as personalidades e a teoria dos dominantes. Mas, em uma rápida entrevista com Makarenko, descobriram que os educadores não partilhavam dessa metodologia educacional, pois a criança não era o centro da pedagogia ali experimentada. Para que entendessem melhor a nova perspectiva de conhecimento da personalidade dos educandos, Makarenko pediu que acompanhassem as atividades diárias da coletividade. Rapidamente foram arrastadas pelos educandos para viverem as mais diferentes aventuras pedagógicas. A lógica era outra: difícil de entender sem ver de perto e impossível de aceitar sem viver junto.

Makarenko sempre menosprezou a utilização da Psicologia como ciência que dirigisse as ações pedagógicas, e defendeu a psicologia como ciência auxiliar. Desprezava o modo pelo qual as novas experiências pedagógicas na URSS davam atenção à psicologia experimental, transpondo mecanicamente algumas teses no campo do comportamento animal para a complexa rede de ações sociais dos seres humanos. A ação pedagógica também não poderia se resumir a observar a "interação" dos alunos entre si e entre os educadores. Os educandos não eram animais para serem observados e testados em laboratórios. Nem poderiam ser conhecidos dessa maneira. A personalidade era algo que só poderia ser conhecido ao longo dos anos em contato com a história, as ações e as reflexões dos educandos no coletivo geral. E nem sempre se poderia prever como iriam se desenvolver as diferentes personalidades, dadas as variadas possibilidades de reações, de transformações no coletivo.

A questão principal ou anterior não era conhecer as personalidades. Conhece-se parte do passado, um pouco do presente, mas, no desenrolar da história, tudo pode se modificar. Um exemplo claro foi a recuperação de antigos líderes da Colônia Gorki, expulsos por não concordarem com as normas coletivas. Zadorov, expulso por ter liderado ações de banditismo, retornava e assumia o papel de vanguarda da coletividade, com maturidade. Ele havia vencido a vaidade de querer ocupar sempre o papel de direção, subordinando-se aos demais companheiros. E quem estudasse detidamente a personalidade de Zadorov diria: – Não voltará mais. Ninguém o dobra.

As crianças, dotadas de um passado tenebroso, mas também de sensibilidade, de consciência e vontade próprias, num complexo coletivo com diferentes personalidades, surpreendiam Makarenko em suas dificuldades e conquistas. As transformações eram provocadas pelo desafio de novas metas e pela conquista de novas fases do coletivo, como em Trepke. Sem tantas dificuldades, os colonos alcançavam, mais facilmente, novos estágios de desenvolvimento, adaptando-se à vida cultural e produtiva com alegria e entusiasmo.

Se, no início, os seis primeiros educandos precisavam de um esforço brutal para acreditar que as palavras dos educadores não eram sonhos impossíveis, em Trepke mesmo os que estavam ali há apenas um dia podiam sentir que entravam para um novo mundo e iniciavam uma nova vida. A cultura havia ganho uma centralidade impressionante, com a mesma força que a da produção material. A produção teatral passou a ser uma necessidade social a ser satisfeita tanto pelos educandos, quanto pelos camponeses pobres das aldeias da região.

O teatro gorkiano ilumina e aquece o inverno camponês

Durante três invernos, de 1923 a 1925, a Colônia Gorki organizou apresentações de 40 peças teatrais em cada temporada, levando à mobilização toda a coletividade para que, a cada semana, os camponeses encontrassem um novo espetáculo. O teatro fora instalado em um barracão de moinho reformado com um palco do tamanho das grandes salas de espetáculo e um enorme espaço para acomodar um público de até seiscentas pessoas, mas apresentava o problema de manter as temperaturas baixas, como se estivessem ao ar livre. Mesmo com muitas estufas, o calor subia e escapava pelo telhado de ferro. Era um verdadeiro congelador, mas isso não impedia a presença de centenas de camponeses de diferentes aldeias da região. Com o tempo, foram aprendendo a gostar de teatro e passaram a disputar os melhores lugares, desenvolvendo o gosto pelas atividades artísticas e pelo debate sobre as questões gerais da vida política no novo regime e das dificuldades da vida cotidiana.

Durante o rigoroso inverno ucraniano, quando os trabalhos pesados são deixados de lado, sobrando tempo para o cuidado com os detalhes da vida, como as comemorações festivas, a intensa vida social e a reflexão profunda, não havia nenhum tipo de atividade cultural que aproximasse o povo daquela região. A chegada de uma incrível companhia de teatro, que englobava toda a coletividade, derreteu o gelo que isolava as famílias em suas casas e aprofundava o sentimento de solidão e revolucionou a vida cultural das aldeias.

Na terceira apresentação, a fama do teatro gorkiano se perdia pelas estradas largas e estreitas que levavam às aldeias e às grandes cidades mais próximas. Além da população da aldeia de Gontcharovka, vinham também os aldeões de Pirogovka, de Grabilovka, Babitchevki, Gontsov, Vatsiv, Storojevoie. Operários da ferrovia, professores, militares, funcionários e amigos das cidades traziam para o esquecido mundo rural as ideias mais avançadas para o debate no final de cada peça. Como muitos vinham de longe e não poderiam voltar no mesmo dia, os gorkianos organizaram uma espécie de acampamento para abrigar os visitantes, enquanto as visitantes eram acomodadas nos dormitórios femininos da colônia. Eles traziam mantas, roupas para dormir, além de bolos, pastéis e toucinhos, que eram divididos com os educandos, numa verdadeira festa de final de espetáculo.

A coletividade bancava os gastos com a montagem dos espetáculos, gastando duzentos rublos por mês, mas orgulhando-se de nunca ter cobrado nem um centavo do público. Makarenko e os educadores desenvolveram a consciência do imposto social a ser pago pelos colonistas aos camponeses excluídos da vida cultural mais avançada. Quem tinha acesso à cultura deveria dividi-la com quem ainda não desfrutava desse bem.

Nas apresentações seguintes, foi preciso organizar a distribuição de ingressos através das organizações da juventude, o *Komsomol*, dos conselhos rurais e representantes da colônia para acabar com o tumulto na abertura do barracão teatral para o início do espetáculo. Então, começaram as brigas entre os representantes das aldeias. Vinham reclamar que uma aldeia recebera mais ingressos que outras, e Volokhov, encarregado dos bilhetes, explicava a prioridade:

– Vocês receberam menos porque estão distribuindo para as mulheres dos *popes*, para as filhas dos *kulaks*, deixando os camponeses fora de nosso barracão.

Outros recebiam a menos para os jovens da organização *Komsomol* e Volokhov explica calmamente:

– Para que premiar com um ingresso quem vem embriagado para o teatro, enquanto tem tanta gente sóbria querendo assistir à peça?

Nunca mais o rio Kolomak veria a mesma vida nas aldeias depois desses festivais de inverno. As crianças, os jovens, os adultos e os anciãos foram tomados por um forte desejo de conhecer novos personagens, de viver novos conflitos e vibrar, rir e chorar com seus desfechos. Durante três invernos seguidos, os camponeses estiveram expostos ao contato com diferentes autores do grande teatro russo e ucraniano, aproximando-os da revolução cultural que acontecia nas principais cidades da União Soviética.

O círculo dramático da Colônia Gorki se ampliara. Todos deveriam se organizar em destacamentos especiais para a montagem e apresentação das peças, na forma de rodízio. Ali, o mais importante não era exatamente o lado profissional, mas a realização do desafio cultural do coletivo e a participação intensa do público em cada evento. Makarenko, os colonos e os educadores dividiram o trabalho em dez destacamentos mistos: atores, espectadores, vestuário, calefação, cenografia, objetos de cena e requisitos, iluminação e efeitos, limpeza, ruídos e efeitos de som, e pano de boca.

Muitas vezes, as peças contavam com muitos personagens, exigindo que até mesmo os mais tímidos fossem chamados para atuar no palco. Como se tratava de um trabalho considerado por todo o coletivo como de importância social, os educandos se esforçavam para vencer a timidez e contribuir para a realização do projeto cultural. O teatro tinha sido considerado na assembleia dos colonos como um assunto tão importante como a colheita nos seis campos ou a reforma da colônia.

Mas durante o festival, o cansaço e o frio aumentavam a tensão entre os educandos. Era penoso montar a cada sábado um novo espetáculo, os desentendimentos surgiam, mas tudo acabava rápido, porque sabiam que o público estaria de volta no próximo fim de semana, ávido por uma nova peça. Um dia, Karabanov revoltou-se:

– Mas o que é que eu sou? Contratado? Na semana passada, fiz um sacerdote, nesta, um general, e agora me dizem para representar um guerrilheiro. O que é que eu sou, afinal? Feito de ferro? Toda noite, ensaios até as duas da madrugada e no sábado é um tal de empurrar mesas e martelar cenários...

Era preciso contar com a participação de todos, para não acontecer de alguns poucos educandos assumirem toda a carga de trabalho. Por isso, Makarenko dispensou a leitura e memorização individual dos textos: não havia tempo para copiar os textos para todos. Ele dirigiu os ensaios como ponto, lendo em voz baixa o texto que deveria ser dito e orientando o que deveria ser feito. Rapidamente, os gorkianos foram pegando gosto e aprendendo a memorizar rapidamente, improvisando e criando em cena quando o colega falhava, sem que o público notasse.

A maior dificuldade encontrava-se no universo feminino. Muito reprimidas, as meninas tinham vergonha de pisar no palco, de encenarem cenas em que fossem abraçadas ou beijadas. Apenas Lievtchenko e Nastia se saíam melhor e tiveram que encenar a maior parte das peças. Por isso mesmo, a atividade teatral era um bem também para a coletividade: colocava em cena, em público, as pessoas que geralmente se acostumaram à vida privada. O número de meninas da colônia também era menor que a necessidade de atrizes em cena, forçando a coletividade a pedir a colaboração das educadoras e conhecidas, como a filha do moleiro. A chegada de duas educandas mais extrovertidas, Oksana e Rakhil, deu sangue novo na encenação das peças mais românticas: beijavam com tanta naturalidade e entusiasmo que faziam o público suspirar.

A revolução cultural inaugurava um novo tipo de experiência em que todos poderiam ser atores e se beneficiar da experiência estética da arte dramática. Questionavam-se preconceitos, criavam-se novos conceitos, abriam-se novas perspectivas de vidas compartilhadas, um companheirismo nascido na convivência cultural. Por isso, era um teatro diferente, não exatamente um teatro-arte, um teatro profissional. Era mais uma expressão da arte-educação, criando um entusiasmo de educandos e educadores pela criação cultural e uma aproximação do público camponês e operário.

Esse teatro, que nasceu das entranhas da coletividade e que se expandiu para o meio social onde viviam, tinha a marca de cada um dos educandos, com sua origem de meninos e meninas que sofreram as atrocidades da exclusão social e que se reintegravam como cidadãos soviéticos. Por isso, em todas as cenas que os personagens deveriam encenar um almoço ou um jantar, um coletivo especial preparava os pratos para que os atores comessem de verdade.

Esse novo teatro comemorava com um forte realismo as conquistas da nova vida coletiva. A luta contra a fome e a vitória sobre ela deveria ser comemorada em cada ato em que as pessoas se alimentassem. E Makarenko se maravilhava ao ver o público saboreando com os olhos os assados, as tortas... tanto quanto os atores, que se empolgavam tanto com os banquetes que se esqueciam de continuar a encenação!

Por outro lado, as peças funcionavam também como um tipo de exorcismo da vida passada, dos dias de abandono nas ruas geladas. Em uma peça em que o ator deveria aparecer nu no palco, em um sábado de fevereiro, quando o inverno ucraniano atingia trinta graus negativos, os educadores brigaram para que a peça não fosse encenada, procurando evitar o sofrimento do menino em cena. No entanto, nem ele nem o coletivo de educandos concordaram: a cena seguiu rigorosamente as indicações do texto, congelando os dedos dos pés do ator. Ao sair do palco, os educadores correram para descongelar e aquecer o mais rápido possível aquele jovem ator gorkiano.

Retirados das ruas, os meninos e as meninas subiam ao palco para encenar as histórias dos personagens de seu país, de sua nova República Soviética, e eram aplaudidos no final de cada espetáculo como verdadeiros cidadãos, respeitados como iguais por trabalhadores do campo e da cidade.

A chegada da primavera gorkiana

Desde o início da Revolução de Outubro, foram criadas novas formas de comemoração para substituir o antigo calendário repleto de dias de santos da antiga Igreja Ortodoxa e do Império tsarista. O "1º de Maio" figurou como um desses dias em que a nova sociedade comemorava o "Dia do Trabalhador". Mas, muito do que já havia existido na cultura eslava, pagã, que ainda fazia parte do cotidiano dos camponeses, poderia ser recuperado com um novo sentido, de celebração da vida.

Em Trepke, quando a neve se fazia água e criava lama, dando início ao renascimento dos primeiros brotos, comemorava-se a primavera e o aniversário de Máximo Gorki, em 26 de março. Era uma festa familiar, para os gorkianos, um verdadeiro banquete para todos se regalarem, mas com as pompas de uma grande comemoração, com parada, bandeira, discursos, marcha triunfal em frente do retrato de Gorki. Em seguida, era servido um almoço clássico ucraniano, com direito a *borchtch*, pastéis de todos os tipos (carne, repolho, arroz, ricota, batata, *kacha*), carne de porco, creme de leite com pastéis cozidos e *vareniki* com requeijão. De sobremesa, uma deliciosa gelatina de frutas, com pães e bolos, além de pães de mel e balas.

Na sequência da festa, havia a apresentação de uma peça teatral dos educandos para os educandos, sem convidados, e uma novidade: a instituição do título de "colono". A partir daquele dia, por determinação do *Komsomol* e do coletivo de educadores, somente seriam considerados "colonos" os meninos e as meninas que se prezassem, respeitassem e procurassem melhorar a colônia; aqueles que não assumissem suas tarefas, resmungassem e tirassem o corpo fora, seriam considerados apenas "educandos". E os colaboradores poderiam receber o título de "colono", mas, se depois de um ano não tivessem conquistado esse título, deveriam deixar a colônia.

A cerimônia de distribuição dos distintivos niquelados com uma boia salva-vidas, as iniciais MG (Máximo Gorki) e uma estrela vermelha em cima, que foram feitos em Kharkov, chegou no seu ponto mais alto com a condecoração de Kalina. Estava surpreso com esse reconhecimento, embora ele mesmo reconhecesse o seu valor, tendo lutado por dias melhores na colônia desde seu inglório começo em Poltava:

– Eu havia servido durante a maior parte da minha vida no Exército do Tsar Nicolau II e nunca havia recebido qualquer tipo de condecoração... E, agora, os meninos e as meninas, que têm o poder nas mãos, distribuem medalhas para quem quiser!

A vida na Colônia Gorki tornava-se mais complexa e requintada, deixando aflorar outras necessidades menos primárias ou selvagens. Makarenko percebeu que era preciso também responder à necessidade que os jovens gorkianos tinham de amar e de ser amados, não apenas como amigos, como educandos. A primavera chegava também na coletividade, fazendo florescer moços e moças, que se comportavam como homens e mulheres. Durante os festivais de teatro, muitas camponesas se apaixonaram pelos colonos e eles também descobriram que existiam jovens encantadoras, como Marussia.

Oprichko mostrou a Makarenko uma foto de sua amada, com uma dedicatória no verso: "De sua Marussia, ama-me e não me esqueças." Realmente era difícil para Oprichko tirá-la da cabeça, e voltar a ser apenas o garoto alegre e fanfarrão de algum tempo atrás. Quem prestasse atenção em seu rosto amadurecido e no seu corpo de homem feito, entenderia que era chegada a hora daquele educando incluir o amor por uma moça em sua vida.

Embora fosse pressionado pela burocracia pedagógica para que não permitisse o namoro na colônia, Makarenko percebeu que deveria seguir o bom senso, o sentido da vida, e cuidar para que tudo desse certo. Era preciso apenas não descuidar desse novo momento como se fosse também um problema educacional, não virar as costas ou apenas proibir, estar presente e assumir, juntamente, uma posição responsável. Se estavam sendo preparados também para a vida adulta, o amor deveria fazer parte dela...

Todos trabalhavam muito nessa época do ano, mas sofriam mais com os males do amor do que do cansaço com o trabalho nos campos. Tchobot, mais tímido e selvagem, amava Natacha, criada de um velho *kulak*, mas nunca havia se declarado a ela. Mas, um dia teve a "sorte" de chegar à sua casa quando o velhote estava a surrá-la com as rédeas; libertou-a e a levou para a colônia, depois de surrar o *kulak*. Makarenko aceitou-a na colônia e recebeu em troca um sorriso sincero de Natacha e as lágrimas emocionadas de Tchobot.

Makarenko passou a pensar sobre o amor como mais um elemento a ser levado em conta no complexo desafio de educar o novo homem e percebeu que os educandos sentiam-se mais envolvidos com a colônia se seus sentimentos fossem respeitados. E não passou muito tempo para que pensassem em casamentos e fizessem brotar as velhas tradições principescas: o famoso dote! No conselho dos comandantes dos destacamentos, Oprichko pedia que a colônia lhe desse um dote para desposar Marussia, a filha de um *kulak*.

O conselho dos comandantes discordou da ideia de dote, que serviria apenas para enriquecer o sogro e deram por encerrado o caso:

Maruska, se quisesse, que casasse com ele por amor, sem dote. Oprichko desesperou-se ao sentir que sem o dote não teria Maruska e passou a se embebedar e criar problemas na colônia. Foi chamado ao tribunal e, pelo costume, colocado no centro da roda para julgamento:

– Por que fizeste isso, perguntou o presidente do tribunal da colônia.

– Bebi por tristeza e não posso responder por meus atos porque estava bêbado.

Os colonos discutiram durante horas o que fariam com Oprichko, mas ele não arredava o pé do seu pedido de dote. Como não houvesse nenhuma outra proposta, o comandante do oitavo destacamento, um rapaz judeu, Schnaider, que havia conquistado o seu lugar de respeito com apoio de Makarenko, numa luta sem tréguas contra o antissemitismo existente na colônia, pediu a expulsão:

– Poderíamos perdoá-lo se fosse um novato, um educando, mas é um colono e representante do *komsomol* e está agindo com egoísmo, em benefício próprio e de seu rico sogro. O oitavo destacamento exige a dispensa.

Makarenko foi convidado a falar e defendeu a expulsão. Todos ficaram muito chateados, mas perceberam que assim era melhor, que não estariam se enganando. No dia seguinte, Oprichko já morava com Maruska, na casa do sogro. Sem o dote, seria obrigado a trabalhar como empregado na fazenda. O *kulak* saía ganhando, mas a colônia também... A expulsão era sempre um recurso para forçar o colono a viver fora do coletivo e sentir as consequências de suas propostas. Se, por acaso quisesse viver junto a um *kulak*, sofreria como o camponês pobre em suas mãos, e entenderia de fato porque a coletividade era contra a manutenção desse tipo de exploração.

O amor entrou na colônia, como entra na vida de um adulto, forçando o coletivo a se posicionar diante de cada caso amoroso, com posições éticas e responsabilidades sociais. Por isso, ao contrário dos conselhos do Olimpo Pedagógico para que evitasse o estado de paixão dos colonos (como se algum educador pudesse controlar os sentimentos dos educandos), Makarenko entendeu que também os sentimentos amorosos poderiam ser educados: contra o velho passado principesco do dote, contra os falsos interesses, por um relacionamento verdadeiro, livre e profundo.

Makarenko olhava para cada dia como que para entender o modo como estavam criando novas tradições, apoiando-se em necessidades ou costumes mais antigos. Aprender a fazer da vida uma festa. Saber os momentos de festejar e não perder a chance de mobilizar o coletivo para o prazer de desfrutar de suas vitórias. A cada colheita, a cada primavera, quando o coletivo se reunia para debulhar as medas altas de trigo, centeio, cevada e aveia, o trabalho se transformava em um ritual pagão. A colheita e a debulha eram atividades cansativas, mas cheias de vida e alegria.

Um dia, enquanto os garotos se preparam, no início da noite, para voltar à colônia com músicas dos corneteiros e os tambores, desfraldando alto a bandeira, um velho camponês Volovik, puxou o braço de Makarenko e falou baixinho, gesticulando no escuro com o cajado:

– É bom aqui com vocês, é como a gente vivia antigamente...

– Como assim?

– É que vocês saem para a debulha em procissão, com cruz e tudo como se deve.

– Que procissão o quê! É a nossa bandeira. E não temos *pope.*

– Mas, o importante é que as pessoas festejam, é como uma festa. Sabe, colher o pão é uma coisa solene para a gente – é a festa das festas, e aqui as outras pessoas esqueceram disso.

A força da vida no campo, como pensava Tolstoi e a transformação do trabalho coletivo em um trabalho sagrado, como defendia Gorki, marcaram profundamente as propostas pedagógicas de Makarenko. O trabalho só ganha sentido se dentro de um novo sistema de relações sociais, a coletividade. A educação integral do novo homem exige um novo tipo de ação mais refinada, em que todos participam de forma consciente, com vontade própria, imprimindo um objetivo a cada nova atividade.

Os colonos dirigiam-se para a casa branca, a casa coletiva, buscavam roupas limpas e tomavam banho no rio. Já limpos, sentiam-se refeitos para festejar em volta das mesas enfeitadas no jardim, à luz do luar. A antiga tradição do trabalho no campo era festejada como trabalho coletivo e trabalho livre.

Um novo casamento também se anunciava, a de uma integrante da colônia e o filho de um camponês, presidente do soviete rural. Dali a alguns dias, os representantes da família de Pavel vieram à colônia para conversar com Makarenko:

– O senhor, aqui na colônia, é como um pai. Então, perguntamos se o senhor não daria a sua, por assim dizer, filha Olia Voronova em casamento ao filho deles, Pavel Pavlovitch, que agora é presidente do soviete rural.

– Pedimos que nos dêem uma resposta. Se derem o seu consentimento, como o pai dele já consentiu, então nos darão as toalhas de mão bordadas e o pão, mas se não vier esse seu consentimento, então pedimos desculpas pelo incômodo.

Makarenko apresentou aos casamenteiros um ponto de vista totalmente novo, pondo fim à velha tradição de um patriarca decidir sobre a vida da filha. Lembrou-se de sua infância e o modo como os operários escolhiam os noivos de suas filhas, visando sempre um maior enriquecimento da família. Respondeu calmamente, procurando ser o mais claro possível:

– Agradeço aos senhores, a Pavel Ivanovitch e a Ievdokai Stiepanovna, pela honra. Só que eu não sou o pai e não tenho o pátrio poder. É óbvio que é preciso perguntar à própria Olia e, depois, para todos os detalhes, é preciso reunir o conselho dos comandantes.

Os senhores, com muito respeito procuraram entender as razões colocadas por Makarenko, como se fosse o líder de uma comunidade de antigas tradições:

– Não nos compete dizer como devem agir. Como é de uso dos vossos costumes, assim será feito – concordou Ossip Ivanovitch com simplicidade.

Rapidamente foi convocada uma reunião com Olia e o conselho dos comandantes dos destacamentos junto com os casamenteiros. Então, aquele ambiente formal se transformou em uma conversa espontânea e alegre, com a entrada dos comandantes dos destacamentos: dos sapateiros, dos cocheiros, dos vaqueiros, dos carpinteiros, das meninas, dos ferreiros, dos moleiros, dos porqueiros, dos garotos pequenos, do encarregado do moinho, do despenseiro, do secretário do conselho dos comandantes e, finalmente, da assistente de agronomia, Olia, a noiva. Kolka foi direto ao assunto e perguntou à Olia:

– Concordas em se casar com Pavel?

Ela corou, mas respondeu rápido:

– Mas claro.

Os casamenteiros lembraram o aspecto prático:

– Se estão de acordo, as bodas serão realizadas por nós e os recém--casados vão morar com os pais.

Karabanov, um dos comandantes, questionou:

– Mas a casa nova não tinha sido construída para Pavel, que é o mais velho?

– Ele é o mais velho, mas o pai resolveu dar para Mikhailo, porque Pavel pegou uma esposa da colônia.

– Então, o Conselho de Comandantes não pode permitir que Olia se case desse jeito, para se transformar em criada da família, só porque é da colônia... só porque não tem pai!

Olia também se manifestou:

– Esqueceram que eu sou uma *komsomol?* Não poderia seguir essas tradições, nem com bodas na igreja.

– Mas, se estamos levando uma moça pobre, que pelo menos o casamento seja feito como nossos bisavós, numa igreja, como manda a tradição.

O Conselho dos Comandantes se irritou com os velhos preconceitos do passado e resolveram dar um dote à Olia apenas para mostrar o que as condições da colônia eram superiores aos egoístas *mujiques*, libertando-a das relações de exploração da família do noivo e transformando o noivo em um colonista:

– O Conselho dos Comandantes decidiu casar Olia com Pavel, passando para uma casinha separada, e o pai terá de dar tudo o que puder para montar a casa. Nada de casamento na igreja, só o registro civil. O primeiro dia de bodas nós o celebraremos aqui, depois vocês fazem como quiserem. E nós damos a Olia, para começar a vida: uma vaca com bezerro, da raça Simmenthal, uma égua com potrinho, cinco ovelhas, um porco de raça inglesa, instrumentos agrícolas, sementes, reservas de forragem, roupas de uso e de cama, mobília e uma máquina de costura. Nós ajudaremos Olia e Pavel sempre que for preciso, mas terão de nos ajudar sem recusa. Pavel receberá o título de colonista.

As garotas trouxeram as toalhas bordadas para o ritual das bodas com os casamenteiros, enrolado-as em suas mãos e os garotos ofereceram uma bandeja coberta com uma toalha, o pão e o sal. Todos comemoraram com vinho tinto doce e sanduíches de salsichão.

O casamento foi comemorado com uma festa grandiosa. Trepke estava ainda mais bela, com cada recanto construído e cuidado pelo infatigável trabalho e zelo dos colonos. Um maravilhoso jardim florido mostrava o capricho de uma nova vida: duzentas roseiras, malmequeres, cravos, bocas-de-leão, gerânios escarlates, campainhas azuis, entre tantas outras flores selvagens de nome desconhecido. Mas Makarenko observava outra beleza ainda maior, falando com seus próprios botões:

– ... aqueles meninos de calções azuis e camisas brancas. Ei-los que correm, passeiam tranquilamente entre os convidados, trabalham em volta das mesas, ficam a postos... são eles os gorkianos. Esbeltos e aprumados, têm cinturas elásticas, são musculosos e sadios, desconhecem a medicina, seus rostos são frescos e corados, mas não chegaram assim, se fizeram aqui na coletividade.

Derrubemos todas as cercas!

Quando a produção de bebida alcoólica, proibida pelo Estado, passou a ser realizada clandestinamente pelos *kulaks*, os colonos organizaram-se em destacamentos para apreender os equipamentos e os produtos. O mesmo aconteceu quando o Estado ordenou que a produção excedente dos *kulaks* fosse entregue aos conselhos de camponeses: os colonos apropriaram-se dela e a distribuíram aos aldeões.

A mais fantástica atividade política e cultural dos colonos de Makarenko, em Trepke, foi a destruição de todos os sinais e marcas externas da propriedade privada. Os gorkianos passavam pelas propriedades, abriam caminhos por todos os terrenos, derrubavam as cercas que impediam o acesso aos atalhos para se chegar à colônia ou às aldeias. Esse tipo de intervenção concreta na realidade cotidiana dos aldeões produziu um efeito de estranhamento frente às antigas tradições capitalistas no campo. Era maravilhoso poder ver as terras livres de cercas, abrindo os olhos para o horizonte e o coração para o sentido da nova vida, livre.

Aos poucos, os colonos foram ganhando a simpatia e o apoio dos camponeses com os serviços que antes eram cobrados pelos *kulaks*. A colônia passou a criar cavalos e porcos e a vender por um preço muito baixo, possibilitando que todos os camponeses das regiões próximas exibissem em suas terras os mais gordos e belos porquinhos. A agricultura passou a dar uma produção excedente, sob direção de Shere, com beterrabas, batatas, milhos e abóboras para matar a fome de muita gente. Quando chegava o outono, era preciso se esforçar muito para armazenar aquela enorme produção.

Outra vitória foi a conquista do moinho: permitia haver farelo necessário para os animais e pagamento pela moagem, aproximando a colônia dos camponeses pobres, dos intermediários e dos *kulaks*. Os camponeses pobres vinham sempre organizados, trabalhavam no moinho em silêncio e com humildade e acertavam suas contas com os educandos rapidamente. Já com os intermediários e os *kulaks* era uma desorganização total: demoravam para trabalhar, discutiam, embebedavam-se e, na hora de acertar contas, sempre brigavam entre si, terminando no pronto-socorro da colônia, nas mãos de Iekaterina.

Em julho, a colônia se preparou para concorrer às eleições do soviete rural, com a certeza de que poderia expulsar dali os falsos representantes, os *kulaks*, pois havia ganho a simpatia dos camponeses da região. Resultado: os gorkianos foram eleitos com quase a totalidade dos votos para o soviete rural *Denis Kudlati*. Luka Semionovitch e seus comparsas *kulaks*, que insistiam em viver na riqueza, explorando camponeses pobres que trabalhavam para eles como diaristas, escondendo a produção de excedentes e as mais belas criações de cavalos e vacas, abandonaram o soviete de cabeças baixas.

Em direção à *rabfak*: a primeira fornada gorkiana

Em 1924, a coletividade vivia a experiência de formação da primeira geração de gorkianos que seriam encaminhados para a faculdade operária, *rabfak*, e, em seguida, continuariam seguindo com suas próprias pernas, construindo uma nova vida. Enfim, chegava o dia tão sonhado, mas todos pareciam tristes, inclusive Makarenko. Estavam prontos para a despedida. Almoçaram, vestiram-se com roupas limpas, arrumaram as mesas com enfeites, trouxeram estandarte, tambores e cornetas no pátio. As meninas choravam pela separação das companheiras e os meninos passaram o dia em silêncio, sérios... os mais novos choravam muito, escondidos pelos bosques.

A separação era terrível, especialmente para os menores que aprenderam a viver sob a proteção e o exemplo dos mais velhos. Perdiam seus irmãos mais velhos, o amor que aprenderam a ter uns com os outros, como uma verdadeira família. E rapidamente, a passagem para a vida adulta, a *rabfak*, punha fim àquela vida cheia de companheirismo e alegria: todos haviam acordado para a realidade de que a vida na colônia não seria para sempre. Eram crianças e jovens, sem família, que haviam se reerguido ali, mas que continuariam, livres, um novo caminho. Mas, isto não havia acontecido antes, nem com tantos e tão bons colonos: Nastia, Matvei, Burun, Karabanov, Zadorov, Krainik, Vierchniov e Golos. Além da dor da separação, Makarenko temia pela perda de parte de sua vanguarda. Ficariam rombos enormes no comando dos destacamentos, no conselho dos comandantes e no *komsomol*.

Karabanov sentia a dor imensa de abandonar seus queridos companheiros e muito mais: de não poder continuar ali ajudando-os, como aprendeu a fazer. Era um gorkiano e perdia o seu coletivo! Sentia uma vontade danada de correr, correr até longe, chegar no alto de uma colina e uivar como um lobo ferido.

Abraços, lágrimas, tambores, cornetas, e lá se vai a primeira geração... Makarenko estava pensativo, imaginando nos esforços de tantos educadores enquanto os burocratas, no poder, decidiam por fim a experiências pedagógicas tão importantes... A colônia havia doado mil rublos aos colonos que partiam, sem a autorização da Comissão de Instrução Pública, e Makarenko se recordava da alegria maldosa que tomava contra da escória burocrática para calcular quantos meses seriam descontados de seus os salários. Iekaterina, preocupada com a perda do núcleo dirigente da colônia, invadiu os seus pensamentos e trouxe Makarenko de volta para a realidade e ouviu, desconfiada, a seguinte história:

– Enquanto nós nos preocupamos com a formação de um núcleo, a própria coletividade já produziu o seu novo núcleo e a senhora nem percebeu. Um bom núcleo se multiplica pela divisão. Anote bem isso no seu bloco, para a futura ciência da educação.

– Está bem, vou anotar – sorriu Iekaterina.

Era a hora da despedida. Os garotos carregaram a carroça com as malas e, com o rufar dos tambores, os colonistas se colocaram a caminho da estação ferroviária. Makarenko imaginava que seus meninos e meninas pisavam na mesma areia fofa do rio Kolomak e dos campos verdejantes do Dnieper, como os tártaros e os cossacos. De repente, entoando antigas canções dos cossacos, todos se animaram sob um sol forte, com a certeza de que ali estava a primeira e excepcional colheita do coletivo: os *rabfakianos*.

Na estação, o público entusiasmara-se com a chegada dos colonistas. Os *rabfakianos* subiram nos vagões, orgulhosos, ouvindo as palavras dos companheiros:

– Não se esqueçam de entregar este vagão a um museu!

A vida da colônia continuou a mesma e novos colonos foram assumindo a direção dos destacamentos. Com a chegada das notícias dos *rabfakianos*, Makarenko percebeu que não havia perdido seus colonos, que não havia perigo algum em estar sob novas influências. Estavam coesos, como um destacamento especial da Colônia Gorki, que, juntos, venciam as dificuldades de viver na cidade e estudar em uma faculdade. Lá, encontraram outros jovens que passavam necessidades e trouxeram para o convívio coletivo, pedindo que fossem incorporados como colonistas, recebendo ajuda para comprar toucinho e sapatos.

Todas as cartas dos *rabfakianos* eram lidas e ouvidas com interesse pelos colonistas em assembleia geral. A *rabfak* havia deixado de ser um bicho-papão e todos sentiam-se atraídos por ela. A segunda geração de *rabfakianos* seria enviada em outubro do mesmo ano: Bratchenko, Gueorguievski, Ossadchi, Schnaider, Gleizer e Marussia. Sem que fosse necessário convencer nenhum deles, os colonos se jogaram com muito entusiasmo nos estudos, prontos para vencer mais esta etapa decisiva de suas vidas. Entre os menores, ouviam-se as conversas nos corredores:

– Qual curso você quer fazer na *rabfak?* Qual você acha que eu posso seguir?

Um novo espírito recobrou as certezas dos colonos sobre a importância do estudo. Com o desenvolvimento de uma forte amizade, por correspondência, entre os gorkianos e Máximo Gorki, a vida escolar da colônia conquistou a normalidade, como das demais escolas soviéticas. Gorki escreveu aos colonos:

> Eu gostaria que, numa noite de outono, os colonistas lessem o meu livro Infância. Por ele, eles perceberão que eu sou um homem exatamente igual a eles, só que eu soube, desde muito jovem, ser persistente no meu desejo de estudar e não temia trabalho nenhum. Eu acreditava realmente que o estudo e o trabalho vencem tudo.

Era preciso ler e reler Gorki, sem descanso, para acreditar que seria possível conquistar uma vida mais justa. Eram tempos verdadeiramente difíceis. Em 1924, Lenin morrera, deixando atrás de si uma aguda crise no Partido Comunista. O poder de Stalin crescia e se opunha à tese da revolução internacionalista de Trotski. Uma verdadeira guerra de posições tomou conta do partido, refletindo as contradições da revolução: o duplo poder, burguês e proletário.

Para uma nova reedição de *O Estado e a revolução,* Lenin avisava sobre o perigo da anulação das contribuições das gerações anteriores de revolucionários por novos oportunistas que se colocassem no poder:

> Depois de mortos, procuram convertê-los em ícones inofensivos, por assim dizer canonizá-los, cercando o seu nome de uma auréola de glória para 'consolar' as classes oprimidas e para as enganar, ao mesmo tempo que se esteriliza a substância dos seus ensinamentos revolucionários embutindo-lhe o gume e degradando-a.

Essas mesmas palavras Nadezhda Krupskaia, mulher de Lenin, teve a coragem de gritar contra o grupo de Stalin. Ao que tudo indicava, a situação seria ainda mais difícil para a Ucrânia, mais atrasada economicamente e cheia de contradições culturais e políticas.

No outono de 1925, a colônia comemorou o quinquênio de sua existência. Orgulhoso, Makarenko escreveu para Gorki contando que foram homenageados como mereciam, recebendo convidados de Kharkov. O Comissariado do Povo para a Instrução Pública concedeu o título de "herói vermelho do trabalho" a Makarenko e Poltava o enviou em "comissão científica" de dois meses em Moscou e Leningrado. A Colônia Gorki conquistava muitos admiradores e amigos, mas seus inimigos também cresciam. Por outro lado, havia o perigo de se transformar em um novo ícone, glorificado, santificado e anulado em suas teses principais. O que seria de sua experiência se ela não pudesse se transformar em teses para serem aplicadas na educação geral de toda a União Soviética?

Ao perceber que a luta pedagógica se dava cada vez mais no terreno político, Makarenko apostou na organização política da coletividade. Com a chegada de Koval, primeiro instrutor político para desenvolvimento do *Komsomol*, as novas lutas políticas ficaram mais claras para os colonos, fazendo crescer cada vez mais rápido o número de colonos capazes de assumir o comando do coletivo. Makarenko conquistava mais uma vitória: a formação de verdadeiros comandantes da vida socialista, não apenas da coletividade em que viviam.

Crise e superação: as leis da dialética

No entanto, em 1926, Makarenko observou a aproximação de um período de estagnação da coletividade, mesmo com a obtenção da vitalidade econômica, cultural e política. A produção aumentara, o período de miséria tinha sido totalmente superado, o consumo era maior, mas a iniciativa dos educandos havia caído. A riqueza se transformava em inimiga do desenvolvimento da coletividade? Makarenko não via uma relação coerente entre a riqueza e o acomodamento, pois estaria negando o princípio do progresso material e coletivo da humanidade. Mas notava em toda a coletividade vários sinais de crise: os educandos estavam mais preocupados com o futuro particular, dissociado da coletividade. Cresceram os casos de "tragédias amorosas", "retornos românticos à vida familiar camponesa", chegando ao ápice com um caso de suicídio. Este foi o sinal mais forte, interpretado como processo de destruição da coletividade.

No meio da noite, Makarenko foi acordado, com batidas na janela pelo destacamento de guarda, mas já pressentia a chegada da má notícia desde que havia conversado com Tchobot sobre desejo de Natasha de ficar, estudar, seguir seu caminho em uma cidade grande, na *rabfak*, e de não acompanhá-lo para viver com ele nas terras de seu irmão. Tchobot passou o dia inteiro atormentado. Já havia prometido se matar se Natasha não voltasse com ele. Mas, Makarenko sentia-se impotente, não poderia forçar que Natasha fizesse o que ele queria.

Foi encontrado pendurado na cocheira com um cinto de couro no pescoço. Quando chegou, lá estavam os colonos e Iekaterina, com Tchobot deitado na cocheira, à luz das lanternas, recuperando lentamente a respiração. Mas, sem recobrar a consciência, não resistiu e morreu. Os médicos explicaram que Tchobot, ao subir no balcão e se lançar com o pescoço amarrado pelo cinto, prejudicou suas vértebras cervicais, impossibilitando a sua sobrevivência, mesmo que voltasse a respirar. O coletivo se assustou, muitos choraram, mas outros se revoltaram com Tchobot: para que servia destruir a própria vida? O que se conseguiria com isto? E a pobre Natasha, como viveria com o peso de sua morte, como se ela fosse responsável por isso?

Makarenko sentia que a coletividade havia parado, não conquistara mais nada de novo e precisava de novos desafios para sonhar e crescer. Mesmo quando era impelido para responder às necessidades futuras, voltava a ter que responder a novos questionamentos da Comissão do Comitê Científico de Pedagogia, de Kharkov, sobre o "método" de educação usado na Colônia Gorki. Enquanto questionavam sobre as mesmas questões: uso de punição, pagamento de salários etc. etc... deixavam de contribuir com novas ideias de como fazer com que a coletividade continuasse em movimento, como manda a lei da dialética. E Makarenko voltou-se com esse problema para a coletividade.

Makarenko havia confirmado a sua hipótese: não é possível educar individualmente a personalidade coletivista, mas o conjunto da coletividade em seus movimentos particulares e gerais. A partir dessa constatação, conclui que a coletividade necessitava de novos desafios, de novas perspectivas para dar um novo salto. Ou seja, a coletividade tinha por definição o movimento, a constituição de novas propostas de vida, o enfrentamento de dificuldades e a liquidação das resistências à nova vida coletiva. As perspectivas, os objetivos, a curto, médio e longo prazo, deveriam nortear toda a ação coletiva, pois, sem isso, a coletividade se desagregaria em preocupações de grupos isolados e individualistas.

Recorrendo à Assembleia Geral, Makarenko expôs o problema para ser discutido entre os educadores e os educandos. Inicialmente, imaginava que o progresso material deveria prosseguir, conseguir novas e maiores instalações, cultivar grandes áreas da rica e fértil *Sech Zaporozhkaia*, ou deixar o atrasado trabalho agrícola e iniciar uma nova experiência com o trabalho industrial, criando nova tecnologia para o avanço da URSS. Em vão sonhou junto com os colonos com uma nova propriedade a ser conquistada, gigantesca, com um castelo abandonado, que poderia ser reformado e servir de colônia para mais de 800 meninos e meninas órfãs. Mas, tudo foi em vão... A Comissão de Instrução Pública não queria dar mais força aos sonhos gorkianos, questionando firmemente Makarenko: "O senhor está educando sonhadores?" Se pudesse responder diria: "Sim, somos gorkianos." Guardou para si a resposta, não entenderiam a lógica dialética: era preciso encher a vida dos educandos de encantamentos, de perspectivas brilhantes... e, muito mais, arregaçar as mangas e realizar cada um desses sonhos até que acordassem homens e mulheres honrados, corajosos, exuberantes de vida.

Mas, a necessidade social voltou a ser lembrada como critério fundamental para o estabelecimento das novas perspectivas da coletividade, quando a Comissão de Instrução Pública, mesmo com críticas à "pedagogia dos comandantes", propôs à Makarenko a direção da Colônia de reeducação de delinquentes de Kuriaj, com 400 educandos em estado de total abandono. Nessa época, apesar das discordâncias da utilização de sanções e formas de organização "militares", a Comissão de Instrução Pública da Ucrânia podia confirmar o sucesso da experiência da educação coletivista de Makarenko.

Durante a assembleia geral, os educandos ouviram atentamente o relatório de Makarenko sobre Kuriaj, interrompendo com perguntas:

– O que fazem os 40 educadores em Kuriaj, para estar nessas condições?

– Não sei – respondia Makarenko, em meio às gargalhadas.

– E refeitório, existe?

– Existe refeitório, mas os garotos estão descalços, então carregam as panelas para os dormitórios e comem por lá.

Os colonos riram muito da situação terrível, comparando-a com a que se encontravam naquele momento, criticando o desleixo do diretor daquela colônia e a preguiça dos colonos. No final do relatório, caíram num silêncio terrível, preocupados com seus destinos. Deveriam aceitar esse novo e difícil desafio? Conseguiriam trazer para a vida gorkiana os 400 educandos? E se falhassem, acabariam também derrotados, sem condições de se levantar? Ivan pediu a palavra para reprovar a proposta:

– E para que tudo isso? Para destruir a Colônia Gorki? O senhor caminha para a destruição, Anton Semionovich!

Kalina levantou-se com dificuldade, mostrando o quanto envelhecera na colônia trabalhando com afinco e alegria nos olhinhos azuis, e criticou o egoísmo e a vaidade dos gorkianos:

– Até ontem vocês sonhavam com uma nova propriedade e iriam pastorear as vacas e exportar manteiga para os ingleses... e hoje, quando Anton apresenta o desafio de tirar da lama 400 irmãos, uns Máximo Gorki como vocês, e ficam aí sentados, como se não quisessem saber de nada... E quem está pedindo para vocês fazerem desses garotos gente direita é o proletariado kharkoviano! Estão com pena de se separar das belas roseiras... preferem engasgar os ingleses com a nossa manteiga? Ora, basta, minha gente! Eu digo: vão para lá e pronto. E Máximo Gorki dirá: eis aqui os meus gorkianos, foram para lá e não tiveram medo!

Os garotos menores se agitaram ao ouvir o nome do querido Gorki, levantaram-se e bateram palmas. A assembleia inflamou-se. Lapot pediu para Makarenko:

– Vamos votar?

– Que Makarenko diga a sua opinião, gritavam os colonos.

– Tem a palavra Anton Semionovich.

Makarenko levantou-se perante a assembleia e disse:

– Viva a Colônia Gorki!

Meia hora depois, dois colonistas saíam a galope para a cidade, levando dentro do gorro a seguinte mensagem para o telegrama:

> Kharkov Comissariado Educação de Instrução Pública Djurinskaia Pedimos insistentemente nos entregar Kuriaj possível urgência garantir semeadura segue orçamento ponto assembleia geral colonista Makarenko.

O novo desafio foi sendo assimilado pelos gorkianos durante o processo de preparação da tomada de Kuriaj. Estavam acostumados com a limpeza, a organização, a estética e a riqueza material e imaginavam estar voltando mais uma vez para o estágio anterior, mais primitivo. Era uma experiência importante, embora perigosa, para testar a capacidade organizativa da coletividade. Teria ela capacidade de liderar um movimento de educação para um número mais elevado de educandos em estado de total abandono?

Kuriaj (1926-1928): a vitória final?

Para o sucesso de Kuriaj seria preciso que os gorkianos tivessem a certeza de que haviam enterrado o passado de tragédias, de abandono nas ruas da velha Ucrânia, e que mesmo os garotos e as garotas menores entendessem que viviam uma verdadeira epopeia para ser vivida, não por heróis, mas por poetas. Os heróis clássicos morrem em luta, os poetas, estes não, eles sobrevivem até mesmo depois da morte em seus poemas. E assim foi. Mais uma estrofe estava sendo escrita pelos gorkianos no poema pedagógico: dar sentido à própria vida, tirando da morte seus irmãos abandonados, trazendo-os para uma nova vida.

Como o mestre Vladimir Maiakovski ensinara em seus versos:

> É preciso
> que o poeta
> seja mestre da vida.
> Nós ambos
> somos fortes
> – álcool de Poltava.
> (...)
> Estamos bem aqui,
> no país dos Sovietes,
> vivendo
> e trabalhando
> em harmonia.
>
> Pena
> apenas
> que nos faltem poetas.

(...)
A mim,
a meu posto,
uma estátua é devida.
Dinamite:
– eu a explodo *(sic)* em detritos!
Odeio
a morte e seu mortiço.
Adoro
aquilo que é vida.

Makarenko havia percebido que de nada lhe adiantara ter recebido o título de "herói vermelho do trabalho" se encontrava tantas resistências às suas teses pedagógicas. Nada de levantar estátuas, endeusar e matar em vida os criadores da vida socialista! Melhor seria derrubar as estátuas e criar nova vida. Por isso a abandonada e suja Kuriaj dos garotos marginais e dos educadores liberais havia se transformado em uma guerra de guerrilhas. Depois da Assembleia Geral, o Conselho, junto com o ***komsomol,*** preparou a "tomada" daquela colônia em estado de destruição.

Em toda a União Soviética, os destinos da Revolução de Outubro eram traçados num campo encarniçado de lutas. No interior do partido, e mesmo fora dele, fora organizado uma *oposição de esquerda*, de origem bolchevique e leninista, que defendia os princípios internacionalistas da revolução. Leon Trotski levantou a bandeira da oposição ao grupo de Stalin, que planejava a rápida industrialização da URSS às custas dos sacrifícios dos operários e dos camponeses pobres.

Em 9 de maio de 1926, chegaram quatro educadores e onze educandos. Kuriaj encontrava-se a seis quilômetros de Kharkov, então capital da Ucrânia, em um recinto de um monastério, numa cidade suburbana. Ficava em uma colina e sua entrada já mostrava a decadência, com portões de tinta descascada e, no centro do pátio redondo, ficava um templo em ruínas, atrás um prédio em três andares. Na beira do barranco, uma hospedaria de madeira, assobradada, abandonada no meio da reforma.

Casinhas mal feitas espalhavam-se por todos os lados, junto com entulhos de lixo. Um mau cheiro estranho dominava a colônia: uma mistura de banheiros sujos, pastéis, esterco e incenso. Havia seis dormitórios, mas sem portas e sem os assoalhos. Os garotos arrancavam tudo o que pudesse servir de lenha para o fogo, durante os invernos.

Os kuriajanos corriam para lá e para cá como se fossem almas penadas, enrolados em pedaços de trapos, descalços, com os pés imundos. Makarenko parava um ou outro para conversar:

– E, aqui, é ruim?

– Aqui não dá pra viver mais, a gente pode morrer congelado ou morrer de pancadas...

– Quem bate?

– Todos.

– Por quê?

– Por nada, se não entregar alguma coisa... tiram o nosso almoço. Os pequenos não almoçam aqui há muito tempo. Se a gente não roubar, mandam a gente roubar...

Ali ninguém estudava, ninguém trabalhava, sequer se alimentava bem ou dormia tranquilo. As oficinas estavam desfalcadas, as máquinas tinham sido roubadas. Kuriaj parecia mesmo um covil... menos o dormitório das meninas, sob responsabilidade da educadora Guliaieva. Lá estavam elas, arrumando suas sessenta camas, com seus cobertores ralinhos e lençóis muito surrados. Eram pálidas, magrinhas, muito tímidas, com vestidos de chita remendados. Sentem medo dos garotos, sempre importunadas, humilhadas e passam fome. Perdem o almoço para eles.

Diante daquelas pequenas meninas humilhadas e esfomeadas, Makarenko fez a promessa de que tudo mudaria em alguns dias. Saiu caminhando por Kuriaj e um ódio enorme tomou conta de sua alma: onde estavam os novos educadores? Quem poderia ser responsabilizado pelo crime de manter aqueles pobres seres inocentes em um chiqueiro? Por todos os lados que caminhava Makarenko encontrava o caule ressequido da educação socialista. Perdera a insegurança e resolveu que cumpriria o que prometera às meninas.

Foi preciso iniciar uma reforma urgente para tornar a colônia um lugar para gente viver. Depois, misturar-se a eles, procurar chamar sua atenção, conversar, mostrar como será a nova vida, discipliná-los. Rapidamente, foram sendo identificados os agressores e os agredidos de Kuriajanos e os gorkianos transformaram-se em protetores das meninas e dos menores, fazendo crescer sua popularidade. Apenas os inscritos nas reuniões poderiam ter lugar nas mesas para o almoço e jantar.

Mas a compreensão dos kuriaj era ainda muito pequena, estavam cansados, doentes, esfomeados, e sequer poderiam imaginar o que significava cada palavra de Makarenko sobre uma nova vida em uma república livre, sem patrões... A única coisa que entendiam eram as palavras dos colonos gorkianos, avisando que quem quisesse comer teria que acordar mais cedo para trabalhar junto com eles.

Muitos planos foram feitos, os kuriajanos foram sendo divididos em grupos de vinte e espalhados pelos destacamentos já existentes na Colônia Gorki.

Em 15 de maio, a Colônia Gorki tomou de assalto Kuriaj, com 120 colonos. Marcharam da estação até a colônia em coluna de seis, com quatro corneteiros e oito tambores e atrás Makarenko e a brigada do estandarte. Os garotos marchavam com camisas brancas e bermudas e as meninas com saias azuis, com jovialidade e alegria. Mas, ao se aproximar da colônia, todos pareciam mais tensos, os corações batiam mais rápido seguindo o rufar dos tambores. Ao entrar em Podvorki, o coletivo chamou a atenção dos moradores curiosos atrás das cercas e porteiras com seus cães raivosos. Ali a vida custa a se desfazer do passado do monastério. A população é composta de ex-popes, irmãos leigos, cavalariços e agregados, cozinheiros do convento, jardineiros e prostitutas.

Durante a marcha, Makarenko percebeu que todos os seus problemas pedagógicos haviam desaparecido, como o belo rio Kolomak e suas duzentas roseiras em Trepke. O que vinha antes era simplesmente um problema político e não pedagógico. A Colônia Gorki estava sendo chamada para enfrentar e combater, não exatamente problemas pedagógicos, mas problemas originados pelo abandono do trabalho político de construção da nova sociedade socialista. Estavam caminhando em terra inimiga, em que os antigos interesses resistiam à nova sociedade. Durante a caminhada, Makarenko refletia sobre os descaminhos da pedagogia soviética que também se encontrava assim há tantos quilômetros ultrapassada, com seu formalismo, suas lágrimas baratas e sua ignorância burocratizada.

A política de Stalin era a expressão desse retrocesso que Makarenko poderia encontrar por todos os cantos da Ucrânia. As teses stalinistas de rápida industrialização da URSS, de coletivização do campo, escondiam essa face do passado que lutava para sobreviver e crescer na jovem sociedade socialista. Fazer a economia nacional crescer não significava conquistar uma sociedade melhor, mais justa, para todos os trabalhadores.

Por isso, sentia que os gorkianos eram poucos... deixaram para trás a colônia que construíram em Poltava, enfrentaram o atraso em Trepke, e quando pensam conquistar algo de novo... encontram um mundo antigo e mesquinho. Estão isolados, entre uma colônia transformada, mas já abandonada, e uma destroçada, ainda não conquistada.

Diante dos gorkianos avistavam-se os portões, os tambores rufaram e iniciaram a tomada de Kuriaj. Surpreendentemente, as centenas de garotos e garotas aguardavam no pátio, em silêncio, a chegada de seus desconhecidos irmãos. Makarenko anunciou solenemente:

– Camaradas! A partir deste minuto, todos nós constituímos um só coletivo que se chama Colônia de Trabalho Gorki. Cada um de vocês tem de lembrar isso sempre, cada um deve saber que ele é um gorkiano e tem que encarar o outro gorkiano como o seu companheiro mais próximo e melhor amigo, tem a obrigação de respeitá-lo, defendê-lo, ajudá-lo em tudo que for preciso e corrigi-lo se ele errar.

Makarenko observou que, enquanto falava, os gorkianos estavam distraídos, mas os kuriajanos ouviam com atenção, encantados pelos uniformes e pelo estandarte de seda. Aproveitou para explicar os objetivos gerais da Colônia Gorki:

– Enfrentaremos muitos problemas, mas enfrentaremos juntos e venceremos. Teremos dias mais felizes, enriqueceremos, seremos mais saudáveis, estudaremos para conquistar uma nova vida futura, correta, como trabalhadores, jovens socialistas, organizados no *Komsomol*. Agora, gostaria que vocês se conhecessem, apertassem as mãos e depois de meia hora voltassem para a Assembleia Geral.

Mas, os gorkianos se dispersaram curiosos para conhecer a colônia, seguidos alegremente dos novos educandos. Um demorado processo de reeducação e adaptação dos novos educandos se arrastou durante 1926, o mais longo ano desde que Makarenko iniciara sua experiência. E lá estavam novamente reformando, iniciando um trabalho penoso com poucas, velhas e quebradas ferramentas, até chegar ao nível ideal de trabalho. Todos os movimentos de tomada de Kuriaj se resumiram na organização da nova colônia através do comando dos gorkianos, distribuindo os novos educandos nos destacamentos já existentes. As pequenas resistências encontradas, quanto à limpeza, estudo e trabalho, foram sendo neutralizadas pelo forte convívio coletivo nos destacamentos, assembleias, salas de aulas e trabalhos produtivo e cultural e, principalmente, pela melhora das condições de vida.

Nesse período, em que a coletividade de uma antiga geração se reproduziu rapidamente no interior de uma nova geração, Makarenko sistematizou seu método geral e único de educação através da construção da coletividade para as demais instituições para delinquentes juvenis. Em 1927, os colonos de Kuriaj alcançaram uma excelente qualidade de vida, trazendo nova vitalidade e novas esperanças à coletividade. Os gorkianos estavam orgulhosos por terem tirado da miséria e do abandono centenas de meninos e meninas que, como eles, foram marcados no passado pela marginalidade.

Uma nova defensora da Colônia Gorki

Diante do sucesso da experiência da Colônia Gorki, Galina Stakievna Salko*, pedagoga ucraniana da Comissão de Instrução Pública, convidou Makarenko, nesse momento de desenvolvimento da coletividade, para organizar o trabalho de reeducação das colônias infantis. Embora Galina já tivesse entrado em contato com Makarenko em 1922, somente em 1927 conheceu a Colônia Gorki, em Kuriaj, próximo a Kharkov:

> (...) Hoje já está completamente claro que os êxitos e as possibilidades pedagógicas se determinam pela qualidade, quer dizer, pelo conteúdo ideológico de todo o sistema de educação, pelo nível alcançado na elaboração da metodologia e da técnica.

Galina estava apaixonada, tanto pela criatura, a Colônia Gorki, quanto pelo criador, Anton Semionovich Makarenko. Aproximou-se de Makarenko principalmente depois dessa visita. Já havia conhecido mais de duzentas colônias infantis e imaginava que a dos gorkianos não seria diferente. Enganara-se, imaginando que encontraria aquelas formas desorganizadas de viver que influenciavam negativamente na educação das crianças e dos jovens. Ali viviam 500 colonos e 30 funcionários e fora recebida por um comandante do dia e uma garota de catorze anos, responsável pela recepção dos convidados.

Galina estava surpresa: na entrada da colônia, não havia adultos; eram os colonos os donos e senhores de tudo por ali. Fora levada para o local da festa de comemoração do aniversário de Máximo Gorki, com um farto banquete e muitas flores por todos os cantos. Depois das comemorações, percorreu com Makarenko a propriedade coletiva e observou as crianças em atividades diferenciadas, sempre muito interessadas, organizadas e alegres. De repente, sentiu-se como *Alice no país das maravilhas* e Makarenko deveria ser algum mago com seu segredo.

---

* Galina Stakievna Salko tornou-se esposa de Makarenko e trabalhou junto com ele na produção e publicação do *Livro dos Pais*. Após a morte de Makarenko, Galina organizou e publicou entre 1950 e 1952, as obras completas de Makarenko (em sete volumes), junto com I. Kairov e E. Medinski, da Academia de Ciências Pedagógicas da URSS.

Os passeios se estenderam até a hora do baile, com uma orquestra de cinquenta instrumentos. Galina e Makarenko conversaram durante toda a noite, caminhando na escuridão, citando Pushkin e compartilhando as mesmas concepções pedagógicas. Galina parecia conhecer um outro segredo que Makarenko guardara de todos. Sempre protegera-se dos envolvimentos amorosos depois que assumira a Colônia Gorki. Não imaginava poder se entregar a um relacionamento amoroso mais profundo e continuar dedicando-se à difícil tarefa de reeducação. Mas, diante de Galina, alguém como ele, que se importava com as crianças abandonadas tanto quanto ele, tudo era possível...

Na despedida de Galina em sua visita à Colônia Gorki, em Kuriaj, Makarenko convidou-a para novas festas, acentuando a necessidade que os colonos tinham de receber visitas de pessoas amigas. Galina aceitou e voltou inúmeras vezes, discutindo suas preocupações e reforçando suas teses pedagógicas, mesmo que duramente criticadas pela Comissão de Instrução Pública.

Durante os anos de 1926 e 1927, embora tivesse alcançado sucesso em suas propostas pedagógicas, Makarenko foi obrigado a responder a vários processos burocráticos sobre o seu método de trabalho, impedindo o acompanhamento diário da vida da coletividade e o desenvolvimento de suas pesquisas teóricas. Diante dessa experiência, concluiu que a educação deveria, em primeiro lugar, ter uma orientação política muito clara, sem o impedimento da ação burocrática dos "técnicos e especialistas em pedagogia". Em seguida, aproximou-se do Exército Vermelho* dos Sovietes Operários, e da *Tchekà*. Makarenko estava interessado em estudar as formas de organização e de educação política da *Tchekà* e foi convidado a assessorar a construção de uma instituição para crianças e jovens órfãos sob iniciativa do Exército Vermelho.

* Exército Vermelho ou Exército Vermelho de Operários e Camponeses, nome das Forças Armadas, de 1918 a 1946, quando passou a ser denominado Exército Soviético.

Em 1927, Makarenko apresentou um projeto para a unificação de todas as 18 colônias de trabalho da região de Kharkov em um complexo pedagógico único. E, no início, ele conseguiu participar na direção das Colônias Infantis, criadas por Galina Stakievna Salko, como adjunto para o trabalho pedagógico, e Nikolai Eduardovich Fere, como adjunto para a esfera da produção. Mas Makarenko encontrou, no seu caminho, muitos altos funcionários, com poder, já predispostos, pelos seus adversários na Comissão de Instrução Pública, contra o projeto. Os amigos de Makarenko não estavam nos cargos de responsabilidade e nem tinham tempo para lutar contra os seus adversários. Makarenko decidiu abandonar a Direção das Colônias Infantis e mergulhar de cabeça na organização de um novo tipo de coletividade, com apoio da infraestrutura e com liberdade total de direção: a Comuna Dzerjinski.

Vida nova: a separação entre criador e criatura

Em 1927, depois de uma aproximação ainda maior de Makarenko e Galina, a necessidade de construção de uma vida comum tornou-se extremamente forte. Makarenko viu-se desafiado a ter uma vida privada, como todas as pessoas comuns, casando-se com Galina e constituindo uma família. Não poderia seguir sua vida contrariado pelos inúmeros ataques da burocracia da Instrução Pública da Ucrânia. Foi até o fim, defendendo as suas ideias e encontrando novos adeptos por toda República Soviética e também no exterior, entre educadores, intelectuais, pedagogos e pais.

O casamento com Galina reforçou em Makarenko a autoestima abalada pelas injúrias que ouvia, a todo momento, diante das eternas dificuldades do processo de reeducação. Diante do nascimento do filho de uma jovem da colônia, Makarenko foi duramente questionado por representantes da Comissão de Instrução Pública:

– Quer dizer que aqui as suas jovens vivem parindo?

Ofendido, por ele e por suas educandas, não quis conversar seriamente sobre o assunto e encerrou a conversa secamente:

– Quer que lhe fale sério? Já estou farto, estou farto e é só. Vá embora já e não farei protocolo algum!

Junto com Galina teria coragem para dar início a uma nova fase em sua vida e a desenvolver uma experiência pedagógica sem limites. Em dezembro de 1927, era inaugurada a Comuna Dzerjinski com uma bela festa e muitas promessas de uma vida feliz para as crianças e os educadores. Nesse período ainda dirigiu conjuntamente a Comuna Dzerjinski e a Colônia Gorki.

Mas, em 1928, tendo sido julgado como um educador que utilizava um sistema educacional negativo para a formação de novos cidadãos socialistas, Makarenko decidiu demitir-se. Aguardou apenas a visita de Gorki à colônia, em Kuriaj, para afastar-se definitivamente da direção. Retiraria o máximo de educandos já formados sob o seu novo sistema educacional e deixaria a antiga Colônia Gorki sob a coordenação da Comissão de Instrução Pública de Kharkov, passando a dirigir somente a Comuna Dzerjinski*, da *Tcheká*.

E chegou o dia mais triste e mais feliz da Colônia Gorki. Makarenko despedia-se dos colonos e recebia o padrinho dos gorkianos. Junto com os jovens estava um verdadeiro exército de visitantes: pessoas da cidade, automóveis cheios de autoridades, jornalistas, fotógrafos, cinegrafistas. A colônia estava linda, toda enfeitada com bandeiras e grinaldas, flores em todos os cantos. Os colonos estavam espalhados em fileiras ao longo da entrada até o pátio.

E, como num passe de mágica, um senhor alto, de boné branco, saía do automóvel e, com seu rosto de sábio e olhos amigos, sorria e torcia os bigodes com os dedos trêmulos, perguntando a Makarenko:

– Salve! Estes são os teus rapazes?

– Sim, vamos?

* F. E. Dzerjinski (1877-1926) – dirigente da *Tcheká* (Comissão Extraordinária de toda a Rússia para a Luta contra Sabotagem e a Contrarrevolução) e da Comissão para o Melhoramento da Vida das Crianças, em 1921.

Makarenko saboreava aquele momento como uma vitória íntima dos gorkianos: estavam ali os garotos que acreditaram nas palavras do escritor de *Infância* e seguiram o seu caminho. Para Gorki, o momento era também muito especial: ali estavam os leitores para quem viveu toda a sua vida, para fazê-los acreditar numa vida melhor e a construí-la com suas próprias mãos, através da fé na literatura e nos próprios companheiros.

Máximo Gorki, depois da visita realizada em Kuriaj, escreveu em *Pela união dos sovietes*:

> Quem pôde mudar de forma tão radical e reeducar centenas de crianças tão cruel e ofensivamente deformados pela vida? Anton Makarenko é o organizador e o diretor da colônia. Não há dúvida de que é um pedagogo de talento. Os colonos adoram-no sinceramente e falam dele com tal orgulho que até parece que eles mesmos são seus criadores.

Passados oito anos da mais importante experiência pedagógica de Makarenko, ele tinha a certeza de ter desafiado e quebrado os velhos preconceitos de reeducação e construção de novos cidadãos, livres.

Os gorkianos se espalharam pela República Soviética e lutaram para manter viva a chama da Revolução, como comandantes de uma nova vida, como nos versos de Sierguei Iessienin:

> Eu quero ser a vela amarela
> Rumo ao país para o qual navegamos.

Não foi sem resistência que o estalinismo se multiplicou no Estado soviético e no partido, passando a comandar a contraditória sociedade soviética. Muitas velas amarelas emergiam no meio do oceano imenso, buscando novos ventos para chegar a tão sonhada ilha socialista.

CAPÍTULO V

COMUNA DZERJINSKI (1927-1935)

O modelo tchequista

A Comuna Dzerjinski iniciou a sua vida já no mais alto grau de desenvolvimento do sistema pedagógico criado por Anton Semionovich Makarenko. O prédio da comuna fora construído para cem colonos, à beira de um bosque de carvalhos, de frente para Kharkov, com dormitórios amplos e claros, grandes e com belos salões, largas escadarias, com as altas janelas enfeitadas com longas cortinas e quadros distribuídos pelas paredes. Os tchequistas queriam transformar a comuna em um monumento a Felix Edmundovitch Dzerjinski, procurando dar aos garotos abandonados um caminho brilhante.

A vida na comuna iniciou-se com cinquenta gorkianos experientes, mas não os mais velhos que logo se encaminhariam para a *rabfak*. Logo em seguida, foram chegando os meninos abandonados mas considerados de primeira categoria, que sonhavam conquistar uma vida melhor e não apresentavam muitos vícios. Os dzerjinskianos vestiam ternos de lã decorados com largas golas brancas. Em sua orquestra só eram aceitos instrumentos de primeira, só aqueles fabricados em Praga.

Mas as relações desenvolvidas com os gorkianos eram muito diferentes daquelas desenvolvidas com os comunardos. O coletivo dos gorkianos era mais próximo de Makarenko, os elos de amizade eram mais fortes e mais profundos, a autoestima era mais elevada e a luta era intensa, aguçada. Makarenko sentia que fora muito mais necessário aos gorkianos do que aos dzerjinskianos, que contavam também com o auxílio dos tchequistas.

Enquanto trabalhou com a Comuna, Makarenko desenvolveu estudos e escreveu relatos sobre sua experiência, contos, novelas, peças teatrais e romances. Durante esse período, aproximou-se ainda mais de Máximo Gorki que, conhecendo suas experiências, o instigou para que as transformasse em obras literárias. O princípio da relação entre a estética e a ética voltava a ganhar sentido na vida de Makarenko. Era preciso que os leitores experimentassem pela estética o sentimento de criação da coletividade escolar, os seus desafios, as suas lutas e as suas vitórias. Os textos teóricos, restritos a especialistas, não deveriam fazer parte das preocupações exclusivas de Makarenko. Pela literatura Makarenko deveria chegar a um público mais amplo, para que entendesse as possibilidades revolucionárias da pedagogia pela coletividade.

Mas, os olhos de Makarenko também se voltaram para a prática da *Tcheká* no trabalho pedagógico. Observou cada ação dos militantes da *Tcheká* no dia a dia da Comuna e concluiu que serviam de modelo social, como sempre buscara fora da Colônia Gorki. Sabiam trabalhar em comunhão, ajudar, construir algo coletivamente com os educandos, sem se queixar ou tirar proveito, com condecorações. Os tchequistas eram animados, falavam pouco, fugiam dos clichês e dos hábitos desleixados e egoístas. Makarenko percebia a importância da prática de militantes experientes, que sabiam o quanto eram valiosos para colaborar no projeto pedagógico, mesmo que não entendessem de pedagogia. Simplesmente trabalhariam juntos, sob determinada direção pedagógica, mas principalmente junto com a participação autogestionária dos colonos.

Então, em vez de ouvir apenas: "vire-se, você tem que educar o novo homem soviético", ele tinha diante de si o luxo de contar com a participação de novos homens que, como os soldados do Exército Vermelho, organizado por Leon Trotski, haviam sido forjados para uma verdadeira luta contra os inimigos burgueses e sua mesquinha vida cotidiana. Os soldados de Trotski tinham seus uniformes limpos, os botões bem pregados, não desperdiçavam e nem reclamavam da vida. Eram organizados, determinados e positivos no trabalho coletivo. E assim, diante de um coletivo desse tipo, já maduro, ostentando os valores que deveriam ser assimilados, os comunardos eram rapidamente reeducados.

Com os tchequistas, Makarenko compreendeu que suas energias seriam poupadas se, desde o início, a coletividade fosse também constituída de um coletivo de adultos, homens e mulheres, além dos educadores e especialistas, que estivessem diretamente envolvidos com as lutas sociais, políticas, que transpirassem entre as crianças e os jovens as atitudes aprendidas no fragor das batalhas, desde as pequenas, do dia a dia, até as gloriosas, que resultaram no fim do tsarismo e do capitalismo.

Em 1928, era iniciado o período de industrialização e modernização do campo. O I Plano Quinquenal fixava metas a serem alcançadas, que exigiam dos operários e camponeses enormes sacrifícios. Por outro lado, acirravam-se mais ainda os conflitos entre os trabalhadores das fazendas coletivas e os *kulaks*, que se negavam a entregar a produção excedente de grãos. Aumentavam os casos em que as propriedades coletivas eram atacadas e os líderes dos trabalhadores rurais eram assassinados pelos ricos camponeses, na calada da noite.

Além de enfrentar a resistência da burguesia rural, o partido, sob direção de Stalin, definiu um plano de coletivização forçada no campo, no qual também os camponeses pobres foram obrigados a deixar suas terras e trabalhar nas fazendas coletivas.

O jornal diário *Nosso campo* deixou de publicar as centenas de cartas, como esta, que chegavam à redação:

> Companheiros, não é verdade que todos os *bedniaks* [camponeses pobres] e *seredíniaks* [camponeses médios] entram voluntariamente nos colcoses [fazendas coletivas]. Por exemplo, em nossa aldeia de Podbuschie, ninguém entra no colcós voluntariamente. Quando o livro de inscrição circulou, somente 25% assinaram, 75%, não. Eles recolheram as sementes aterrorizando os camponeses com protocolos e detenções. Se alguém fala contra esse procedimento, é ameaçado de prisão e trabalhos forçados. Vocês enganaram-se quanto a isso. A vida coletiva só pode ser criada quando toda a massa dos camponeses entra voluntariamente, e não à força, nos colcoses. Peço-lhes que não publiquem meu nome porque, se souberem, os membros do Partido ficarão irritados.

Entre o fim de 1929 e a primavera de 1930, o próprio Stalin recebeu cerca de 50 mil cartas denunciando a situação dramática do campo. As dificuldades eram relatadas, inclusive por aqueles que eram membros do partido e participavam das fazendas coletivas. Em um dos relatos, um trabalhador mostra a dificuldade de admitir o planejamento estatal de incorporar cem fazendas pela propriedade coletiva, quando o plano inicial era de apenas 12. As brigadas de operários enviados para trabalhar em aldeias com mais de 50 mil habitantes descreviam as dificuldades encontradas para desenvolver um trabalho coletivo com a participação espontânea dos trabalhadores rurais:

> As condições de trabalho não são muito fáceis em virtude de as massas não terem sido trabalhadas antes; por isso, é necessário realizar ainda um longo trabalho de preparação. A aldeia de Kamena, onde 84% das fazendas foram coletivizadas, há muito atraso e dificuldades para o trabalho coletivo. Os brigadistas, sindicalistas e membros do partido trabalham muito, mas em sua maioria não são muito instruídos para auxiliar no trabalho de educação. Os camponeses pobres continuam trabalhando para os camponeses ricos e as mulheres são instigadas pelos *kulaks* contra as fazendas coletivas. É preciso colocar os camponeses pobres na direção da vida social no campo. Os *kulaks* procuram se infiltrar nas fazendas coletivas e obrigar os trabalhadores a não participarem das assembleias. Muitas assembleias eram realizadas com a participação das mulheres.

No lugar da educação e da participação consciente dos camponeses, a utilização da força; a revolução entrava numa profunda crise de identidade. Makarenko percebe, protegido na Comuna Dzerjinski, a necessidade da construção de coletividades que transformassem os trabalhadores em dirigentes da nova sociedade. Mas os acontecimentos dos anos de 1930 tendem a radicalizar no sentido oposto: a educação de novos subordinados.

Já em 1929, com a expulsão de Trotski da URSS pelos stalinistas, poderia se prever o que aconteceria com o proletariado. Todas as formas de contestação e de oposição ao novo plano político e econômico implantado por Stalin seriam destruídas pela lei, pelo medo e pela violência.

A autogestão: o perigoso oásis no deserto dos anos de 1930

Nos anos de 1930, os versos de Vladimir Maiakovski transformaram-se em um alerta: não transformar o socialismo em bronze e mármore da glória. Era o movimento, a participação ativa do proletariado que poderia garantir o desenvolvimento do socialismo. Não se poderia reduzir as ideias revolucionárias em ícones, imagens dos revolucionários transformados em "heróis", em homens santificados.

A arte e a educação deveriam se constituir em armas de um verdadeiro exército incansável de novas formas e novas ideias para alimentar a constituição de novas relações entre os homens, de novas subjetividades e utopias. Elas não haviam se encerrado em outubro de 1917, como mostra Maiakovski, mas estava apenas começando, em contradição com as antigas relações burguesas. Em 1930, a poesia é incorporada pelo poeta. Maiakovski suicida-se, anunciando o fim do período de efervescência cultural dos anos de 1920 e o início de um período de censura, terror e sacrifícios:

> Morre,
> meu verso,
> como um soldado
> anônimo
> na lufada do assalto.
> Cuspo
> sobre o bronze pesadíssimo,
> cuspo
> sobre o mármore viscoso.
> Partilhemos a glória, –
> entre nós todos, –

o comum monumento:
o socialismo,
forjado
na refrega
e no fogo.

Uma nova cultura nascia para criar uma nova subjetividade, produzida pela pequena burguesia do aparato burocrático e repressor stalinista e para inculcar os valores do nacionalismo e do culto à personalidade. Essa outra cultura, na literatura e nas artes plásticas, foi nomeada de "realismo socialista". Romances em que os revolucionários, como no romantismo burguês, eram transformados em heróis, trocando rapidamente a vida pela morte em nome dos grandes chefes da pátria. Os gigantescos painéis pintados para serem expostos em museus, escolas, fábricas, avenidas, apresentavam os novos homens, sempre felizes, saudáveis, em marcha ao lado de burocratas, cultuando o "grande" líder Stalin. Gustav Klutsis se especializou em fazer cartazes com a imagem de Lenin, ou na frente ou atrás da imagem de Stalin. Aleklandr Guerasimov e Vassili Iefanov transformaram a sociedade soviética, em seus painéis, em uma sociedade harmoniosa, com ambientes paradisíacos, dirigidos pelo "iluminado e genial guia" Stalin.

A massificação era colocada no lugar da participação coletiva. O chamado "coletivo", no lugar da participação espontânea do "indivíduo". A proposta de coletividade escolar era deixada de lado. No lugar, seriam construídas escolas para formação de mão de obra qualificada para as necessidades do Estado. Mas essas mudanças não ocorriam sem resistência, sem crítica. Mesmo entre os artistas, havia um movimento de oposição. Contra o culto à personalidade e à massificação do proletariado, Kazimir Malievitch pintava suas telas com homens e mulheres transformados em bonecos sem rosto, sem identidade.

Em 1931, a experiência pedagógica de Makarenko foi popularizada com a exibição de *O Caminho da Vida,* primeiro filme sonoro soviético, dirigido por Nikolai Ekk, que fora ator do teatro revolucionário de

Meierhold. A coletividade gorkiana atravessou as fronteiras da União Soviética e se fez conhecer em vários países. Depois do sucesso do filme, muitos educadores procuraram conhecer de perto as propostas educacionais de Makarenko e conferir se o roteiro havia se inspirado em ficção ou realidade. O mundo veio ao seu encontro, rapidamente, antes mesmo que pudesse imaginar a repercussão que a sua experiência pudesse causar, inclusive nos países capitalistas.

O trabalho detalhado, profundo e contínuo de reeducação das crianças e jovens e de construção da coletividade exigia de Makarenko uma enorme concentração de esforços, não lhe restando muito tempo para conhecer outras realidades. O trabalho de autogestão era um desafio que necessitava de um esforço inicial enorme de quem a dirigia, mas depois passava a se movimentar com energia própria, necessitando apenas de uma reflexão crítica para a tomada de decisão coletiva e direcionamento das ações.

Ao se referir sempre às teses leninistas, lembra-se das experiências revolucionárias dos anos de 1920, muito diferentes dos novos sentidos que lhe foram dados com o transcorrer dos anos de 1930. No final da década de 1920 e início da década de 1930, a URSS passava por violentas transformações políticas, acirrando as lutas entre as facções do Partido Comunista, depois da morte de Lenin, em 1924. Segundo Trotski, é nesse período da ausência de um operariado revolucionário, quando a educação da juventude é antes de tudo técnica, nacionalista, "conservadora", que o estalinismo cresce e se desenvolve, tornando-se hegemônico:

> A Revolução de Outubro divide-se, devido à doença e morte de Lenin, em dois períodos que se irão diferenciando um do outro quanto mais nos afastamos dela. O primeiro período foi a época da tomada do poder, da instituição e do fortalecimento da ditadura do proletariado, da sua defesa militar, das medidas essenciais a que se teve de recorrer para determinar a sua via econômica. Todo partido tem, nesse momento, a consciência de ser o pilar da ditadura do proletariado; é dessa consciência que tira sua segurança interna.
>
> O segundo período se caracteriza pela existência no país de um número crescente de elementos de dualidade do poder. Por efeito de uma série de causas materiais e morais, de ordem interna e externa, o proletariado, que conquistou o poder em

> outubro, é afastado e relegado a segundo plano. Ao lado dele, detrás dele, por vezes mesmo a sua frente, elevam-se outros elementos, outras camadas sociais, facções de outras classes, que açambarcam uma boa parte, senão do poder, pelo menos da influência sobre este. Estas outras camadas: funcionários do Estado, de sindicatos profissionais e das cooperativas, as profissões liberais e os intermediários, formam cada vez mais um sistema de vasos comunicantes. Ao mesmo tempo, pelas suas condições de existência, hábitos e maneiras de pensar, estas camadas estão separadas do proletariado ou separam-se dele cada vez mais. Em definitivo, nesta camada devem ser incluídos os funcionários do partido, na medida em que formam uma casta solidamente constituída que, não tanto pelos meios interiores do partido, como pelos meios do aparelho de Estado, asseguram sua própria inamobibilidade.
>
> Pela sua origem e tradições, pela origem de sua atual força, o Poder Soviético continua a se apoiar no proletariado, se bem que cada vez menos diretamente. Mas, através das camadas sociais enumeradas, cai cada vez mais na esfera da influência dos interesses burgueses. Essa pressão torna-se tanto mais sensível quanto uma grande parte, não só do aparelho do Estado mas também do aparelho do partido, se tornam agentes, senão consciente, pelo menos efetivo, das concepções e das esperanças burguesas. Qualquer que seja a sua fraqueza interior, a nossa burguesia tem, e com razão, a consciência de ser uma facção da burguesia mundial e de constituir os mecanismos de transmissão do imperialismo mundial. Mas também a camada inferior da burguesia está longe de ser desprezível. Na medida que a economia rural se desenvolve sobre as bases individuais do mercado, brota fatalmente do seu seio uma numerosa pequena burguesia rural. O mujique enriquecido, ou que só pensa em enriquecer, e que se choca com as barreiras da legislação soviética, é o agente natural das tendências bonapartistas. Esse fato, demonstrado por toda evolução da história moderna, foi mais uma vez comprovado pela experiência da República Soviética.

Esta análise feita por Trotski em Constantinopla, em 1º de maio de 1929, apontava para as contradições que ficariam ainda mais claras na década de 1930, principalmente com a pressão imperialista e a organização do proletariado para desenvolver a industrialização e especificamente a indústria bélica. A ideologia do socialismo nacional, o crescimento econômico a qualquer custo e o sentimento de patriotismo contra os inimigos imperialistas tinham agora uma nova realidade objetiva, que apontava para o ultracentralismo do Estado, o fim das oposições, as perseguições e eliminações políticas, em troca de uma promessa de melhora das condições materiais de vida.

A Comuna Dzerjinski constituiu-se na fase de maior sofisticação da experiência pedagógica de Makarenko, contando ainda com parte do antigo coletivo da Colônia Gorki, para a realização do último desafio: construir uma escola de formação superior e uma indústria de equipamentos materiais necessários à economia soviética. É o período de maior sistematização da proposta de autogestão e de desenvolvimento de seus órgãos. Instalada em prédios novos, com a aparência de palácios, construídos pelo Exército Vermelho, a Comuna Dzerjinski passou por três momentos fundamentais: o trabalho de marcenaria para a acumulação de dinheiro e a implantação de uma indústria moderna, de fabricação de furadeiras com tecnologia nacional e a de produção de máquinas fotográficas para exportação.

A Comuna também foi formada por um novo tipo social de educando: uma minoria de crianças que viveram nas ruas, roubando ou prostituindo-se, e uma maioria de crianças que trabalhavam em sub-empregos e fugiram de casa. A partir daí, Makarenko foi desafiado a pensar sobre as formas de educação da personalidade coletivista no meio familiar e defendeu a tese de que era possível organizar a família como uma coletividade, auxiliada sempre pela coletividade escolar.

Em *Bandeiras nas Torres,* Makarenko narrou, na forma de ficção, os resultados dessa experiência entre os anos de 1932 e 1935, quando então se afastou para trabalhar em Moscou. As experiências revolucionárias no campo da educação caíram no isolamento. A exigência do desenvolvimento econômico acelerado determinou novos fins para a educação soviética: fabricar novos "combatentes" para a URSS. O conceito de produtividade do "taylorismo" e, em seguida, do "fordismo" entrou por todos os poros da experiência de Makarenko nesse período. Os educandos passaram a ser chamados de "matéria-prima" e aqueles que não se transformaram em "coletivistas" foram discriminados com os nomes de "refugos", "produtos com defeitos de fabricação".

Ao mesmo tempo, a preocupação estética, já presente em suas propostas pedagógicas desde 1905, desenvolveu-se com força, visando a criação da sensação de conquista de uma nova relação social, numa nova sociedade, num novo mundo. A Comuna Dzerjinski, como outras experiências revolucionárias, transformou-se numa ilha autogestionária em meio aos destroços do mundo socialista da era stalinista:

> O miliciano e Igor chegaram rapidamente ao fim da clareira. O miliciano estava contente por terminar a sua missão. Igor também estava contente: 'vida nova' abria-se diante dele. Através do atalho, viam-se telhados, e o caminho desembocou logo num campo, num verdadeiro campo de centeio aromatizado, com flores nas margens. Para além do campo, a floresta cobria todo o horizonte e a colônia encostava-se aos bosques. Num dos edifícios, em altos mastros, flutuavam duas bandeiras. Bandeiras de uma forma especial, estreitas e compridas, como Igor tinha visto outrora nos palácios, nas imagens dos contos.

A partir do momento em que Makarenko, fora do controle da Comissão de Instrução Pública da Ucrânia, com o apoio material inicial da *Tcheká*, pôde levar às últimas consequências as suas propostas pedagógicas, chegou à confirmação total, detalhada e exaustiva do método geral e único de organização da coletividade como educadora da personalidade coletivista, do novo homem socialista. No entanto, como poderia generalizar essa experiência se ao seu redor a educação estava voltada para o ensino técnico, profissionalizante?

Educar o proletariado para o comando

Em meados dos anos de 1930, diante do processo de cristalização do socialismo nacional, da centralização do Estado e da ausência de um movimento de participação efetiva do proletariado na vida social e individual, Makarenko preocupou-se em discutir a falta de iniciativa de educandos e educadores na criação da nova vida, socialista. Vivendo sob o impacto da rápida industrialização e urbanização da URSS com o sacrifício das massas e, ao mesmo tempo, com o retrocesso da participação do proletariado, Makarenko compreendeu que a educação comunista não poderia ser resolvida apenas no campo estrito da pedagogia, mas, sim, também da política.

Retomou Lenin, no período inicial da revolução, para buscar os princípios da "pedagogia dos comandantes" em *O Estado e a Revolução*. O grande desafio da revolução bolchevique era manter a participação ativa das massas e de desenvolvê-la para a construção da sociedade socialista. O proletariado deveria aprender a comandar a sua própria vida, a produção, o consumo e a vida socialista, de modo geral. E, no entanto, até então o operário, o camponês, o intelectual só realizavam as antigas tarefas colocadas pelos exploradores do passado, sem participar das decisões. A revolução chamava o proletariado a comandar. E isto significava aprender a subordinar os antigos senhores da sociedade.

> Agora, uma das mais importantes tarefas, se não a mais importante, é desenvolver, tão amplamente quanto possível, esta iniciativa independente dos operários e de todos os trabalhadores e explorados em geral na obra criadora do trabalho organizativo. Custe o que custar, é preciso destruir o velho preconceito absurdo, selvagem, infame e odioso, de que só as chamadas 'classes superiores', só os ricos ou os que passaram pela escola das classes ricas, podem administrar o Estado, dirigir a construção organizativa da sociedade socialista.
> (...) Os operários e os camponeses são ainda 'tímidos', ainda não estão habituados à ideia de que são eles agora a classe dominante, ainda são insuficientemente decididos. A revolução não podia criar de repente estas qualidades em milhões e milhões de homens obrigados, pela fome e pela necessidade, a trabalhar debaixo de chicote a vida toda. Mas a força, a vitalidade, a invencibilidade da Revolução de Outubro de 1917 consiste precisamente em que desperta estas qualidades, quebra todos os velhos obstáculos, rompe as velhas peias, conduz os trabalhadores para o caminho da criação independente da nova vida.

A dificuldade em se desenvolver a iniciativa do proletariado em sua tarefa de gestão da nova sociedade baseava-se na sobrevivência das formas de organização capitalistas que ainda não haviam sido destruídas. Lenin havia observado o fato de as massas trabalhadoras não estarem ainda, em sua maioria, organizadas em comunas ou que as comunas existentes não tivessem ainda a força da iniciativa e do comando do proletariado. Nisto reside o empenho de Makarenko ao buscar construir o método de organização e desenvolvimento das coletividades. Desde a sua origem e em toda a sua vida, a coletividade deveria desenvolver a autogestão consciente e planejada.

Nessa perspectiva, a autogestão deveria ser estudada em seu aspecto teórico e prático na própria constituição das coletividades nas fábricas, fazendas, escolas etc. A compreensão dos problemas surgidos em cada um desses coletivos e a criação de novas propostas com a participação de todos os trabalhadores, no processo de autogestão, criaria uma nova geração de proletários comandantes, mas que não se fechassem em suas comunas, que participassem efetivamente das decisões políticas mais amplas.

Em 1938, Makarenko pode ainda reconhecer os erros da inculcação política e a formação de trabalhadores sem iniciativa:

> Em minha prática, tenho diferenciado, e continuo a fazê-lo, a instrução política e a educação política e creio que cometem um grande erro os pedagogos que se dedicam exclusivamente à instrução política. Há muitos pedagogos, komsomóis e guias de pioneiros convencidos de que, se um garoto ou garota conhece as noções políticas, a história da Revolução de Outubro... a dos últimos anos da construção do socialismo, nosso potencial militar e industrial, em seu juízo, estas crianças estão politicamente educadas.
>
> Lamentavelmente, presenciei em minha prática que estes conhecimentos por si só não realizam a educação política do homem. Há casos em que um rapaz sabe muito bem o que corresponde ao programa escolar, lê os periódicos e pode fazer informes e expressar-se em suas intervenções com agradável correção, mas por sua conduta, por sua atitude frente à coletividade, à da colônia ou comuna, a coletividade de todo o Estado, aparece com uma fisionomia não soviética.
>
> Em outra situação, tenho conhecido casos contrários, um garoto ou garota aparentemente atrasado na instrução política, que confunde as datas dos congressos e não tem clareza às vezes sobre questões fundamentais da história política, mas que, por seu caráter, por sua alma, por toda sua personalidade, era para mim claramente 'nosso'.

Segundo Makarenko, a instrução e a educação políticas seriam partes diferenciadas de uma mesma iniciativa: a transformação da massa trabalhadora, de subordinada, em comandante. Makarenko concluiu que não havia possibilidade de existir uma sem a outra se se pretendesse transformar a sociedade numa autogestão de trabalhadores. E o método encontrado por Makarenko foi o de organizar a vida cotidiana com a participação proletária através da disciplina, da organização coletiva e da criatividade. Radicalizou a autogestão e especializou os seus órgãos, sofisticando o trabalho de sala de aula, os círculos culturais e, principalmente, o seu conceito de estética como expressão simbólica das novas relações sociais.

Makarenko, utilizando-se do personagem Zakharov (nome fictício que deu para si próprio), em *Bandeiras nas Torres,* explicou as dificuldades da nova pedagogia soviética nos anos de 1930:

> Zakharov também passou por esta rude escola, a do otimismo. O novo nascia numa ganga espessa de antigo: as velhas desgraças, a fome, a inveja, os corações azedos, a balbúrdia e a confusão humanas, e outras coisas mais perigosas ainda: as velhas vontades, os velhos hábitos e as velhas concepções da felicidade. O velho revelava-se sob mil formas e não queria morrer em paz; inchava, atravessava-se na estrada, enrolava-se em roupagens e em palavras novas, insinuava-se por toda a parte, pronunciava discursos e confeccionava leis sobre a educação. Até se lembrava de escrever artigos onde se armava em defensor da 'pedagogia soviética'.
> Foi um tempo em que este espírito do passado, usando as expressões mais novas, cobria de sarcasmos a obra de Zakharov, enquanto exigia dele prodígios e milagres. Empenhava-se em propor-lhe enigmas de uma burrice fabulosa, formulados em termos requintadamente científicos, e quando ele sucumbia sob um peso real, o passado apontava-o a dedo, gritando: – Fracassou!
> No decorrer de todos esses mal-entendidos, os anos passavam, trazendo consigo muito de novo que fornecia já ampla matéria para pensar. De toda a parte, de todos os acontecimentos de que o país era teatro, de cada linha impressa, de todo o maravilhoso desenvolvimento dos sovietes, de cada homem soviético vivo afluíam à colônia ideias, exigências, normas e padrões de medida.
> (...) A nova pedagogia não era o parto tormentoso de um espírito de gabinete, mas nascia de uma atividade viva, humana, das tradições e das reações no seio de uma coletividade real, com suas formas de amizade e de disciplina. Esta pedagogia tinha nascido em todo o território da União, mas não se encontrava em toda parte a paciência e a perseverança necessárias para colher os seus primeiros frutos.

Makarenko retomou o passado, na luta contra as expressões sociais do capitalismo e sua ideologia, e espiritualizou a luta de classes através do "velho" e do "novo". O que seria o velho? Como definir o novo? O sentimento de que o velho não queria morrer e se vestia de novo era o retrato da desfiguração da revolução no duplo poder analisado por Trotski. Mas, como saber que o velho fora enterrado e que o novo triunfara? As forças sociais revolucionárias, o novo, nascido do velho, não teriam sucumbido sob a direção de um Estado conservador?

Assim colocado, o problema da revolução não poderia ser resolvido, pois que para os países atrasados como no início da URSS o novo era o próprio processo de desenvolvimento do capitalismo, a implantação do capitalismo, a racionalização do trabalho e o aumento da produtividade. Até mesmo os sindicatos eram instituições recentes e um Estado que respondesse às necessidades sociais básicas era quase "um sonho otimista" para aqueles que viveram sob o Estado tsarista.

Na verdade, no período da Comuna Dzerjinski, Makarenko comemorou o triunfo de um método e não da realização plena da coletividade e do socialismo. Isto porque a coletividade, método geral e único de educação da personalidade coletivista, organismo social constituído na luta de classes, só poderia ter seu desenvolvimento pleno sob as pressões reais, "tormentosas", dos confrontos vividos nos períodos anteriores. Ao contrário da Colônia Gorki, caracterizada pela luta revolucionária e pelos saltos de qualidade, a Comuna Dzerjinski, colada às determinações do Estado, viveu um desenvolvimento econômico e uma "harmonia" idealizada, isolada. Voltada para si própria, a coletividade desenvolveu ao máximo seus organismos de autogestão, chegando a um nível de "preciosismo", de "triunfalismo" típico de meados dos anos de 1930.

No final de sua experiência, procurou entender o funcionamento desse sistema complexo, observando os órgãos de autogestão em suas constituições específicas e em suas relações de dependência, para o desenvolvimento da coletividade: a Assembleia Geral, o Conselho dos Comandantes, o Centro Pedagógico, o Coletivo de Professores.

Era o período do desenvolvimento da "lógica", do "método", voltado para si próprio, como uma experiência "científica", voltada para a "experimentação prática" e não como produto de um "parto tormentoso de um espírito de gabinete". Mas, ao chegar aos resultados esperados, Makarenko olhou ao seu redor e compreendeu que estava isolado.

Educação e trabalho: a polêmica em torno do "taylorismo"

Na Comuna Dzerjinski, Makarenko conseguiu desenvolver ao máximo as experiências produtivas, levantando hipóteses e criando teses sobre a relação entre o trabalho e a educação/instrução. O método de trabalho "taylorista" empregado na produção fora utilizado por Makarenko em suas experiências no campo da industrialização, mas apenas como meio de obtenção de maior produtividade. Estava já cético sobre a necessidade de implantação do estudo do "taylorismo" na sala de aula, pois considerava-o um meio "capitalista" de produção e não uma concepção "científica" de organização do processo de trabalho.

A questão do "taylorismo" nas escolas e fábricas soviéticas surgiu, de modo polêmico, no primeiro período da revolução. A influência da teoria de Taylor nas propostas leninistas sobre o aumento da produtividade apareceu como reflexo de um período de transição em que o capitalismo, retornando aos processos manuais de trabalho, parecia ter dado um novo salto científico. Em vez de fazer avançar para um patamar mais desenvolvido, as técnicas "tayloristas" de produção estavam fazendo a economia socialista recuar diante da incapacidade de revolucionar as forças produtivas como um todo. No entanto, para a realidade da URSS, esse recuo à "manufatura taylorista" era um avanço em relação à sociedade tsarista, pois até a produção fabril era ainda recente. Assim, as orientações de Lenin no sentido de conhecer as técnicas capitalistas de aumento da produção foram levadas de modos diferenciados para o interior das escolas.

> Aprender a trabalhar – esta é a tarefa que o Poder Soviético deve colocar em toda a sua envergadura perante o povo. A última palavra do capitalismo neste aspecto, o sistema de Taylor – tal como todos os progressos do capitalismo – reúne em si toda a refinada crueldade da exploração burguesa e uma série de riquíssimas conquistas científicas no campo da análise dos movimentos mecânicos no trabalho, a supressão dos movimentos supérfluos e inábeis, a elaboração dos métodos de trabalho mais corretos, a introdução dos melhores sistemas de registro e controle etc. A República Soviética deve adotar a todo o custo as conquistas mais valiosas da ciência e da técnica neste domínio. A possibilidade de realizar o socialismo é determinada precisamente pelos nossos êxitos na combinação do Poder Soviético e da organização soviética da administração, com os últimos progressos do capitalismo. Há que se criar na Rússia o estudo e o ensino de Taylor, a sua experimentação e adaptação sistemáticas. Ao mesmo tempo, caminhando para a elevação da produtividade do trabalho, é preciso

> ter em conta as particularidades do período de transição do capitalismo para o socialismo, que exigem, por um lado, que sejam lançadas as bases da organização socialista da emulação e, por outro lado, exigem a aplicação da coação para que a palavra de ordem de ditadura do proletariado não seja maculada por uma prática de brandura excessiva do Poder Soviético.

Makarenko, observando a validade de novos meios que desenvolvessem a produtividade, levou a experiência "taylorista" para a Comuna Dzerjinski e, junto com os educandos, concluiu que, no próprio processo de trabalho, segundo a nova divisão do trabalho, dificilmente poderiam obter um conhecimento científico, amplo, sobre as transformações ali ocorridas. Compreendeu que, no momento exato da realização do trabalho produtivo, não poderia desenvolver o conhecimento científico e a ampliação cultural das novas gerações. Separou o momento da produção e das necessidades de aumento da produtividade, para a sobrevivência da própria coletividade, do momento anterior e seguinte, do planejamento e do estudo científico na sala de aula.

> ... Convenci-me de que a rigorosa divisão do trabalho em pequenos processos é de muita utilidade. Quando observamos apenas frontalmente este processo produtivo em ação, nos causa uma impressão deprimente, mas quando temos em conta seus resultados à frente, não vemos nele nada de estranho. Certo que cada garoto ou garota faz num momento dado uma só operação que, a primeira vista, não lhe proporciona nenhuma qualificação, mas quando o educando passava vários anos na comuna, realizava uma infinidade de operações distintas, culminando com o entalhamento definitivo do objeto como operação mais complicada e outras que fazem dele um trabalhador qualificado, necessário na ampla produção social, não para a produção artesanal.

A coletividade assumiu o caráter de desenvolvimento e conquista das novas condições materiais através do controle autogestionário dos meios de produção. As forças produtivas foram desenvolvidas até o limite das condições gerais da URSS, isolada em seu socialismo nacional. O trabalhador, como comandante, na Comuna Dzerjinski, experimentou as novas condições da divisão de trabalho, preocupado em resolver os problemas de produção para a própria coletividade e para o Estado.

Makarenko buscou formar a nova geração de comandantes, não como profissionais qualificados, mas como trabalhadores capacitados politicamente a desenvolver as forças produtivas e a comandar a nova sociedade. Mas, antes de tudo, a força social da coletividade era seu próprio movimento autogestionário, subordinado-se ao coletivo.

O limite entre o trabalho com fins capitalistas e o trabalho para a construção da sociedade sem exploração era quase que imperceptível e muitas vezes a educação pelo trabalho na URSS se transformou na educação para o trabalho capitalista. Deste modo, Makarenko reafirmou a necessidade de retomar os rumos da revolução a partir da organização da escola como coletividade, além de toda a sociedade socialista. O coletivo deveria ter força suficiente para dominar e direcionar as tarefas capitalistas, desenvolvendo as forças produtivas e arrebentando com as antigas relações sociais, no seu interior, a partir de seu movimento constante. A coletividade deveria garantir, em sua estrutura e funcionamento, o desenvolvimento da iniciativa e do comando, impedindo que no desenvolvimento da produção, sob as técnicas ainda capitalistas, renascessem os antigos chefetes e seus subordinados.

Com o aumento da produtividade e a conquista de uma nova qualidade de vida, Makarenko defendeu, junto à direção da Comuna, a redução da jornada de trabalho para duas horas diárias e o aumento do tempo de estudo para seis horas. A direção rejeitou a proposta de Makarenko, seguindo a orientação geral de Stalin para o aumento da produção, sugerindo, ao contrário, a ampliação da jornada de trabalho de quatro para seis horas diárias.

Mais uma vez, Makarenko entrava em conflito com as concepções educacionais dominantes, mas fora obrigado a aceitar, depois de negociações com a direção da Comuna, a proposta de quatro horas para o trabalho produtivo e quatro horas para o estudo. Para ele, o trabalho produtivo deveria ter como princípio a necessidade social da coletividade, procurando aumentar, sempre que possível, o tempo de estudo para a formação do trabalhador culto.

Na Comuna Dzerjinski, a educação pela arte ganhava tanta importância quanto a educação pelo trabalho, no sentido politécnico. A experiência estética ganhava sentido diante da necessidade de criação dessas novas relações sociais. A estética de Makarenko reafirmava o sentido ético de novas relações socialistas. Quando Gorki esteve em visita na Comuna Dzerjinski, observou essa preocupação estética, que reafirmava uma nova ética:

> Além da colônia de Kuriaj vi também a colônia de Dzerjinski, próxima de Kharkov. Nesta última, somente havia uma centena ou uns cento e vinte meninos e era evidente que havia sido fundada para demonstrar o ideal de uma colônia infantil de trabalho para 'infratores da lei que são um perigo para a sociedade'. (...) As crianças vestem uma cômoda roupa de trabalho, os dormitórios são espaçosos, boa roupa de cama, banhos, duchas, salas limpas e claras para as classes, salão de reuniões, uma rica biblioteca, abundância de manuais de estudo, onde existe brilho e limpeza, tudo é exemplar, 'demonstrativo', e tem as crianças tão sãs que parecem ter sido escolhidas 'para expô-las'. Na colônia podem aprender muito os organizadores dessas instituições. Anexo à colônia, há uma rica fazenda coletiva, em cujos campos as crianças trabalham no verão.

A educação pelo sinal estético fazia parte do estilo dominante da vida coletiva, na concepção de Makarenko:

> Quando chegamos à estética como resultado do estilo, como seu índice, começamos a contemplá-la já como um fator por si mesmo educacional... A coletividade tem de se embelezar exteriormente. Por ela, inclusive quando a nossa era pobre, a primeira coisa que fiz foi construir um campo de flores sem me preocupar com o seu custo. E cultivamos especialmente rosas, não florzinhas de má sorte. Contávamos sempre com uma grande área com flores, das maiores e mais formosas. Flores que adornavam os dormitórios, refeitórios, aulas, salas de reunião e também as escadas. (...) Mas, quanto ao uniforme, estive disposto a ir mais longe. Imagino que as crianças devem vestir com tal gosto e elegância que inspirem admiração. Em tempos passados, eram as tropas as que vestiam os melhores uniformes. Era um luxo das classes privilegiadas. Em nosso país, a camada privilegiada da sociedade, que tem direito a se vestir melhor que todos, devem ser as crianças. Eu não me deteria perante nada contanto que cada escola fosse vestida com um magnífico uniforme. Isto unifica admiravelmente a coletividade. (...)

Na Comuna Dzerjinski, as crianças e os jovens foram vestidos com os mais belos uniformes, mas, fora da comuna, as crianças camponesas continuavam mal vestidas e mal alimentadas. A ordem de Stalin era aumentar a produção agrícola, mas as fazendas coletivas mal conseguiam produzir para o seu consumo. Resultado: o recolhimento da produção pelo Estado se transformava, na Ucrânia, em violentas lutas entre burocratas e trabalhadores.

A luta no interior da direção cultural e educacional

Krupskaia, nos anos de 1920, tendo aceito a proposta dos "profissionalistas" do Comissariado de Instrução Pública, reconhecendo que a URSS tinha uma realidade econômica diferenciada, com cidades mais avançadas e aldeias muito mais atrasadas, acabou por reconhecer, nos anos de 1930 a dificuldade de se obter uma transformação radical do sistema de ensino soviético. As escolas de sete graus, em sua maioria profissionalizantes, baseavam-se na monotécnica e formavam, não só mão de obra especializada, mas também uma extração social voltada apenas para o aumento da produtividade e não para a efetivação da sociedade sem classes.

Quando Makarenko dirigiu-se à Colônia Kuriaj com os gorkianos, encontrou essa outra realidade das "aldeias mais atrasadas" e mostrou o quanto a sua permanência até o final dos anos de 1920 se devia à crença de que poderia haver uma "evolução natural". Nessa passagem entre as condições economicamente mais desenvolvidas de Trepke, de onde vieram, para as péssimas condições em Kuriaj, Makarenko relatou a situação de isolamento dos coletivos socialistas, que abandonavam os locais conquistados para se lançarem a um outro ainda não conquistado. Deste modo, as concessões dos anos de 1920 apenas fortaleceram as tendências pela manutenção das desigualdades sociais, na educação, através das escolas profissionalizantes.

Makarenko era uma das expressões da orientação geral da pedagogia socialista, com todas as suas contradições e divergências. No interior da Comissão de Instrução Pública (*Narkompros*) havia o debate de ideias conflitantes, chegando a três orientações de consenso (pelo menos no seu programa geral), nos campos: teórico, cultural e científico e político. O primeiro se refere a uma orientação para o desenvolvimento dos instintos sociais, a partir das relações informais entre alunos e professores, como educação evolutiva. O segundo se refere a uma orientação democrática do trabalho científico-cultural, ou seja, limitando a ação do Estado apenas como proporcionador de subvenções necessárias ao desenvolvimento da arte e da ciência. O terceiro se refere à garantia de igualdade de direitos na educação, ou seja, a educação geral universal, tanto em nível primário quanto secundário, politécnico e não profissional.

Makarenko foi uma das expressões dessas orientações em conflito, mais distante de Lunatcharski, na direção da educação e da cultura da União Soviética. Sempre esteve mais distante das teses do espontaneísmo e mais próximo do coletivismo na educação. No entanto, negou a educação evolutiva, buscando a educação politécnica, mas afirmando uma espécie de pragmatismo da teoria pedagógica, ao defender a transformação da pedagogia socialista num método de criação de técnicas eficazes. A sua contribuição, no entanto, não se encontra na radicalização de uma visão experimentalista da pedagogia, mas justamente no fato de ter compreendido a necessidade de tomar o processo pedagógico como objeto de estudo, compreendendo a coletividade como uma organização social que deveria ser constituída segundo as necessidades e as capacidades do coletivo organizado, em cada uma de suas fases.

Makarenko criou algumas ferramentas de análise da sociologia da educação, mas partindo do campo da pedagogia para o campo da sociologia. O desafio "criar o novo homem" perdeu suas características abstratas. No próprio processo de educação, foram experimentadas novas e reais relações sociais. E essas novas relações sociais, inspiradas pela revolução, foram criadas no interior da comuna, como obra da pedagogia, dos educadores e dos educandos. A subordinação do indivíduo ao coletivo não se daria como uma forma de desenvolvimento espontâneo da personalidade coletivista, mas apenas sob as "explosões" provocadas pela coletividade. Mas a subordinação ocorreria entre os iguais, na participação, na autogestão da coletividade, em que cada um dos educandos e dos educadores são também comandantes, donos de seus próprios destinos.

O conceito de coletividade em Makarenko, tendo por interlocutores Lenin e Krupskaia nos anos da Revolução de Outubro e, principalmente, nos anos de 1920, apresentou maior fertilidade, maior flexibilidade para a constituição da pedagogia socialista do que nos anos de 1930. Embora tivesse conquistado a liberdade de atuação, longe da supervisão da Comissão de Instrução Pública, distanciou-se das demais experiências educacionais, envolvido com a constituição da autogestão da Comuna Dzerjinski junto ao departamento da *Tcheká*, do Exército Vermelho.

A coletividade passou a significar, no estalinismo, a subordinação do indivíduo ao coletivo, ao Estado, ao partido, à burocracia e, finalmente, ao "guia genial dos povos", Stalin. Apropriada pelo estalinismo, a palavra coletividade era sinônimo de negação do indivíduo nos rumos de sua própria história.

Em 1934, os processos de Moscou revelaram a dura realidade da condenação de milhares de revolucionários soviéticos à deportação, aos trabalhos forçados e até à morte. Cerca de 40 mil militantes foram expurgados, fazendo desaparecer o antigo partido comunista do tempo de Lenin e de Trotski. Nesse mesmo ano, morreu Vigotski, quando foi publicada sua obra *Pensamento e linguagem*. A psicologia vigotskiniana apresentava a possibilidade de fertilizar a nova educação com teses que questionavam o espontaneísmo, o individualismo, o biologismo, presentes nas concepções de psicólogos e pedagogos soviéticos.

Mas, nos anos seguintes, as teses de Vigotski serão rejeitadas e seus livros terão o mesmo destino que muitas produções científicas e culturais desse período: a censura, a proibição e o esquecimento.

Mas o movimento revolucionário ainda não havia cessado. Não era sem resistência que o estalinismo foi se constituindo como um sistema político e econômico da sociedade soviética. Os anos de 1930 também expressaram os embates entre as teses leninistas e as teses stalinistas no campo social e cultural. Por isso, quando foi convidado a participar como membro da União dos Escritores Soviéticos, em julho de 1934, Makarenko não vacilou. Aceitou sua nova tarefa de escritor, mesmo sabendo que essa nova instituição, criada em 1932, havia sido colocada no lugar da Associação Russa dos Escritores Proletários (RAPP), contra as determinações stalinistas de 1928 de "propaganda socialista", como um setor diretamente controlado pelo Partido.

Em setembro de 1935, Makarenko foi convidado a ser auxiliar de Direção das Comunas de Trabalho do Comissariado do Povo do Interior da República Socialista Soviética da Ucrânia. Aos 47 anos, deixou a Comuna Dzerjinski e entendeu que sua nova tarefa seria lutar para generalizar as conquistas realizadas em suas experiências educacionais. Já havia escrito nos anos de 1930 grande parte de suas obras literárias, entre elas *Poema Pedagógico*, em que relata a experiência na Colônia Gorki, mas sua preocupação principal ainda era a direção da Comuna Dzerjinski. As discordâncias quanto às orientações de Makarenko para o trabalho produtivo sinalizava para a crise o fim dessa experiência educacional em 1937, dois anos depois do afastamento de Makarenko, em 1935.

Ao afastar-se da Comuna, Makarenko conquistou uma nova fase em sua vida: escritor, teórico e propagandeador de suas teses educacionais. Era preciso quebrar o isolamento e chegar ao máximo de pessoas, especialmente educadores, para recuperar o debate cultural dos anos de 1920. A coletividade escolar deveria ser a célula social da sociedade socialista na qual as crianças e os jovens poderiam, não apenas se educar, mas também ouvir e falar, criar propostas, decidir sobre sua vida.

Entre todas as outras coletividades, a familiar, as organizações como a dos pioneiros e mesmo o *Komsomol*, a coletividade escolar deveria ganhar centralidade para educar, através da ação pedagógica, as novas gerações para uma subordinação entre iguais e para o comando. Os pais poderiam se unir às atividades escolares para a criação de uma educação mais profunda de seus filhos. Nas teses de Makarenko, a violência do Estado deveria ser substituída por uma prática pedagógica sem precedentes na história da humanidade: a coletividade escolar.

CAPÍTULO VI

ESCREVENDO E FALANDO AOS CAMARADAS (1935-1939)

Em 1935, Makarenko mudara-se com Galina para Kiev, mas ainda não se acostumara com seu novo ritmo de vida. Manteve sua produção literária, mas agora era convidado para falar aos pais e professores em várias cidades da União Soviética. O trabalho silencioso de cerca de 16 anos com as coletividades educacionais ganhava o mundo das palavras e caía feito pedra e chuva sobre a cabeça de milhares de educadores. Suas palavras ganhavam a força da poesia e penetrava nos ouvidos incrédulos de pais e diretores de escolas.

Os debates se estendiam por dias e noites, em viagens sem fim. As palestras de Makarenko se transformavam em trocas de experiências, em momentos para se repensar os modelos educacionais dos anos de 1930. A "Escola do Trabalho" de Kerschensteiner, defendida por Shulgin e Pistrak na União Soviética, era aceita em grande parte das instituições de ensino soviéticas, tomando a formação profissional como princípio para a constituição do homem comunista: com habilidades e competências desenvolvidas para o trabalho e uma moral de subordinação ao Estado. Pistrak e Shulgin trouxeram para o debate as concepções educacionais do anatomista Pirogov, do escritor Belinski do século XIX. Eram discutidas também as contribuições do escritor Chernisheviski e do fisiologista Pavlov, dessa geração anterior à revolução.

Dentre essas concepções, Makarenko procurou discutir o equívoco do "fetichismo do trabalho" e o espontaneísmo nas relações sociais. Como nos versos de Ossip Mandelshtam, quanto mais limpava o seu arado de ferro, mais prateava sua voz. Makarenko transformara-se em um orador e sua obra ganhava o estilo do contador de histórias, de agitador e propagandeador de teses educacionais dos anos de 1920:

> Como pedra do céu na terra, um dia
> Um verso condenado caiu, sem pai, sem lar;
> Inexorável – a invenção da poesia
> Não pode ser mudada, e ninguém a irá julgar.
>
> O que lutou contra o óxido e o bolor,
> Qual prata feminina se incendeia,
> E o trabalho silencioso prateia
> O arado de ferro e a voz do inventor.

Em 1935, ao deixar a Comuna Dzerjinski, Makarenko procurava compreender a razão da destruição do "mundo" que criara. Era o tempo em que afirmava não ter certeza de educar a nova personalidade coletivista se o "inimigo" já estava mascarado de "camarada". Viajando pela URSS, principalmente por cidades da Rússia e da Ucrânia, lamentou a inexistência da "paciência e a perseverança", entre os demais educadores, necessárias para "colher os seus primeiros frutos": a formação de uma nova geração de jovens coletivistas que trabalhariam para o Estado, em suas indústrias, em seus hospitais, em seu exército, como "cidadãos soviéticos".

Makarenko ainda guardava em si o sentimento de vitória, expresso simbolicamente através da imagem triunfalista das "bandeiras nas torres": estão no alto e movimentam-se de acordo com a direção dos ventos. Não era ainda um sentimento verdadeiro para toda da União

Soviética. A vitória havia se dado no campo de uma experiência única, numa coletividade educativa na Ucrânia. E o que teria ocorrido nas milhares de escolas por toda a vastidão das Repúblicas Soviéticas?

As obras escritas nos anos de 1930 expressaram o esforço de registrar em cada página as experiências revolucionárias e mais: não deixar que a faísca de outubro se apagasse. No outono e no inverno de 1930, escreveu *A marcha dos anos 30,* publicada apenas em 1932, uma série de reportagens sobre a experiência educacional na Comuna Dzerjinski. Já nesse período, Máximo Gorki, como presidente da União dos Escritores da União Soviética, leu seus originais e animou-o a continuar escrevendo:

> Querido Anton Semionovich, li o seu livrinho *A marcha dos anos 30*. Eu o li com muita emoção e alegria. Nele você retratou muito bem a comuna e os comuneiros. Em cada página, encontramos o seu carinho aos meninos, sua incessante preocupação com eles e uma profunda compreensão da alma infantil. Parabenizo-o sinceramente por esse livro.

Em 1932, animado com as críticas de Gorki, continuou a escrever sobre a Comuna Dzerjinski, com a novela *FD-1,* nome das máquinas fotográficas produzidas pelos comuneiros, revelando uma nova fase da coletividade. Sua paixão pelo teatro e o desejo de levar aos palcos o tema da educação pela coletividade levou Makarenko a escrever a peça *Tom maior,* em 1933, quando a enviou para um concurso nacional de teatro, sendo publicada em 1935.

Mas havia um projeto que acompanhou Makarenko desde quando iniciara sua experiência na Colônia Gorki: escrever sobre a sua epopeia pedagógica junto aos gorkianos. *Poema Pedagógico,* a obra mais significativa de Makarenko, não foi apenas resultado da consciência do autor sobre a necessidade de tornar público o modo pelo qual foram construídas suas teses. Foi também um empreendimento encorajado por Máximo Gorki, para que a literatura fizesse reviver a experiência que havia transformado as meninas e os meninos abandonados em comandantes da sociedade socialista.

O parto tormentoso de *Poema Pedagógico*

Poema Pedagógico consumiu grande parte das energias de Makarenko que ainda estavam voltadas para a direção da Comuna Dzerjinski. Com muita dificuldade, mas apaixonadamente escreveu uma literatura vibrante, que fez reviver a experiência gorkiana em três volumes, desde 1933 até 1935. Muitos de seus apontamentos sobre cada dia de trabalho, cada conflito, cada descoberta coletiva, cada educando que chegava à colônia, foram utilizados para que o leitor vislumbrasse e experimentasse pelo sentimento estético o processo de construção da coletividade escolar, como se fosse um dos gorkianos.

Preocupado com o esgotamento físico de Makarenko, Gorki escreveu-lhe, pedindo que se afastasse de outras tarefas e procurasse um lugar tranquilo onde pudesse continuar escrevendo *Poema Pedagógico*. Na verdade, essa obra, tão aguardada por Gorki, acabaria por se transformar em uma verdadeira encomenda para publicação em seu *Almanaque*, enviando-lhe junto com uma carta a quantia de 5 mil rublos, para o pagamento de sua estadia:

> Querido Anton Semionovich, fiquei sabendo, indiretamente, que você tem se sentido cansado e que necessita de repouso. Eu mesmo deveria ter percebido seu cansaço, uma vez que eu, de certo modo, sou seu padrinho, e esse tipo de coisa eu mesmo deveria ter compreendido. Você tem trabalhado há doze anos e os resultados do seu trabalho não têm preço. Mas o caso é que nada disso será conhecido se você mesmo não contar... Viaje até qualquer lugar sossegado e escreva seu livro, querido amigo.

Em uma noite escura e chuvosa de fevereiro de 1933, Makarenko escrevia as primeiras páginas de *Poema Pedagógico*, na companhia de Semion Karabanov, ex-colono, que havia chegado na colônia com 12 anos e agora, com 28 anos, era auxiliar de direção da Comuna Dzerjinski. No silêncio do sono tranquilo dos comuneiros, enquanto Semion lia atentamente um romance, Makarenko escrevia, parando de tempos em tempos para observar o resultado de sua obra pedagógica: aquele homem em sua frente. E, enquanto escrevia, pensava que a sua proposta deveria ser generalizada o mais rápido possível. Semion recordou-se deste momento em que Makarenko escrevia apaixonadamente *Poema Pedagógico* e lhe propôs:

– Semion, vejo que você está na hora de ir, de dirigir sozinho uma comuna, mas uma casa de meninos normais, como todos. Deve iniciar com uma casa pequena, mas que se ampliará rapidamente. É preciso trazer, para essa nova colônia, crianças orfãs, de outras colônias que deixaram de funcionar, mas que não passaram pela marginalidade... crianças normais... Entendeu?

– Sim, Anton Semionovich, para mostrar que sabemos educar todo tipo de criança... e mesmo assim, a nossa história, na Colônia Gorki e aqui na Comuna Dzerjinski, seria apenas uma história de delinquentes?

– Estás pronto? Poderás enfrentar mais esta luta e triunfar?

– Sim, Anton. Para onde vou?

– Para Tiople Ruchi, ali o espera sua nova casa.

Makarenko continuou escrevendo o primeiro volume de *Poema Pedagógico*, sempre preocupado com a luta que deveria ser travada fora da Comuna Dzerjinski, rompendo o isolamento. Na Ucrânia, a insatisfação dos camponeses crescia na mesma medida que aumentava a produção exigida pelo Estado. Num primeiro momento, os camponeses reagiram pacificamente, escondendo uma pequena parte dos grãos produzidos para o seu próprio consumo. Mas, com o aumento da pressão e da violência do Estado, até mesmo os camponeses organizados nas fazendas coletivas passaram a reagir de forma organizada, em grupos de 30 a 40 camponeses, com facas e bastões.

Em janeiro de 1933, Stalin admitiu não ter sido fácil enfrentar as resistências no campo. Temendo a generalização das revoltas dos camponeses ucranianos e caucasianos, Stalin decretou que 35 funcionários das fazendas coletivas fossem levados ao fuzilamento, outros 22, a 10 anos de prisão e, 15 outros, a 8 anos. A violência do Estado contra os camponeses era visível a todos. Sholokhov, o escritor russo que trouxe à luz o mundo camponês em seus romances sobre a região do Don, revoltado com essa situação, escreveu pessoalmente a Stalin:

> Lamento os casos de excessos contra a população do Don. E não são casos isolados de excessos; esse é um método totalmente ilegal de aplicar as entregas nas aldeias. Tanto os comunistas quanto os colcosianos (de fazendas coletivas) que experimentaram tais métodos na própria pele vieram a mim para que escrevesse sobre isso no jornal.

A resposta de Stalin foi irônica e dura:

> Agradeço-vos pela vossa carta, pelo modo como ela revela os pontos débeis do nosso trabalho de Partido e soviético, pela maneira como ela revela a forma como os nossos quadros, desejando combater o inimigo, atingem indevidamente os amigos e são levados até o sadismo. (...) O fato de que essa sabotagem seja silenciosa e sem violência (sem sangue) não quer dizer que os respeitáveis agricultores não tenham travado uma guerra 'pacífica' contra o poder soviético.

Quem era o poder soviético nos anos de 1930? De que modo o povo havia se transformado em inimigo desse poder soviético? Enquanto o sangue lavava as terras ucranianas, Makarenko continuava lutando com as palavras. Em dezembro de 1933, assim que Makarenko entregou os originais do primeiro volume de *Poema Pedagógico*, foi rapidamente publicado no almanaque *Ano Dezessete*. No outono de 1934, concluiu o segundo volume, publicado logo em seguida no almanaque *Ano Dezoito*, e o nome de Makarenko já havia penetrado no campo da crítica literária. Em julho de 1934, foi admitido como membro da União dos Escritores Soviéticos, por iniciativa de Gorki. Tendo dedicado-se de janeiro a setembro de 1935 na redação do terceiro volume, Makarenko sentiu que havia alcançado o seu principal objetivo – emocionar o leitor – tomando Gorki como seu principal interlocutor:

> A terceira parte do Poema parece-me ainda mais valiosa que as primeiras. Li com grande emoção o momento do encontro dos gorkianos com os kuriajanos e, no geral, me emocionei muito... Parabenizo-o por este bom livro, parabenizo-o de todo o coração.

Poema Pedagógico conquistou o público com a mesma força do filme de Ekk, *O caminho da vida*, baseado na história da Colônia Gorki. Makarenko recebeu cartas de leitores adultos e jovens de todos os cantos da União Soviética e guardou-as para serem lidas junto com Semion Karabanov. São cartas escritas em papéis de todo tipo, desde os mais sofisticados, até os mais simples, arrancados de cadernos; com letras bem desenhadas ou rabiscadas ao sabor das emoções.

Lê em voz alta a carta de uma jovem professora:

> Já havia decidido abandonar o meu trabalho. Havia perdido a fé e a esperança de conquistar a vitória, de ter alegrias e obter algum resultado neste caminho tão difícil. Você me abriu os olhos. Ajudou-me a compreender que não tinha nenhum direito de abandonar o trabalho iniciado. Você não vacilou diante das dificuldades. Não se deixou vencer pelo desespero. E, mais importante, é que me mostrou o caminho. Sugeriu-me o que devia fazer, por onde começar e que objetivo buscar. Eu agradeço muito.

Makarenko mostrou a Semion como *Poema Pedagógico* imprimiu na alma de milhares de educadores a certeza de que poderiam obter novos resultados com o trabalho coletivo na educação. Mas mostrou também a Semion outras cartas que rejeitavam sua experiência pedagógica como um método geral de educação:

> Você fez uma grande obra. Isso é indiscutível. Mas, sem dúvida, sua experiência é aplicável unicamente aos meninos anormais, marginalizados, aos infratores da lei. Agora, seria mais importante um trabalho com crianças normais, em escolas normais. Nessas escolas, suas experiências não são de nenhuma utilidade para os pedagogos.

Makarenko entendia que mesmo a sua obra prática estaria reduzida sem as obras literárias e científicas. Era preciso ganhar voz e chegar às escolas e às universidades, rompendo o preconceito de que a tese da coletividade escolar seria apenas um método de reeducação de crianças marginalizadas.

Em 1935, já afastado da Comuna Dzerjinski, vivendo com Galina e seu filho adotivo em Kiev, pôde concluir *Poema Pedagógico* e atuar como assistente de direção do Departamento das Comunas de Trabalho do Comissariado do Povo do Interior da República Socialista Soviética da Ucrânia.

Com o objetivo de sistematizar suas teses educacionais, escreveu a *Metodologia para a organização do processo educativo**, sua obra mais importante em termos de síntese da sua proposta pedagógica. Em 1936 seria publicada, com especial interesse do Departamento das Comunas de Trabalho. Nela, Makarenko descreve com detalhes os órgãos de autogestão e o funcionamento da coletividade escolar, desde o trabalho pedagógico, com professores e alunos, até as comissões culturais e de trabalho e os órgãos de participação e decisão do coletivo, como a assembleia geral, os destacamentos etc. Sua preocupação: descaracterizar suas propostas pedagógicas como meios de reeducação das crianças marginalizadas.

Em 1937, mudou-se para Moscou, voltando-se para a produção de artigos, publicados nos jornais *Pravda* e *Izvestia,* e a realização de palestras para educadores e educandos. Seu principal objetivo: romper a interpretação preconceituosa de suas teses educacionais, mostrando que a sua experiência, embora estivesse voltada para a reeducação de crianças e jovens marginalizados, não se configurava com um método particular de reeducação. Makarenko passou a escrever e a falar aos camaradas educadores que lhes trazia um método geral de educação pela coletividade. A velha escola deveria ser transformada em coletividade, principal instituição social para a formação e participação ativa de todas as crianças e jovens.

Falando aos camaradas

O ano de 1937 foi um dos mais agitados em seus planos de propaganda de suas teses pedagógicas, ano em que a vida da Comuna Dzerjinski chegava ao seu fim. Respondeu a todos os convites dos leitores para a realização de conferências, prejudicando ainda mais a sua precária saúde. O coração já não acompanhava o seu ritmo de trabalho e pedia descanso. Mesmo assim, dirigiu-se aos jovens, aos professores de vários níveis de ensino, aos

* Publicado nesta edição, entre os textos selecionados de Makarenko.

especialistas do Instituto Pedagógico de Moscou, aos escritores, críticos e leitores da Casa dos Escritores Moscovitas e aos professores e estudantes do Instituto de Instrução Comunista.

A atividade de Makarenko como escritor e conferencista foi tão intensa em 1937 que, no inverno de 1938, sua saúde arruniou-se. Entre 1937 e 1938, escreveu *A honra* e, sob observação médica, Makarenko foi obrigado a se internar numa instância de repouso, em Kislovodesk. Mesmo assim, não para. Continua a escrever sempre, imaginando conversar diretamente com seus leitores. Preocupou-se em combater o excessivo trabalho individual e a educação por inculcação ideológica, como o "patriotismo" nas escolas.

Sua obra está repleta de artigos e conferências voltadas para educadores, com um discurso direto, objetivo, cheio de exemplos e esclarecimentos de suas teses principais sobre a coletividade escolar. Por isso, a maior parte desses textos se repete, pois muitos deles estão voltados para o esclarecimento de dúvidas comuns. Mais que a preocupação científica, acadêmica, prevalece o tom coloquial. Seu objetivo principal era aproximar os professores de suas experiências e discutir aquelas desenvolvidas por eles, num clima de camaradagem, de debate de ideias, como nos anos de 1920.

Nesse mesmo ano, Makarenko escreveu as *Conferências sobre a educação familiar,* transmitidas pela rádio de Moscou e, diante do sucesso de sua fala para os pais, Makarenko voltou-se para o problema da transformação da família em coletividade. Preocupado com a desagregação familiar na URSS, escreveu o *Livro dos Pais* juntamente com Galina Makarenko, para discutir o papel da família como uma das coletividades da sociedade soviética e orientar os pais para a reeducação de seus filhos:

> Sim, na educação familiar, os truques devem ser resolutamente rejeitados. O crescimento e a educação das crianças são um assunto importante, sério, e carregado de um nível de responsabilidade, um assunto difícil sem dúvida, que é impossível resolver com simples sortes de prestidigitação. Pôr no mundo uma criança significa consagrar-vos a ela por muitos anos, com todas as forças do vosso espírito, com toda a vossa atenção e toda a vossa vontade. Deveis ser, não apenas o pai e

> o tutor dos vossos filhos, mas ainda o organizador da vossa própria vida, porque o educador não pode existir em vós fora do contexto da vossa atividade cívica e da vossa personalidade.

Em 1937, *Livro dos Pais*, ainda incompleto, foi publicado na revista *Krasnaia nov*, organizado com temas principais da educação familiar e na forma de narrativas de casos reais a serem discutidos e dos quais se deveria tirar determinadas lições. Tal como em *Ética a Nicômaco,* de Aristóteles, em que cada situação em particular deveria ser discutida, Makarenko procura criar uma ética da família comunista, em que o poder patriarcal da antiga sociedade burguesa deveria ser substituído por uma relação fraterna entre pais e filhos e cada caso deveria ser discutido para se ter uma ação educacional particular, num sistema geral.

No lugar das experiências revolucionárias na educação dos filhos, Makarenko e Galina narram histórias de desencontros entre pais e mães, entre pais e filhos, entre a família e o Estado. Era terrível constatar que, em vez de a mulher soviética conquistar o direito à vida pública, com o trabalho fora do lar, ela apenas aumentou sua jornada de trabalho: dentro e fora de casa. Não era mais prisioneira apenas do "lar", era também da "fábrica", da "fazenda coletiva", do "escritório"...

O direito patriarcal também se mantinha com a mesma força do passado. Era o pai, o marido, quem deveria decidir sobre a vida e a morte dos filhos e da esposa. Dificilmente essa realidade foi alterada. Mesmo com o aumento do número de creches, a mulher continuou a assumir, sozinha, os deveres de casa e do cuidado e a educação das crianças.

Alexandra Kolontai*, revolucionária, que participou ativamente da oposição de esquerda contra o estalinismo, denunciou em muitos de seus contos e crônicas a situação da família soviética depois da revolução. Em *Irmãs*, mostrou como um ex-revolucionário transformou-se em pequeno-burguês, em burocrata, deixando de compartilhar com a

---

* A Editora Expressão Popular publicou *A nova mulher e a moral sexual* da mesma autora.

companheira, ex-revolucionária, dos ideais e dos sentimentos de outrora. Sua personagem foi transformada em prisioneira, em dona de casa, e, ali, presa junto aos filhos, assistia aos encontros do marido com amantes e prostitutas. Kolontai mostrou em seu conto que eram *irmãs* da mesma condição: a dona de casa e a prostituta, exploradas pela figura opressora do patriarca da família burguesa.

Em uma de suas histórias, Makarenko e Galina descrevem uma mulher, trabalhadora, como no conto de Kolontai, que fora abandonada pelo marido e este não pagava nem a pensão para ajudar no sustento dos filhos. Os autores descrevem o sofrimento, mas também a luta dessa nova mulher para conquistar o direito de pensão, melhorar as condições de vida dos filhos e de reconstruir a sua vida amorosa com um novo companheiro. Galina e Makarenko analisam cada situação concreta, com suas necessidades e suas possibilidades. Em *Livro dos pais,* não há apenas a denúncia da desagregação familiar, há o desafio para a mudança.

Em seguida, Makarenko escreveu sua segunda e mais importante obra literária, publicada em 1939, *Bandeiras nas Torres*, onde narra, na forma de ficção, os resultados dessa experiência entre os anos de 1932 e 1935. Mas, aqui, o discurso é outro, da vitória do socialismo, totalmente diferente daquele produzido em *Poema Pedagógico:*

> (...) O homem soviético não se revelou apenas na chama épica dos olhares e na violência explosiva da sua vontade, mas também no esforço paciente e diário, através daquele rude e invisível labor desses tempos em que o futuro começa a surgir nos fatos mais inefáveis e mais tênues, de linhas tão delicadas que só as pode notar aquele que se limita à sua origem e dela não se afasta nem em corpo nem em espírito.(...) E o que mais alegra numa tal festa é o triunfo da lógica: verifica-se que não podia ser de outra maneira, que todas as nossas previsões e os nossos cálculos eram exatos, fundamentados na ciência e no sentido dos verdadeiros valores. E via-se então que não se tratava na realidade de otimismo, mas de uma convicção realista a que, por timidez, se chamava otimismo.

A transformação do pensamento educacional de Makarenko pode ser percebida com a afirmação de concepções antes duramente criticadas: "o espírito russo, a fé do povo, o otimismo..." A instauração do período do socialismo nacional, do desenvolvimento econômico acelerado, fase em que Makarenko pregava a nova era civilizatória de toda a URSS, trazia junto consigo a ideologia nacionalista, ufanista, triunfalista, desencarnando a história, transformando os homens, enraizados socialmente, em "homem soviético". Seu pensamento constituiu-se de "espíritos", de "essências", que atravessaram a história da revolução entre noites mal dormidas e, no entanto se tranquilizou, acordando num "dia de festa". O Estado transformara-se no novo fetiche ético do pensamento de Makarenko, no lugar do trabalho, como se deu inicialmente, com quem reparte o triunfo da lógica: "não poderia ser de outra maneira". O esplêndido edifício é símbolo da edificação da sociedade soviética num aparelho do Estado, movido pela lógica de uma nova "ciência", com seus cálculos e previsões, "exata" e cheia de otimismo. O planejamento estatal, colocado para toda a sociedade, era logo absorvido e, com otimismo, executado. A revolução, desfigurada, espiritualizara-se.

A partir do momento em que Makarenko, fora do controle da Comissão de Instrução Pública da Ucrânia, com o apoio material inicial da *Tchekâ*, pôde levar às últimas consequências as suas propostas pedagógicas, chega à verificação ideal, detalhada e exaustiva do método geral e único da coletividade como educadora da personalidade coletivista. Assim, radicaliza a autogestão e especializa os seus órgãos, sofisticando o trabalho de sala de aula, os círculos culturais e, principalmente, o seu conceito de estética como expressão simbólica das novas relações sociais. Mais uma vez, nesse período, o "espírito" fala no lugar da história:

> Foi um tempo em que este espírito do passado, usando as expressões mais novas, cobria de sarcasmos a obra de Zakharov, enquanto exigia dele prodígios e milagres. Empenhava-se em propor-lhe enigmas de uma burrice fabulosa, formulados em termos requintadamente científicos, e quando ele sucumbia sob um peso real, o passado apontava-o a dedo, gritando: – Fracassou!

As normas e os padrões de medidas são a regra da narrativa de *Bandeiras nas Torres*. Como espalhar a felicidade compartilhada entre os comuneiros por toda a União Soviética? Quais as medidas exatas para a receita perfeita de educação do novo homem, livre e feliz? A narrativa de Makarenko, embora real, parecia uma ficção surrealista. Como sonhar, ou, mais ainda, como poder gozar a felicidade de uma comuna, enquanto a União Soviética era amordaçada?

Makarenko não olhava apenas à sua volta, mas principalmente para os países capitalistas que se armavam até os dentes para colocar de joelhos os soviéticos. Em *Bandeiras nas Torres*, é possível entender o seu discurso nacionalista, otimista, em parte pela preocupação com o crescimento da ameaça fascista na Europa. Não é por acaso que seu trabalho na Comuna Dzerjinski está relacionado com o Exército Vermelho e a produção de ferramentas para aviões. O trabalho coletivo deveria estar voltado para as necessidades primárias da coletividade, mas em intensa participação com os movimentos gerais dos trabalhadores e as lutas internacionais.

Em janeiro de 1938, Makarenko colocava-se, em um ciclo de conferências para os funcionários do Comissariado do Povo para a Instrução Pública da URSS, como um trabalhador da frente prática, explicando que suas palavras teriam um sentido mais prático do que teórico, visando aproximar a educação do movimento social de desenvolvimento produtivo. Em *Problema da educação escolar soviética*, Makarenko procura discutir os métodos de educação e sua lógica "produtiva", negando que tivesse criado uma pedagogia especial para "crianças desamparadas".

Makarenko pressentia a chegada dos exércitos imperialistas e a grandiosa tarefa do povo soviético em barrar e derrotar o inimigo fascista. A educação soviética deveria comprometer-se com a formação de crianças, jovens e adultos que honrassem a promessa de lutar pela liberdade da humanidade contra a opressão fascista. Mas, para isto, deveria reaprender a participar e a lutar como nas lutas revolucionárias que derrubaram o tsarismo e o poder burguês.

Havia nas palavras da poetisa Marina Tzvietaieva, escrita em 9 de maio de 1939, uma lição a ser aprendida rapidamente pelas novas gerações das Repúblicas Socialistas Soviéticas:

Os tchecos se acercavam dos alemães e cuspiam.
(Cf. jornais de março de 1939)

Tomaram logo e com espaço:
Tomaram fontes e montanhas,
Tomaram o carvão e o aço,
Nosso cristal, nossas entranhas.

Tomaram trevos e campinas,
Tomaram o Norte e o Oeste,
Tomaram mel, tomaram minas,
Tomaram o Sul e o Leste.

Tomaram a Vary e a Tatry,
Tomaram o perto e o distante,
Tomaram mais que o horizonte:
A luta pela terra pátria.

Tomaram balas e espingardas,
Tomaram cal e gente viva.
Porém enquanto houver saliva,
Todo o país está em armas.

Makarenko manteve contato com os gorkianos e com os comuneiros, já transformados em homens e mulheres. Muitos deles já eram casados, tinham filhos e escreviam com regularidade para Makarenko. Para responder a todas as cartas, era preciso dedicar um dia da semana, prestando atenção para não confundir os nomes e as informações. Sabia o quanto era importante manter contato com gorkianos e comuneiros, pois não havia outra pessoa a quem eles pudessem se dirigir e fazer confidências. Até o final de sua vida, Makarenko continuou sendo a referência principal de seus ex-educandos, como verdadeiro pai.

Algumas vezes passavam as férias com Makarenko e Galina e as despedidas eram sempre muito difíceis e dolorosas. Makarenko possuía um arquivo com anotações sobre cada um de seus educandos e o destino de cada um deles poderia ser vislumbrado diante das observações detalhadas sobre suas personalidades e ações na coletividade. Sobre Leonid Konisevich, escreveu Makarenko:

> Disciplinado, honrado, magnífico camarada, identificado ardentemente com a Comuna, apaixonado por náutica. Tem um espírito romântico e sonha viver navegando nos rios.
>
> Konisevich formou-se engenheiro de transporte fluvial e, em 1937, foi condecorado por salvar crianças que se afogavam em Bilbao, na Espanha. Em seguida, escrevia:
>
> Saiba, Anton Semionovich, que também ajudo na direção de um internato, casei-me e você já tem netos!

Muitos dos gorkianos e comuneiros lutaram na II Guerra Mundial como corajosos combatentes. No terrível ano de 1941, Grigori Ivanovich Suprun, conhecido como Burun no livro *Poema Pedagógico*, lutou no Volga, participou na tomada de Koenigsberg e tornou-se coronel do Exército.

Os irmãos Cheveli, Dmitri e Alexandr, que participaram da tomada da Colônia Kuriaj, tornaram-se aviadores e lutaram contra os fascistas nos céus das repúblicas soviéticas.

O gorkiano Ivan Tkachuk tornou-se ator e, depois da morte de Makarenko manteve correspondência com Galina:

> Adoro minha profissão! Sinto-me orgulhoso de ter sido educado por Makarenko e, na medida do possível, procuro fazer das atividades teatrais uma continuidade da causa gorkiana.

A morte viaja ao seu lado ou será a vida que lhe atravessa?

Em janeiro de 1939, Makarenko foi condecorado com a ordem da Bandeira Vermelha do Trabalho. Era o tempo dos heróis do trabalho, dos *stakanovistas*, que davam suas vidas para o cumprimento das gigantescas produções exigidas pelo Estado. Makarenko ainda se vestia como os revolucionários bolcheviques, com capote de soldado e boné de aba de couro, como na Colônia Gorki. Nesse mesmo ano escreve os roteiros *Um caráter de verdade* e *Em comissão de serviço*, além de artigos *Sobre a ética comunista*. Em 9 de março, Makarenko apresentou no Instituto Pedagógico de Kharkov, o mesmo em que se formou, uma síntese de suas teses educacionais: "minhas concepções pedagógicas", questionando a manutenção da antiga escola, sem uma centralização educacional, sem organização da experiência infantil e ainda muito presa à educação livresca e moralizante de inculcação ideológica. E, em 29 de março, Makarenko apresentou um relatório sobre a sua experiência de trabalho na conferência de professores das escolas ferroviárias de Iaroslavl, em que procura fazer uma relação entre a escola primária ferroviária em que havia ensinado e a coletividade que criara com as crianças recolhidas das ruas.

No lugar de um pedagogo, era reconhecido como herói da frente de trabalho; no lugar de suas teses para a generalização da coletividade escolar, o reconhecimento de seus feitos heroicos no trabalho de reeducação de ex-marginais. O estalinismo evocava o herói para calar o homem; evocava o feito para negar a fertilidade da teoria.

Logo em seguida, em fevereiro desse ano, de acordo com seus biógrafos, Makarenko teria requisitado, junto à União dos Escritores Soviéticos, sua admissão no Partido Comunista. O mais curioso é que nem mesmo quando Makarenko participou ativamente nos círculos comunistas, nas principais fases da revolução, esteve ligado ao partido. Por que estaria pedindo sua admissão justo nos períodos mais terríveis dos processos de Moscou, dos expurgos, prisões e execuções?

Além disso, o fato de ter sido consagrado como um dos heróis soviéticos, no período stalinista, não teria lhe assegurado sua entrada no partido até mesmo antes? Por que, tendo pedido sua admissão em fevereiro, não teria obtido nenhuma resposta até abril?

O que teria Makarenko para provar que era um destacado comunista? Contra a burocracia do partido, Maiakovski já havia escrito:

> Ao
> Comitê Central
> do futuro
> ofuscante,
> sobre a malta
> dos vates
> velhacos e falsários,

apresento
em lugar
do registro partidário
todos
os cem tomos
dos meus livros militantes.

Mas, o que fazer quando a morte viaja ao seu lado? Como se proteger dos perigos desses dias de chumbo em que o coração parece saltar pela boca? Como sair por aí, pregando uma escola única, politécnica, de formação de comandantes da sociedade socialista, como em *O Estado e a Revolução*, de Lenin? Como não falar sobre a experiência de coletividade que provou que se todos trabalhassem e decidissem juntos, os caminhos da revolução teriam sido diferentes?

Aqui e ali, histórias de ameaças, de delações, de espiões... Makarenko escreve em seu diário:

> Se recebe uma reprimenda e sorri, sem ter vontade de sorrir, o que será na verdade um sorriso?

Makarenko, percorrendo a URSS, os bairros proletários, as escolas, as fábricas, em 1939, no final de sua vida, talvez mantivesse um pouco do que restou do seu otimismo dos anos de 1920 e a sua "lógica leninista", lembrando-se do trecho de Marx e Engels no *Manifesto Comunista*:

> Tudo o que era sólido e estável se esfuma, tudo o que era sagrado é profanado, e os homens são obrigados finalmente a encarar com serenidade suas condições de existência e suas relações recíprocas.

No dia 1º de abril, Makarenko partiu para mais uma viagem de trem, de Golitsino a Moscou, para levar aos camaradas suas teses sobre a coletividade escolar. As paisagens de uma Rússia industrializada, de um campo coletivizado à força, com mulheres tratoristas rasgando a terra sob o sol ardente e amarelo de Maiakovski, faziam-no sentir que sua tarefa era agora mais difícil do que aquela que lhe parecia impossível de ser realizada nos primeiros dias da Colônia Gorki.

Como havia escrito em *Bandeiras nas Torres*, o inimigo vestia-se de camarada, falava a mesma linguagem, era invisível. A morte viajava ao seu lado, ou seria a vida que lhe teria atravessado o coração, como no poema de Nicolai Assieiev:

> Dias se sucedem,
> semanas se sucedem,
> torvelinham
> num galope célere;
> como se cavalgássemos
> sobre um tempo de aço
> voando
> – olhos abertos –
> pelo espaço.
> Assim a vida,
> ela nos atravessa –
> o ouvido zoa,
> o coração dispara,
> como
> se quisesse
> saltar para
> fora,
> – é só o que lhe resta!
> Se alguém
> tenta detê-lo,
> ele se altera:
> toca a rebate,
> dá por paus e pedras!
> E quantas vezes
> o coração
> explode
> e não se ouve
> a explosão
> que o sacode.

Em 1º de abril de 1939, Makarenko foi encontrado morto, sentado em um banco de trem, em um destino não cumprido. Um fulminante ataque cardíaco matou-o durante a viagem, sem que tivesse um número e o nome em uma carteirinha do Partido Comunista. Teria algum passageiro, ou quem sabe o bilheteiro, ouvido a explosão de seu coração gorkiano?

Silêncio no mundo makarenkiano. As bandeiras hasteadas no alto das torres da Comuna já não tremulavam. Os ventos de Outubro não mais sopravam. Mas, ao abrir *Poema pedagógico*, a narrativa poética da Colônia Gorki, suas palavras escritas com a verdadeira força do romantismo ativo gorkiano, trazem de volta os ventos da revolução. Abrimos o seu livro como a uma janela e respiramos o ar fresco dos anos de 1920: tudo está ainda por começar...

Makarenko, Poltava, 1920

TEXTOS DE MAKARENKO

OS OBJETIVOS DA EDUCAÇÃO

Um aspecto de importância extraordinária no nosso trabalho consiste em que ele deve ser inteiramente racional. Devemos educar um tal indivíduo de que a nossa sociedade precise. Em certas ocasiões, a sociedade coloca este imperativo com muita impaciência e exigência: necessitamos de engenheiros, de médicos, de moldadores, de torneiros...

Não devemos falar apenas sobre a formação profissional da nova geração, mas também sobre a educação e um novo tipo de comportamento, de caracteres e de conjuntos de traços da personalidade que são necessários, precisamente no Estado soviético. Os objetivos do trabalho educativo só podem ser deduzidos das experiências que a sociedade coloca.

Os objetivos do nosso trabalho devem ser expressos através das qualidades reais das pessoas educadas sob nossa orientação pedagógica. Cada pessoa por nós educada constitui o resultado da nossa produção pedagógica. Tanto nós quanto a sociedade devemos examinar nosso produto minuciosa e detalhadamente, até à mínima peça. Como em toda produção, o resultado da nossa pode ser estupendo, satisfatório, aceitável, parcialmente defeituoso ou completamente defeituoso. O êxito do nosso trabalho depende de uma quantidade infinita de circunstâncias: da técnica pedagógica, dos conteúdos, da qualidade do material. O nosso material básico, as crianças, é imensamente variado. Pergunta-se: que percentagem desse material é necessária para formar "um indivíduo cheio de iniciativas"? – 90?, 50?, 10?, 0,05? E o que é que se faz com o restante do material?

Se analisarmos deste modo a questão, torna-se completamente inadmissível substituir a descrição exata do nosso produto por alocuções gerais, exclamações patéticas e frases "revolucionárias".

Tais exortações são tão "idealistas" que, na realidade, sua aplicação torna-se absolutamente impossível. O ideal abstrato como objetivo da educação não nos convém não só porque o ideal em geral é inatingível, mas também porque, na esfera da conduta, as relações entre ideais estão muito misturadas. A amabilidade ideal, o administrador ideal, o político ideal constituem conjuntos muito complexos, por assim dizer, de pequenas perfeições e determinadas predisposições e aversões. As tentativas para sintetizar os objetivos da educação numa fórmula breve não demonstram mais do que um absoluto divórcio com todo tipo de prática concreta e específica. Por esta razão, é muito natural que semelhantes fórmulas não tivessem criado nada na vida real, no nosso trabalho vivo.

O projeto da personalidade como produto da educação deve basear-se nas exigências da sociedade. Este princípio tira imediatamente do nosso produto os paramentos ideais. Nas nossas tarefas não há nada eterno e absoluto. As exigências da sociedade são válidas apenas para uma época cuja duração é mais ou menos limitada. Podemos estar completamente convencidos de que à próxima geração apresentar-se-ão exigências um tanto modificadas e estas modificações serão introduzidas gradualmente, à medida que se desenvolve e se aperfeiçoa toda a vida social.

Por isso, na nossa tarefa de planejamento devemos sempre ser extremamente atentos e perspicazes em particular, ainda porque a evolução das tarefas que a sociedade coloca pode se produzir na esfera de pormenores pouco significativos.

Além disso, devemos ter sempre em mente que, por mais íntegro que nos pareça o ser humano em se fazendo uma abstração generosa, todos os seres humanos, em determinada medida, constituem um material muito diversificado para a educação e o "produto" que fabricaremos terá, necessariamente, de ser variado. Assim, reunindo muitas substâncias sob o conceito único de metal, não nos passa pela cabeça fabricar facas de alumínio ou rolamentos de mercúrio. Seria de uma superficialidade inaudita ignorar a diversidade do ser humano e tratar de agrupar a questão relativa às tarefas da educação numa estrutura comum a todos.

A nossa educação deve ser comunista e cada pessoa que educamos deve ser útil à causa da classe operária. Este princípio, generalizador e necessário, pressupõe precisamente formas distintas para a execução da tarefa de acordo com a variedade do material e as suas diversas formas de aplicação na sociedade. Qualquer outro princípio não é mais do que uma despersonalização.

Os traços comuns e individuais da personalidade formam entrelaçamentos extremamente complexos e, por isso, a tarefa de projetar a personalidade converte-se num assunto extraordinariamente difícil e exige muita cautela. O aspecto mais perigoso continuará a ser, por muito tempo, o medo perante a diversidade humana, a incapacidade de construir um todo equilibrado na base das diferenças. Por isso... cortar todos pelo mesmo molde, meter o ser humano no chavão estereotipado, educar uma série reduzida de seres humanos parece uma tarefa mais fácil do que a educação diferenciada. A propósito, este erro foi cometido pelos espartanos e pelos jesuítas na sua época.

A solução desse problema seria impossível se o resolvêssemos de modo silogístico: para pessoas diversas – diversos métodos. Era mais ou menos assim que pensavam os pedólogos quando criavam instituições para "crianças difíceis" separadas das instituições para crianças normais. E agora também erram quando educam separadamente as moças e os rapazes. Se continuarmos a desenvolver esta lógica pela via da ramificação das particularidades pessoais (sexuais, etárias, sociais, morais), chegaremos rapidamente à singular individualidade que salta aos olhos da palavra oculta pedagógica "criança".

A única tarefa organizativa digna da nossa época pode ser a criação de um método que, sendo comum e único, permita simultaneamente que cada personalidade independente desenvolva suas aptidões, mantenha a sua individualidade e avance pelo caminho das suas vocações. (Grifo nosso)

É evidente que, ao dar início à resolução deste problema, já não podemos nos ocupar com uma só "criança". Perante nós surge a coletividade como objeto da nossa educação. A partir disso, a tarefa de planejar a personalidade adquire novas condições para sua solução. Devemos entregar como produto, não apenas uma personalidade que possua estes e aqueles traços, mas um membro da coletividade, a coletividade com determinadas características.

Evidentemente que eu não tenho em vista e nem sequer tenho forças para fazer este projeto. Parece-me que este tema é digno do trabalho dos cientistas.

Grandes dificuldades nos esperam só no trabalho prático. Sob este aspecto, tropeçaremos a cada passo nas contradições entre certos pormenores e as condições da tarefa, por um lado, e entre o princípio coletivo e o pessoal, por outro. Estas contradições são muito numerosas e poderosas... Por isso, o planejamento da personalidade deve ser precedido de uma análise dos fenômenos intracoletivos e pessoais.

Comentário sobre o texto

O texto *Os objetivos da educação*, publicado em 1937, foi escrito por Makarenko, inicialmente, como um dos capítulos da introdução do livro *A experiência da metodologia de trabalho na colônia de trabalho infantil*, em 1931. Esse projeto seria retomado no ano seguinte, com um dos capítulos intitulado *O período organizativo*.

No início dos anos de 1930, vários projetos literários estavam em andamento: uma série de reportagens sobre a vida na Comuna Dzerjinski, em *A marcha dos anos 30*; a novela *FD-1*, em que relata a fase de maior desenvolvimento da Comuna; e a peça *Tom Maior*. Somente em 1933 Makarenko daria início a sua mais importante obra literária, *Poema Pedagógico*, concluindo nesse ano seu primeiro volume.

Ao que tudo indica, *A experiência da metodologia de trabalho na colônia de trabalho infantil* teria sugerido a Makarenko um novo caminho literário: expor a experiência que resultou na criação da metodologia de organização do trabalho educacional na forma de uma narrativa literária. E qual seria a experiência fundamental para a criação dessa metodologia? Teria sido o "inglório começo" da Colônia Gorki. E esse recurso literário de demonstração do nascimento e do desenvolvimento de suas teses educacionais teria sido estimulado por Gorki, em uma carta: "Você levou doze anos trabalhando e os resultados de seu trabalho não têm preço. Mas o caso é que ninguém o conhece e não o conhecerá se você mesmo não contar... Vá para qualquer lugar tranquilo e escreva seu livro, querido amigo".

Em lugar de um texto teórico, com a apresentação das teses e sua demonstração, Makarenko percebeu a necessidade de apresentar as condições particulares, concretas, do nascimento de sua proposta educacional, para que pudesse explicitar cada passo, cada decisão, cada criação pedagógica, no terreno fértil das determinações concretas e particulares da história. Além disso, preocupado com as críticas preconceituosas que o tomavam como "autoritário", como "general de um quartel", Makarenko resolveu colocar o leitor em contato direto com os conflitos vividos pelos personagens de sua epopeia pedagógica, os meninos e as meninas da Colônia Gorki. A leitura de um "poema pedagógico", no lugar de um texto teórico, abrindo inúmeras possibilidades para a experiência estética: a aventura de criação educacional.

Na realidade, Makarenko aprofunda as teses colocadas no livro *A experiência da metodologia de trabalho na colônia de trabalho infantil* em *Poema Pedagógico,* com a preocupação de relatar o período organizativo, como aparece logo no segundo capítulo de *Poema Pedagógico,* com o título *O inglório começo da Colônia Gorki.*

Objetivos da educação seria o plano geral de *Poema Pedagógico,* suas diretrizes gerais, sua tese central e sua argumentação, no plano teórico. Embora sucinto, esse artigo apresenta, já em 1931, um quadro analítico que seria desenvolvido em 1935 na obra *Metodologia para a organização do processo educativo.* Seu tema é a educação comunista, seus princípios, seu objeto e as particularidades de seus métodos e técnicas. Embora não faça uma referência direta a Lenin, é possível visualizarmos as teses de Estado e de sociedade socialista e comunista defendidas em *O Estado e a Revolução.* A educação é definida como um processo racional de formação de indivíduos de diferentes personalidades de acordo com as necessidades da sociedade.

Critica tanto as concepções idealistas que supõem resolver o problema educacional a partir de uma definição ideal de "homem", quanto as teses funcionalistas que procuram criar "moldes" para as personalidades de acordo com as "necessidades da sociedade". Nem fórmulas abstratas, nem determinações diretas da sociedade. Makarenko defende a necessidade de os pedagogos discutirem as várias possibilidades para se criar uma metodologia de educação para a formação do homem comunista. Para afrontar os idealistas, exemplifica a educação como um processo de produção de novas personalidades, como uma "fábrica", em que o material básico, a criança, é produzido de acordo com as técnicas pedagógicas e os conteúdos. Nesse processo, não há espaço para a mistificação da educação: o indivíduo não se desenvolve naturalmente, como definem as concepções espontaneístas de educação, mas segundo uma direção. Para Makarenko, a vida prática seria o critério do trabalho vivo da pedagogia comunista. No lugar dos parâmetros ideais, eternos e absolutos, Makarenko definiu as tarefas concretas: produto de um planejamento consciente, racional, das necessidades sociais, sempre em transformação, num processo dialético.

A dúvida: como educar para as necessidades da sociedade sem cair na educação massificada? Como respeitar o indivíduo e responder ao princípio das exigências sociais? A hipótese de Makarenko é a chave de todo seu sistema educacional. A única saída para este problema é deixar de considerar a "criança", ser genérico, abstrato, como objeto da educação e tomar a "coletividade" como novo objeto da educação comunista. Aí, sim, todas as diferentes personalidades estariam contempladas, sem que se buscasse uma personalidade ideal, anulando as demais, como nos moldes da educação jesuítica e espartana.

A coletividade como objeto da educação: esta é a grande revolução da pedagogia de Makarenko. A escola deixa de ter a sala de aula como centro. O centro é a autogestão da coletividade, assegurada por uma direção única, o pedagogo responsável.

O resultado da educação comunista seria a formação de homens felizes, de indivíduos realizados pessoalmente, ao contrário do velho antagonismo colocado pela psicologia e a sociologia funcionalistas: indivíduo x sociedade. Uma metodologia única e geral para a educação deveria contemplar todas as diferenças: físicas, psíquicas, morais, sexuais, etárias etc.

No lugar de inúmeras escolas diferenciadas, uma escola organizada na forma de coletividade, capaz de combinar todas as diferenças com base nos direitos iguais ao desenvolvimento cultural. A tese de Makarenko – a coletividade como objeto da educação comunista – é realização concreta da escola única, em uma sociedade marcada pelo fim da propriedade privada e a pela garantia da igualdade de direitos.

METODOLOGIA PARA A ORGANIZAÇÃO DO PROCESSO EDUCATIVO

A estrutura orgânica da coletividade

A organização da coletividade nas instituições infantis estrutura-se segundo vários princípios. As crianças podem ser divididas em grupos segundo o princípio que rege a escola: de acordo com este sistema, nos internatos, classes inteiras ou parte delas distribuem-se pelos dormitórios. Isto tem as suas vantagens, pois as crianças são da mesma idade, do mesmo grau de desenvolvimento; é mais prático e mais fácil para elas prepararem as tarefas de casa, utilizarem materiais didáticos e manuais comuns, assim como ajudar os mais atrasados.

Mas este tipo de organização também tem as suas desvantagens, porque as coletividades básicas organizadas desta forma fecham-se rapidamente no círculo dos seus interesses estritamente escolares e afastam-se do trabalho, da produção e da evolução econômica de toda a instituição.

As coletividades básicas de educadores podem ser organizadas segundo outros princípios, a saber: segundo a produção, segundo a idade etc.

Na comuna Dzerjinski o critério básico de organização da coletividade primária é o da produção. Com uma organização deste tipo é preciso guiar-se pelas seguintes teses:

a) todos os educandos se dividem em destacamentos que também vigoram na produção;
b) o número dos integrantes do destacamento deve estar entre 7 e 15. Não deve haver mais de 15 pessoas num destacamento. Como demonstrou a experiência, a coletividade básica formada por muitos membros subordina-se mal a quem a dirige e, por sua vez, o dirigente não está em condições de controlar todos os membros do destacamento;
c) se os educadores trabalham na produção em dois turnos, é preferível formar os destacamentos com crianças do mesmo turno;
d) se o grupo de máquinas é muito pequeno, podem ser formados destacamentos que incluam educandos do primeiro e do segundo turnos, mas esta forma é menos conveniente visto os membros do primeiro turno não se contatarem durante o trabalho com os do segundo;
e) se as condições do trabalho o permitirem, é recomendável, em alguns casos, formar destacamentos que garantam a fabricação das mesmas peças desde o início até o fim;
f) cada destacamento deve estar alojado num mesmo dormitório ou num grupo de dormitórios contíguos;
g) no refeitório, os membros de um destacamento devem sentar-se à mesma mesa.

Ao organizar a coletividade básica segundo o critério da produção, convém necessariamente levar em consideração as diferenças etárias. Nas instituições onde não exista uma coletividade sólida e bem organizada e onde ainda não tenha sido criada uma disciplina correta, é absolutamente necessário que as coletividades básicas – destacamentos para as crianças mais novas, entre 10 e 14 anos – se organizem à parte; só como exceção se pode admitir que crianças pequenas sejam incluídas nos destacamentos dos mais velhos, mas, neste caso, é necessário verificar do modo mais escrupuloso possível as particularidades individuais; levar em conta que tipo de influência afetará o aluno, a maneira de ele ser aceito no destacamento, o responsável pessoal pela sua vida no destacamento e no trabalho e a pessoa encarregada de ocupar-se dele de um modo especial.

Se existir uma organização de pioneiros é necessário que em cada destacamento haja um núcleo de pioneiros. Se há um número suficiente de pioneiros para todos os destacamentos dos menores, é recomendável que se organizem destacamentos especiais compostos inteiramente por pioneiros.

Do mesmo modo devem ser distribuídos os membros da Juventude Comunista nos destacamentos dos mais velhos. Só se autoriza a organização de destacamentos constituídos unicamente por membros da Juventude Comunista se nos destacamentos restantes houver pelo menos de 25 a 30% de membros desta organização.

Isto também se refere aos militantes: eles não devem se fechar em destacamentos e dormitórios separados, mas devem estar distribuídos por todos os destacamentos. É necessário distribuir os militantes nos destacamentos atrasados.

Quando a coletividade estiver formada sob o aspecto orgânico e disciplinar, quando tiver sido criado um bom ritmo de vida, assim como tradições saudáveis, torna-se muito útil organizar destacamentos com indivíduos de diferentes idades.

Na comuna Dzerjinski, as coletividades básicas – destacamentos – foram organizadas segundo o princípio de agrupar jovens de diferentes idades.

Uma organização deste tipo proporciona um maior efeito educativo, cria interação mais estreita entre os jovens de várias idades e é uma condição favorável para a acumulação permanente de experiência que pode ser transmitida pelas gerações mais velhas. Os mais novos recebem informações variadas, assimilam os hábitos de comportamento e de trabalho, aprendem a respeitar os mais velhos. A preocupação e a responsabilidade dos mais velhos pelos menores permitem que naqueles se formem qualidades indispensáveis ao cidadão soviético, tais como a generosidade humana, a bondade e a exigência e, finalmente, as qualidades de futuro homem de família e tantas outras.

Numa coletividade bem organizada, todo o processo educativo é realizado sem esforços especiais, como uma assimilação incessante de impressões, comportamentos e relações mais sutis e diversificadas.

Mas este tipo de relação entre os mais velhos e os mais novos constitui uma forma mais elevada na organização do processo educativo e requer uma direção e uma influência pedagógica qualificada e bem meditada.

É necessário cuidar sempre para que a composição do destacamento se mantenha inalterável, de maneira que os seus membros se unam numa coletividade amiga. As transferências frequentes dos educandos de um local de trabalho para outro não só prejudicam o processo produtivo, mas também desintegram as coletividades básicas. Em geral, a permanência das mesmas pessoas na mesma coletividade básica por um período mais ou menos prolongado é um fator decisivo em todo o processo educativo. Por isso, as transferências das pessoas de um local de trabalho para outro devem ser reduzidas ao mínimo.

Assim ou assado, se a coletividade se divide segundo o princípio da produção, a regra que se deve seguir é esta: se o educando muda de local de trabalho também deve ser transferido de destacamento, isto é: deve mudar de dormitório e de lugar no refeitório.

Na escola, como é evidente, as crianças devem estar organizadas por classes ou por turmas. Na comuna Dzerjinski esta organização rege apenas na escola, durante o trabalho docente ou à tardinha, quando se preparam as tarefas de casa.

A organização das coletividades básicas em forma de destacamentos de produção deve gozar de prioridade.

É necessário lutar do modo mais decisivo para evitar a desorganização do lazer da coletividade. Se os educandos se encontram organizados na escola e no trabalho, mas nas horas livres lhes é permitido um comportamento arbitrário, os efeitos educativos serão sempre baixos. Nos internatos, os dormitórios não devem ser examinados apenas como uma vivência em comum. O dormitório deve ser um complemento da educação laboral, econômica e política. O grupo de pessoas no dormitório deve estar ligado pelos seus êxitos escolares, pelos seus sucessos produtivos, pelos seus insucessos, pelo combate na produção ou pelas atualidades da produção, pela própria evolução e progressos de toda a coletividade.

Se esta ligação não for organizada, o dormitório converte-se num local de "deixa-andar" com as relações que geralmente se desenvolvem segundo a linha de menor resistência e de menores exigências: passatempos e diversões primitivos e por vezes ligações e faltas antissociais.

Esta é a razão pela qual é indispensável prestar a mais séria atenção à organização rigorosa do lazer e o motivo pelo qual se recomenda hospedar nos mesmos dormitórios os membros de um destacamento.

A autogestão no destacamento

O destacamento deve ser encabeçado por um chefe, que será um dos membros do grupo. Existem duas vias para nomear o chefe: designação e eleição.

1. É necessário designar os chefes em todos os casos em que não exista uma coletividade forte e a organização da Juventude Comunista for ainda insuficientemente forte para dirigir a opinião na coletividade.

Portanto, uma das tarefas primordiais da coletividade pedagógica consiste em ajudar a reforçar a influência política da organização da Juventude Comunista, tornar coesa a direção e entusiasmá-la no desempenho de um trabalho enérgico na coletividade e a exercer a autogestão. Os chefes de destacamentos devem ser designados entre os membros e militantes mais influentes da Juventude Comunista mediante uma ordem do chefe máximo da instituição, mas as candidaturas devem ser previamente discutidas no conselho pedagógico, na direção da produção, na organização da Juventude Comunista e no Conselho dos chefes de destacamentos.

2. Nas coletividades bem organizadas com uma forte organização da Juventude Comunista, deve ser adotado o sistema de eleição dos chefes de destacamentos. Na comuna Dzerjinski, o destacamento promove o seu candidato a chefe com a mais estreita participação do *bureau* do Komsomol, da coletividade pedagógica e do Conselho de chefes de destacamentos. As candidaturas são submetidas à consideração definitiva do chefe da seção pedagógica. Caso o candidato não seja aceito, a questão deve ser combinada com o destacamento. Os chefes de destacamentos são eleitos em pessoa na assembleia geral da coletividade. Só têm direito a voto os membros da coletividade que tenham o nome de comuneiros. Os chefes de destacamentos devem sentir constantemente a ligação com a coletividade que os elege e a sua responsabilidade.

Para chefe de destacamento deve ser eleito um educando fiel aos interesses da instituição, bom aluno, trabalhador de vanguarda, com qualificação mais elevada do que os outros e possuidor de qualidades pessoais tais como: delicadeza, energia, capacidade para dirigir, preocupação pelos menores e honradez. O trabalho do chefe de destacamento é considerado como a tarefa mais responsável e como uma prova de confiança que a direção e a coletividade depositaram nele.

Na produção, o chefe de destacamento deve considerar como seu objetivo básico o cumprimento do plano de produção e o desenvolvimento da iniciativa. Para resolver este problema, o chefe de destacamento deve preocupar-se por todas as esferas decisivas do trabalho como: a iniciativa no trabalho, a disciplina, o fornecimento de materiais, a luta contra a perda de tempo e as faltas no trabalho, a utilização de boas ferramentas, as boas instruções, a organização do local de trabalho, a existência de uniformes aceitáveis, as normas adequadas e uma documentação correta.

Em relação a todas as avarias e insuficiências nestas esferas, o chefe de destacamento deve consultar ao instrutor, o chefe de oficina, informar o dirigente da instituição ou o seu adjunto, discutir na assembleia geral do destacamento ou na reunião de produção.

Não obstante, ele deve adotar as medidas mais enérgicas para que estas discussões e reuniões não se realizem durante o horário de trabalho, para que nem um só educando se afaste da sua máquina durante o trabalho.

O próprio chefe de destacamento deve ter o seu posto de trabalho numa máquina. Pela sua atividade de chefe pode ganhar mais 10 ou 12% sobre aquilo que ganha pelo seu trabalho.

O chefe de destacamento não deve substituir o instrutor responsável pela direção do processo tecnológico da produção. Se o instrutor é um dos membros da coletividade – um educando – ele deve cumprir na produção as mesmas funções que um instrutor assalariado, sem que estas funções se misturem com as do chefe de destacamento.

Na vida diária, no dormitório, o chefe de destacamento também é responsável pelo destacamento. Entre os educandos que fazem parte dum destacamento elege-se um para ajudante do chefe do destacamento. Também se elege outro membro que será o responsável pela organização do esporte. Estas candidaturas são propostas por todo o destacamento, ou o chefe as apresenta pessoalmente e são depois ratificadas pelo dirigente pedagógico da instituição e pelo Conselho de chefes de destacamentos.

Em cada destacamento deve haver um organizador da Juventude Comunista.

A direção do destacamento encabeçada pelo seu chefe tem as seguintes funções:

a) zelar para que todos os educandos cumpram rigorosamente a ordem do dia, levantem-se à hora estabelecida, não cheguem tarde à mesa, saiam a tempo para o trabalho ou para a escola, cheguem pontualmente à instrução à noite e deitem-se à hora assinalada;
b) zelar pelo estado sanitário do destacamento, que a limpeza se realize a tempo e bem, que os guardas de dia cumpram as suas obrigações, que se mantenha a higiene pessoal e a utilização correta dos banhos, que os educandos andem bem penteados,

lavem as mãos antes das refeições. Habituar todos os educandos a conservar tudo limpo, não derrubar nada nem cuspir no chão, não fumar, cortar as unhas dos pés e das mãos, não se deitar nas camas arrumadas, não brincar nas camas etc.;

c) zelar pelos êxitos dos educandos no trabalho escolar, organizar ajuda aos atrasados, manter no destacamento uma ordem que garanta a possibilidade de preparar as tarefas de casa;

d) fazer com que os educandos frequentem clubes e grupos desportivos, leiam jornais e livros, participem na edição do jornal de parede;

e) elevar o nível cultural dos educandos, eliminar da sua linguagem as palavras grosseiras e os palavrões, regular as relações entre os camaradas, habituá-los a resolver os conflitos sem discussões nem brigas, lutar decididamente contra os mínimos atentados por parte dos mais velhos e mais fortes contra os mais novos e mais fracos;

f) lutar energicamente contra as tendências negativas de certos educandos. Incentivar nos membros do destacamento o respeito pelo trabalho alheio, pelo repouso, pelo sono e pelas atividades de outrem;

g) zelar pela formação no destacamento de agrupamentos de sócios, estimular e desenvolver os que sejam proveitosos (desportivos, de amadores de rádio e outros) e liquidar definitivamente os prejudiciais (antissociais). Solicitar a expulsão dos membros especialmente nocivos do destacamento.

Na escola da comuna Dzerjinski funciona uma instituição de chefes de classes. Estes chefes encontram-se à disposição da direção da escola e são assistentes dos responsáveis pelas classes.

Eles zelam pela disciplina na sala de aulas durante as aulas e nos intervalos, pela ordem geral e limpeza na sala de aulas, pela conservação de todos os bens. Os alunos de guarda na turma subordinam-se ao chefe respectivo e este é responsável pelo trabalho deles. Quando o professor exige, o chefe de turma expulsa da aula o aluno que tenha violado a disciplina. Esta é a organização que domina na escola durante a atividade docente. Fora da escola – na vida diária e na produção – o chefe de turma subordina-se ao chefe de destacamento onde ele está integrado. O sistema complexo das dependências coletivas forma a capacidade para mandar e obedecer.

Os chefes dirigem os destacamentos com base nas reuniões gerais do destacamento, na influência dos militantes do destacamento, da atividade política da organização da Juventude Comunista e das organizações político-instrutivas da instituição; e também dirigem o trabalho desenvolvido por todos os órgãos de autogestão, em pleno acordo com a direção administrativo-pedagógica, sob a constante instrução e ajuda por parte do pessoal pedagógico.

Independentemente disto, na base dos mesmos processos e organizações, deve ser sempre mobilizada a atenção dos membros do destacamento para questões do trabalho produtivo, do cumprimento dos planos industriais e financeiros, da elevação da qualidade e do combate aos defeitos na produção; sobre o estudo na escola e a disciplina na coletividade, sobre as vias gerais para o crescimento e desenvolvimento da instituição.

O chefe do destacamento deve esforçar-se para que o seu destacamento constitua uma coletividade unida. A sua autoridade deriva do melhor trabalho que realize, do comportamento exemplar, da sua intransigência como membro da Juventude Comunista e da sua não conversão em "patrão".

No fim do dia, a uma hora marcada e segundo uma determinada forma, os chefes de destacamento informam o dirigente do setor pedagógico sobre o estado em que se encontram os seus destacamentos, sobre as faltas cometidas pelos seus membros e sobre as violações ao regime estabelecido que se tenham registrado. Esta breve informação diária oferece ao dirigente um quadro claro do estado em que se encontra a instituição em relação a certos educandos, assim como no que respeita a questões de organização geral. O fato de a direção estar sempre a par do que se passa e poder reagir imediatamente aos acontecimentos e ações tem uma grande importância educativa para a coletividade dos educandos...

Os chefes de destacamentos são eleitos por um período de 3 a 6 meses. Este prazo é o mais conveniente: em primeiro lugar, neste breve prazo, os chefes de destacamentos sentem-se representantes da coletividade sem que cheguem a converter-se numa espécie de funcionários; em segundo lugar, passa um número maior de educandos pelos postos de chefia; e, em terceiro lugar, as obrigações do chefe de destacamento que exigem tensões adicionais não chegam a converter-se, durante este período, numa carga demasiado pesada para os educandos. A revogação do mandato de um chefe de destacamento antes do prazo estabelecido deve ser bem motivada e aprovada pelo conselho de chefes de destacamentos. O afastamento administrativo de um chefe de destacamento só pode ser provocado por circunstâncias muito sérias e inadiáveis.

Todos os chefes de destacamentos e de turmas constituem um órgão central de autogestão – o Conselho da coletividade (o Conselho de chefes de destacamentos) – da instituição em questão.

Os órgãos de autogestão

O órgão fundamental de autogestão é a assembleia geral de todos os educandos da instituição infantil. Ela deve se reunir uma vez por semana no período de organização e de brechas no trabalho da instituição e pelo menos duas vezes por mês no período normal.

Via de regra, a assembleia geral deve ser sempre aberta, isto é, nela todos os membros da coletividade têm direito de estar presentes e de expressar-se. Em algumas questões é aceitável que votem todos os presentes como, por exemplo, naquelas que estão relacionadas com o trabalho cultural, dos clubes etc.

O presidente do Conselho da coletividade preside a assembleia geral, salvo naquelas assembleias em que este Conselho presta contas do seu trabalho. Pode ser adotado um outro meio de nomeação do presidente da assembleia. Por exemplo, podem presidir todos os membros da coletividade, por turno. Isto é benéfico para incutir em todos os educandos determinados hábitos sociais e atraí-los para a vida social ativa.

É necessário recomendar a redução do tempo para a eleição dos membros para a presidência. Geralmente, as assembleias gerais das instituições educacionais devem ser muito dinâmicas a fim de não "roubarem" muito tempo aos educandos. Por isso, para elas deve existir um regulamento preciso elaborado pela parte docente-educativa conjuntamente com o comitê da Juventude Comunista e aprovado numa destas assembleias gerais.

Este regulamento é importante não só porque impede que as assembleias gerais se estendam e "roubem" aos educandos tempo de sono ou de leitura, mas também porque ensina os oradores a limitarem-se a um tempo exato e a expressarem-se de modo concreto e conciso.

No entanto, nas assembleias gerais da coletividade, nunca se deve permitir que os debates sejam interrompidos, ou se reduza a lista de oradores, visto que um dos objetivos das assembleias consiste em atrair o maior número possível de educandos para a vida social ativa.

A direção da instituição educacional deve impor nas assembleias gerais uma disciplina rigorosa, que fale um de cada vez, não haja barulho, não andem pela sala nem saiam do local da reunião, não gritem dos lugares. Por isso, todo aquele que preside as reuniões deve ter o direito de fazer admoestações aos que violam a ordem e de expulsar os reincidentes.

É necessário que as coletividades básicas da instituição (destacamentos, brigadas, classes) sejam responsáveis por turnos em manter a ordem na sala durante as assembleias gerais. Recomenda-se fazê-lo da seguinte maneira: cada destacamento de educandos é responsável em manter a ordem na sala durante as assembleias gerais (concertos, cinema) por um período de duas semanas. Isto deve ser anunciado através de uma ordem por escrito. O grupo de guarda preocupa-se para que a sala esteja em ordem antes de a reunião começar, que haja uma mesa para a presidência, uma jarra com água, uma toalha de feltro na mesa etc. Entre os membros do destacamento de guarda, para cada assembleia, devem ser escolhidos vários chefes de guarda, que ajudarão a manter a ordem; para sua identificação, usarão braçadeiras de uma determinada cor. Eles estarão na entrada do local da reunião para que, durante a mesma ou durante algum discurso, ninguém ande pela sala, não se amontoem às portas, não se fume na sala. É preciso que nas reuniões todos tirem os chapéus e não se vistam com uniformes de trabalho (salvo nas assembleias de produção nas oficinas). Os chefes de guarda devem também cumprir todas as ordens do presidente.

No início de cada semestre são eleitos, na assembleia geral, os seguintes órgãos de autogestão: o Conselho da coletividade, a Comissão sanitária e a Comissão financeira.

Antes das eleições, devem ser elaboradas as listas de candidatos para estes órgãos pela seção de educação e ensino e pela organização da Juventude Comunista. Quando a organização da Juventude ocupa na instituição o lugar dirigente respectivo, é necessário conceder-lhe o direito de elaborar as listas de candidatos.

A atividade de todos os órgãos de autogestão numa instituição infantil deve decorrer em plena concordância com o plano traçado, exceto a do órgão central – o Conselho da coletividade (o Conselho dos chefes) – visto ter de resolver muitas questões correntes, impossíveis de serem previstas por um plano.

A regularidade do trabalho dos órgãos de autogestão é um fator decisivo. Todo órgão de autogestão que, por qualquer motivo, não se reúna durante muito tempo perde a sua autoridade e, na prática, é como que se não existisse.

A regularidade do trabalho dos órgãos de autogestão não é assegurada por um calendário ou pela marcação de dias concretos para a realização das reuniões.

A atividade dos órgãos de autogestão só será atual e importante se toda a vida da instituição educacional estiver de tal modo organizada que a suspensão da atividade deste ou daquele órgão se reflita imediatamente no trabalho da instituição e seja sentida pela coletividade como uma deficiência. Para que os órgãos de autogestão tenham precisamente essa importância de instituições que funcionam regularmente é necessário o seguinte:

a) a administração da instituição, incluindo a pedagógica, não deve substituir os órgãos de autogestão e resolver independentemente as questões que são da competência destes órgãos, mesmo que a decisão da direção possa parecer mais correta e flexível;
b) cada decisão dos órgãos de autogestão deve ser cumprida obrigatoriamente, sem demoras e sem adiamentos;
c) se a administração considera impossível o cumprimento da decisão errônea de qualquer órgão de autogestão, deve reclamar perante uma assembleia geral, e não simplesmente anular a decisão;
d) o método fundamental para o trabalho da administração deve ser a influência exercida nos próprios órgãos de autogestão; aquele camarada que não goze desta influência e que provoque constantemente conflitos com estes órgãos não serve para trabalhar nesta instituição;
e) a atividade nos órgãos de autogestão não deve ocupar muito tempo aos educandos para que eles não sejam sobrecarregados com as suas obrigações e não se convertam em "funcionários";
f) não se podem sobrecarregar os órgãos de autogestão com diversas ninharias que se pode resolver no trabalho administrativo corrente;
g) o trabalho realizado por todos os órgãos de autogestão deve ser organizado com muita precisão e todas as suas decisões devem ser registradas por escrito. É preferível que o controle deste trabalho esteja centralizado num só local, por exemplo, junto ao secretário do Conselho da coletividade.

Este controle permite liberar os órgãos de autogestão da redação fastidiosa e desnecessária de atas, que imprime ao trabalho dos órgãos de autogestão um caráter burocrático e sobrecarrega a atividade das crianças com uma demasiada quantidade de papel. Só para as resoluções mais importantes relacionadas com a graduação dos educandos é necessário um livro de atas. O controle quotidiano de trabalho dos órgãos de autogestão deve ter características de um diário geral em que se registrem as datas e as breves decisões adotadas.

Uma forma muito importante de autogestão, que não exige tanto trabalho dos seus órgãos e que tem ainda muitos aspectos educativos úteis, é a atividade de pessoas com plenos poderes pessoalmente responsáveis pelo trabalho que realizam. Esta forma conduz, em determinada medida, a que o trabalho dos educandos adquira os princípios de direção unipessoal, acostume os educandos a serem pessoalmente responsáveis, reduza os debates e discussões, proporcione a toda a vida da coletividade um ritmo de trabalho indispensável.

Cada encarregado deve trabalhar em nome de um outro órgão, prestar contas perante ele das suas funções e ter marcos bem delimitados da sua atividade. Também pode haver jovens encarregados pela assembleia geral.

Em cada instituição educacional deve haver uma ordem que preveja um sistema de controle das resoluções dos órgãos de autogestão e do cumprimento das mesmas. As funções de controle podem ser confiadas a todas as coletividades básicas por turnos, por um período de um mês.

Uma questão particularmente difícil é o controle do cumprimento das resoluções concernentes às sanções e às medidas de influência impostas a um ou a outro educando. É inadmissível que se encarregue um colaborador assalariado de realizar esta função. É especialmente difícil zelar pelos castigos que têm um caráter prolongado, por exemplo, limitações de várias ordens. Frequentemente estes castigos são esquecidos pelos culpados e por toda a coletividade e perdem, por isso, todo o significado.

A experiência demonstrou que a melhor forma de controle na esfera das medidas de influência é aquela em que a função de controle deriva de quaisquer outras obrigações. Por exemplo: é aconselhável, em cada coletividade, ter um grupo de educandos aos quais se confia a guarda da instituição de fora ou de dentro. Este destacamento de guardas pode ser ao mesmo tempo o de controle e, em particular, as obrigações de controle podem ser responsabilidade do chefe deste destacamento.

Também se pode encarregar o chefe do destacamento (que se encontra de guarda à instituição) desta função. Em outras palavras, todos os chefes podem ser encarregados por turno.

O estilo de trabalho com a coletividade

As instituições infantis diferem umas das outras pelo estilo geral dos trabalhos e pelo tom.

O tom normal só pode ser um. Em primeiro lugar, ele deve distinguir-se por um vivo tom maior; no entanto, em caso algum deve ter um caráter estridente, de efervescência constante, de tensão histérica que salta à vista desagradavelmente e ameaça rebentar com o primeiro fracasso e converter-se numa desilusão.

O tom maior na coletividade deve ter um aspecto muito calmo e firme. Isto é, antes de mais nada, a manifestação da serenidade interior confiante nas suas forças próprias, nas forças de toda a coletividade e no seu futuro. Este firme tom maior deve adquirir o aspecto de um ânimo constante, da prontidão para a ação, não para uma ação de simples correria, de alterações desnecessárias, não para uma ação desordenada, mas para uma ação calma e enérgica e, ao mesmo tempo, um movimento econômico.

Só uma coletividade que se exercita frequentemente no cumprimento de diversas tarefas adquire um tal ânimo. Evidentemente que este cumprimento não é caótico, mas organizado, com a indicação precisa das funções de determinados órgãos e indivíduos, com a responsabilidade necessária e bem delimitada de diferentes pessoas e de toda a coletividade.

Em geral, no tom deve sentir-se sempre que os distintos educandos e a coletividade no total estão conscientes da sua dignidade como pessoas que trabalham numa coletividade de produção soviética.

Esta dignidade expressa-se, por um lado, por uma cortesia comedida em relação a um desconhecido, por ser um anfitrião amável, se o desconhecido chegou à instituição para tratar algum assunto; e pela disposição de oferecer a mais enérgica resistência se algum estranho, não respeitando a coletividade, viola os seus interesses.

Com esta dignidade, os educandos sabem distinguir facilmente indivíduos e fenômenos diferentes.

É preciso que se eduque nas crianças uma capacidade de orientação como esta, é necessário inculcar-lhes o hábito de sentir o que acontece à sua volta, conhecer e definir a sua atitude em relação a um desconhecido, a uma pessoa nova e estabelecer rapidamente uma linha de comportamento que mais convenha aos interesses da coletividade.

É evidente que os educandos não têm nenhuma dignidade quando cercam todo aquele que acaba de chegar e seguem-no por todo lado. Aqueles educandos que recebem uma pessoa nova fazendo queixas da administração também não têm nenhuma dignidade.

Mesmo que estas queixas sejam justas, eles, de todo o modo, mostram que a educação da instituição não serve para nada.

O sentido de dignidade surge nos educandos só quando a instituição, a sua vida e o trabalho, em medida considerável, se baseiam na responsabilidade da coletividade infantil compartilhada com o pessoal dirigente. Se a organização e o estado de coisas na instituição são objeto da atenção geral e de esforços gerais de toda a coletividade, então cada êxito, por muito insignificante que seja, originará este sentido de dignidade.

A cada passo, promovendo o espírito de autocrítica, despertando a aspiração dos educandos em revelar as deficiências no trabalho da instituição, mesmo que se tenha de criticar a administração e certos camaradas, deve ao mesmo tempo formar o orgulho, o amor pela sua instituição, o desejo para que a sua fama seja uma boa fama. Por esta razão revelar os fracassos e atritos internos ao primeiro desconhecido que vier é, na opinião da coletividade, um ato condenável. Além do mais, os educandos devem suportar com dignidade algumas privações e não pedir a desconhecidos que as resolvam para eles.

Só depois de conhecer uma pessoa, determinar o que pretende e que atitude tem em relação à instituição, fazendo-a inteirar-se do esquema geral de seu trabalho, os educandos podem acolhê-la como amiga e valerem-se da sua ajuda. Este estilo de relações na instituição forma o sentido de dignidade própria, do orgulho e da vigilância, elementos necessários ao patriotismo natural.

Uma segunda qualidade muito importante do tom geral necessária de ser formada na instituição é a unidade da coletividade, a união estreita de todos os seus membros. Nas relações internas, no trabalho quotidiano, os educandos podem "pressionar" um a outro quando quiserem, criticar um a outro nas assembleias gerais, no Conselho, e castigar um a outro, mas, fora destas formas especiais de influência, eles devem fazer justiça a cada educando antes de mais nada, porque ele é membro da mesma coletividade, defendê-lo dos estranhos, não lhe causar desgosto algum, não o difamar. Esta unidade da coletividade deve manifestar-se com maior incidência durante trabalhos de urgência, de investida e durante uma grande luta comum. Em tais situações não é preciso lembrar erros ou faltas cometidas por alguns camaradas.

O terceiro indício de um tom geral normal deve ser uma ideia de proteção bem determinada. Nenhum educando por menor ou fraco que seja, por mais novato na coletividade não deve sentir-se abandonado ou indefeso. Na coletividade deve vigorar uma lei rígida segundo a qual ninguém tem direito nem sequer a possibilidade de escarnecer, bazofiar ou exercer violência contra o membro mais fraco da coletividade e ficar impune. Em primeiro lugar, a vítima deve encontrar o apoio obrigatório por parte do seu destacamento ou classe. Por isso é importante manter por muito tempo destacamentos inalteráveis na sua composição.

Em segundo lugar, cada educando deve estar certo de que em caso de necessidade será protegido por qualquer educando mais velho, de que a direção da instituição também o protegerá da maneira mais enérgica se disso houver necessidade. Todo tipo de tentativas de violência de educandos sobre outros deve ser reprimido da forma mais decidida.

O quarto indício importante do tom geral é o dinamismo. Isto não significa de maneira alguma que ele se deva manifestar através de uma correria ou gritaria desordenada, mas através de uma prontidão e inclinação permanentes a uma atividade séria, mesmo que seja em forma de jogo. O educando, durante todo o dia de trabalho, deve encontrar-se racionalmente ocupado, ora com o trabalho, ora com os estudos, ora com o jogo, ora com a leitura, ora com uma palestra útil. Ele não deve apenas falar de coisas sem importância, matar o tempo, olhar para o teto ou andar entre quatro paredes sem saber o que fazer. Só numa atividade organizada se formará nele o espírito diligente, razoável e útil, o hábito e o gosto de um movimento benéfico.

O quinto indício importante do tom deve ser o hábito de saber dominar-se; a direção da instituição infantil deve constantemente desenvolver nos educandos a capacidade de serem moderados no comportamento, nas palavras e nos gritos. É preciso exigir que se mantenha o silêncio quando é preciso, ensinar os educandos a não gritarem sem motivo, a não rirem em altas gargalhadas e a não se excederem nos movimentos desnecessários. Na comuna Dzerjinski, a coletividade proíbe os educandos de se encostarem às paredes, se agarrarem aos corrimões das escadas; se deitarem nas mesas e repimpar-se nos sofás. Esta moderação não deve ter o caráter de adestramento, mas deve ser justificada logicamente com o benefício direto para o organismo do educando, com as noções estéticas e as comodidades para toda a coletividade.

Uma forma especial de moderação é a cortesia, a qual deve ser insistentemente recomendada aos educandos sempre que seja possível e exigida.

A educação do tom geral produz-se em todos os planos da instituição infantil, em cada momento de trabalho, na vida quotidiana, na escola, na produção, durante os jogos etc. Muito depende do comportamento e do tom dos professores, do pessoal educativo, dirigente e instrutivo.

Este pessoal deve reunir com o seu comportamento todas as exigências acima citadas. Além do mais, todo o pessoal da instituição infantil deve ter formadas tradições e normas de comportamento especiais. Em relação aos educandos, o pessoal pedagógico e dirigente deve sempre ser amável, cordial, à exceção daqueles casos quando se exige, ou elevação do tom devido a novas exigências, ou quando elevar o tom obedece à necessidade de imprimir uma maior emoção – durante as assembleias gerais, trabalhos comuns ou determinadas rupturas na vida da coletividade. Em todo caso, os pedagogos e a direção nunca devem comportar-se frivolamente: zombaria, contar anedotas, nenhum excesso verbal, imitações, trejeitos etc. Por outro lado, é absolutamente inadmissível que os pedagogos e a direção, na presença dos educandos, estejam taciturnos, irritados e gritantes.

Em certos casos de faltas graves, pode manifestar-se indignação, mas este tom deve ser obrigatoriamente justificado pela gravidade da ação.

Tanto dos educandos quanto dos pedagogos e de outros funcionários da instituição infantil é necessário exigir uma ordem e limpeza completas nas roupas, cabelo, bigode e barba num estado aceitável, o calçado limpo, as mãos lavadas, as unhas cortadas e um lenço de mão.

Igualmente como os educandos, os pedagogos só devem falar quando for preciso e quanto for necessário, não se deve encostar às paredes e deitar-se sobre as mesas, não se deve repimpar nos sofás, não se deve cuspir, não atirar bitucas e sacudir a cinza no chão, não andar pelas instalações com o sobretudo vestido e com o chapéu na cabeça.

Nas instituições infantis não é preciso impor uma ordem militar. Também não é necessário que os educandos formem filas, a não ser quando se trata de excursões, desfiles festivos, educação física ou militar. Não deve haver nenhum adestramento militar para as necessidades da vida diária. No dia a dia são necessárias a pontualidade e a disciplina, mas estes elementos são por si só valiosos mesmo se não estão relacionados com assuntos militares e muito menos deve haver dependências de tipo militar externas: comando, posições etc. Os movimentos livres dão à pessoa uma graciosidade, uma elegância e à nossa juventude de todas as idades devem exigir-se precisamente um estilo e maneiras de comportamento como estas. Isto torna-se completamente natural e habitual só com a experiência e o exercício constantes desde a infância.

O trabalho cultural

Cada esfera do trabalho cultural tem a sua metodologia que deve ser conhecida pelos especialistas que o dirigem. Neste capítulo será apenas feita referência aos princípios gerais que se devem ter em conta nas instituições infantis para organizar o trabalho cultural.

Estes princípios são:

1. A distribuição das crianças pelos círculos e clubes deve ser absolutamente voluntária, com direito de abandonar o círculo ou o clube em qualquer momento. No entanto, nos círculos também deve haver disciplina, não se deve permitir que a composição destas organizações se altere constantemente. Assim, por exemplo, pode-se ingressar numa banda voluntariamente, mas a saída deve ser limitada. Caso contrário nunca se formará uma boa banda. Habitualmente são frequentes os conflitos com os músicos que tocam tambor ou contra-baixo... Frequentemente, é com prazer que as crianças querem aprender a tocar estes instrumentos, mas, ao se darem conta de que não têm grande futuro com esta especialidade, fazem todo o possível para abandonarem a banda.

Nestes casos, no ato de ingresso na banda é preciso explicar aos interessados que o valor da banda reside no conjunto, que a banda é importante não só como uma oportunidade de obter uma determinada qualificação musical, mas também como um organismo sério na própria coletividade.

Ao ingressar na banda, cada educando terá de assinar uma obrigação segundo a qual se compromete a tocar durante certo período e, quando desejar abandonar a banda, deve avisar com pelo menos três meses de antecedência, para que seja possível preparar um substituto.

Também devem existir algumas limitações para abandonar o círculo dramático e o coro. Os membros destes círculos não podem retirar-se até que termine a apresentação do espetáculo ou do concerto para os quais se preparam.

Estas limitações disciplinatórias devem ser ratificadas pela assembleia geral e todos os educandos que as infringirem terão de responder como se tivessem violado a disciplina geral.

2. Nas grandes instituições, a organização do trabalho extraescolar e de clubes deve estar a cargo de um especialista efetivo neste ramo.

3. Cada círculo deve ter o seu dirigente responsável conhecedor deste tipo de trabalho. Se forem os pedagogos desta instituição a dirigirem estes círculos, é recomendável que cada pedagogo se encarregue apenas de um círculo e receba por este trabalho suplementar uma determinada compensação financeira.

4. Podem ser recomendados os seguintes círculos: de coro, dramático, de literatura russa, de literatura nacional, de instrumentos de sopro, de instrumentos de corda, de instrumentos de percussão, de pintura, de trabalhos manuais, de dança, de fotografia, de investigações em ciências naturais, de radioamadores, de física e química, de línguas estrangeiras, desportivo, de contos, de xadrez e damas.

Ao iniciar a organização dos círculos deve partir-se do princípio de que é preferível ter menos círculos, mas que se trabalhe efetivamente naqueles que existem.

5. É desejável que cada círculo disponha, se possível, de um local próprio. No entanto, é preciso zelar para que este local não se converta simplesmente num lugar de ociosidade, de refúgio de determinados grupos de educandos que se desviam de assuntos sociais. Por esta razão, é necessário seguir muito de perto o trabalho dos círculos e a sua composição.

6. Se a direção da instituição manifestar cuidados por eles, nenhum círculo deixará de funcionar.

Esta preocupação deve consistir no seguinte: local, dirigente, instrumentos, materiais, visitas às sessões de trabalho do círculo, informação sobre o trabalho do círculo na imprensa da instituição.

A prestação obrigatória de contas de cada círculo em forma de espetáculos, concertos, jornais de parede, exposições, relatórios.

A prestação de contas oficial de cada círculo no conselho da coletividade.

A competição geral entre todos os círculos com base em determinados critérios elaborados no Conselho da coletividade.

Na comuna Dzerjinski é eleito um comitê de concursos para questões relativas à arbitragem, prêmios, sequência de mostras e organização dos concursos.

Premiação dos melhores círculos com instrumentos, materiais, viagens, assim como a premiação de alguns dos seus membros mais destacados propostos pelos próprios círculos com pequenos presentes especiais.

É necessário controlar como são atraídos os educandos para o trabalho nos círculos, quais as circunstâncias que impedem alguns deles de se inserirem na atividade dos círculos e tentar eliminar estas razões. Acontece com frequência que os educandos mais velhos aceitam de mau grado os membros novos para os círculos, tentam limitar a sua composição a um determinado grupo engajado. É o que não se pode admitir.

Ao atrair os restantes membros do círculo para o trabalho é necessário prestar a maior atenção aos educandos que se inscreveram em vários círculos, mas não trabalham, servindo apenas de obstáculo. Geralmente trata-se de jovens propensos à superficialidade e quase sempre preguiçosos. É necessário limitar o direito de educandos de participarem em mais de dois círculos, com uma resolução do Conselho.

7. Nenhum círculo deve ter privilégios e, em caso algum, vender independentemente a sua produção, a quem quer que seja, por dinheiro.

Só a administração pode autorizar esta venda única e exclusivamente quando os fundos obtidos se destinarem a melhorar o trabalho do próprio círculo, à compra de materiais etc.

Deve-se atuar com muito cuidado em relação à banda. Ouvem-se objeções de que os músicos necessitam de muito mais tempo e por isso devem ser dispensados do trabalho produtivo e de assuntos sociais; é preciso conceder-lhes dormitórios independentes, enviá-los de vez em quando a tocar por dinheiro, assinar com eles condições especiais.

Em algumas instituições pode se observar uma "aristocracia orquestrada", passeando com trajes especiais, desprezando os outros educandos e o trabalho produtivo. São mesmo alguns dirigentes que contribuem para este estado de coisas, enviando a banda nos meses de verão para as estações balneárias e de descanso, quando os músicos ganham dinheiro tocando nos parques e jardins.

Esta "política" é a via mais curta para a decomposição da coletividade e de certos dos seus educandos, dos quais, no melhor dos casos, se formam arranjadores vulgares e ignorantes.

A melhor prova de que se pode prescindir dum método destes é a banda da comuna Dzerjinski que, durante oito anos de trabalho, não ganhou um único copeque, não gozou de privilégio algum e, apesar disto, é uma das melhores bandas de Kharkov.

A banda deve estar absolutamente convicta de que o seu único privilégio consiste em que os músicos aprendem a tocar um determinado instrumento e adquirem assim uma qualificação adicional. De resto, são educandos comuns da mesma maneira que os outros; participam no trabalho, estudam na escola como os demais, têm as mesmas obrigações, vigias e outros deveres que vigoram na comuna etc. O orgulho da banda deve consistir em que ela serve, antes de mais nada, à coletividade de educandos, ajuda-a a viver mais alegre e formosa.

Fora da instituição, a banda só pode tocar segundo ordem da direção ou do Conselho de chefes de destacamento e, obrigatoriamente, de graça. É evidente que dentro dos possíveis não se deve sobrecarregar as bandas com encargos desta índole.

Em geral, a banda deve estar completamente subordinada ao Conselho da coletividade e cumprir todas as suas disposições sem objeção, mostrando aos outros educandos um exemplo de disciplina.

Só em casos excepcionais é que se deve prestar uma atenção especial à banda: se todos vão de viagem, a banda deve ser a primeira a partir; durante as excursões a pé é preciso ajudar os músicos a transportar os instrumentos pesados; às vezes se deve agradecer publicamente à banda pelo seu bom trabalho e premiá-la.

Durante as jornadas de trabalho voluntário aos domingos e de trabalhos de emergência, a orquestra pode, em vez de trabalhar, tocar para aqueles que trabalham.

Uma boa banda de música na coletividade tem uma enorme importância educativa, unificadora e embelezadora. Convém insistentemente recomendar à direção de cada grande instituição infantil que organize uma banda. Os meios e esforços empregados serão justificados pelos resultados de educação da coletividade e, além do mais, da educação estética.

8. A oficina livre. Esta organização é de grande interesse e é criada da seguinte maneira: arranja-se uma sala grande do tipo de uma oficina e convida-se um instrutor especial. Na sala instalam-se várias máquinas, podendo mesmo ser velhas, mas variadas, um torno, uma furadeira, algumas bancadas, andaimes, morsas.

O mais importante não são as máquinas, mas os instrumentos. Estes devem ser os mais variados possíveis: para trabalhar madeira, metal, agulhas, serras, tesouras. E deve ser ainda mais variado o material: madeira, aço, ferro, lata, estanho, vidro, algodão, cola, gesso, cartolina, arame, papel, carvão, tintas e telas.

O círculo deve estar estreitamente ligado pelas suas obrigações mútuas. Cada um se compromete a trabalhar, cuidar dos bens do círculo e observar a disciplina. Cada qual pode fazer o que desejar: um modelo, uma máquina a vapor, um avião, um brinquedo, objetos de madeira, mas deve informar o círculo dos seus planos e este, por sua vez, deve aprovar as suas intenções. Só neste caso ele receberá material e ajuda do instrutor.

Esta oficina atrai um grande número de pequenos que ainda não têm idade para fazer parte de círculos mais sérios e que sempre têm sonhos e capacidade para construir. A direção da instituição deve ajudar com todas as forças um círculo deste tipo, fornecer pequenas somas em dinheiro e materiais, todo o tipo de restos da produção, retalhos e instrumentos usados.

O trabalho deste círculo deve terminar com uma exposição.

9. Um tipo especial de trabalho que se realiza no clube é o dos murais. Para isto organiza-se também um círculo. Das várias esferas da ciência, da vida, da história, da geografia, da prática da produção etc., selecionam-se problemas, anedotas, questões, logogrifos, desenhos e tudo isto, de um modo mais ou menos artístico, é apresentado num grande painel. Todos os educandos podem responder às perguntas por escrito. A cada problema oferece-se um determinado número de pontos, tanto pela solução quanto pela proposição. Durante o inverno fazem-se várias séries destes murais com logogrifos. Na primavera calcula-se quantos pontos obteve cada participante e, em função disto, entregam-se pequenos prêmios numa assembleia geral que se convoca especialmente para o feito.

Um mural deste tipo, bem decorado atrai centenas de educandos e é muito benéfico. Na comuna Dzerjinski podem ser obtidas explicações completas e modelos destes murais com logogrifos.

É necessário organizar o trabalho extraescolar e dos círculos de tal modo que ocupe os educandos nas horas livres e principalmente aos domingos e dias festivos.

A perspectiva

Um verdadeiro estímulo da vida humana é a alegria do amanhã. Na técnica pedagógica esta alegria do amanhã é um dos objetos mais importantes do trabalho. Primeiro, é preciso organizar a própria alegria, fazê-la viver e convertê-la em realidade. Em segundo lugar, é necessário ir transformando insistentemente os tipos mais simples de alegria em tipos mais complexos e humanamente significativos. Aqui existe uma linha muito interessante: da satisfação mais simples até o mais profundo sentido do dever.

O mais importante que nós habituamos a valorizar no ser humano é a força e a beleza. Tanto uma coisa quanto a outra determina-se na pessoa exclusivamente pelo tipo de atitude que ela assume em relação ao futuro. A pessoa que determina o seu comportamento em relação ao futuro mais imediato é a pessoa mais fraca. Se ela se satisfaz só com a sua própria perspectiva, ainda que seja em longo prazo, é capaz de ser forte, mas não nos despertará a sensação de beleza da personalidade e do seu verdadeiro valor. Quanto mais ampla é a coletividade cujas perspectivas se identificam com as perspectivas pessoais do indivíduo tanto mais nobre e belo é este último.

Educar um ser humano significa formar nele capacidades para que possa escolher vias com perspectivas. A metodologia deste trabalho consiste em organizar novas perspectivas, em utilizar as existentes, em colocar, pouco a pouco, outras mais elevadas.

Pode-se começar com um bom almoço e com uma ida ao circo, mas é preciso sempre animar toda a coletividade pela vida e gradualmente alargar as suas perspectivas, enaltecê-las até o nível dos objetivos de todo o país.

Os fracassos em muitas instituições infantis se devem às perspectivas fracas e mal definidas. Mesmo em instituições infantis bem equipadas não se conseguirá um bom trabalho e disciplina se não traçarem perspectivas claras.

A perspectiva próxima

Numa coletividade infantil em que os seus membros não são ainda capazes de programar em longo prazo as suas aspirações e interesses, o dia de amanhã deve ser obrigatoriamente melhor do que o de hoje. Quanto maior é a idade tanto mais se distancia a perspectiva otimista imediata. Para os jovens de 15-16 anos, a perspectiva próxima já não tem tanto significado como tem para os adolescentes de 12-13 anos. A um adulto é plenamente suficiente ter apenas uma perspectiva em longo prazo, dependendo da sua consciência e do seu desenvolvimento político.

No desenvolvimento do nosso processo educativo, umas das tarefas essenciais é a transição das satisfações mais próximas para as mais longínquas. No entanto, esta tarefa na esfera das perspectivas é ainda insuficiente e, em princípio, não diferencia a nossa pedagogia da pedagogia burguesa. O nosso trabalho no domínio da perspectiva consiste ainda em que todo o tempo devemos educar aspirações coletivas e não apenas pessoais. O indivíduo com predomínio da perspectiva coletiva sobre a pessoal já pode se considerar uma pessoa de tipo soviético.

Finalmente, a nossa tarefa consiste também em conjugar as perspectivas pessoais e coletivas de maneira que o nosso educando não sinta nenhuma contradição entre elas.

Graças a esta complexidade, o trabalho neste domínio reveste-se de um significado descomunal e no campo da própria educação torna-se o mais importante.

A organização da perspectiva próxima deve, evidentemente, começar pelas metas pessoais. A primeira fase deste trabalho é indispensável em toda instituição suficientemente organizada. Locais e salas de aulas bem equipados, quartos com aquecimento, alimentação aceitável, jogos de cama limpos, proteção completa das crianças contra as arbitrariedades e despotismo dos mais velhos, assim como uma atmosfera simples e cordial nas relações constituem os objetivos mínimos necessários, sem os quais é difícil imaginar um trabalho educativo correto.

No entanto, devemos contar com a circunstância de que existem jovens que já têm traçadas as metas imediatas de outro tipo: demonstrar a sua força através dos companheiros mais fracos, tratar de propósito grosseiramente as moças, contar anedotas mórbidas; aquisições materiais através do roubo e bebidas alcoólicas são também aspirações que se encontram na linha das perspectivas imediatas. Para tais jovens, a vida organizada na instituição infantil não é assim tão atrativa para que possam ser esquecidas as aspirações habituais. Mesmo nas condições mais confortáveis, pode-se jogar cartas, beber, escarnecer dos outros.

Por esta razão, numa coletividade jovem pode originar-se uma luta entre as perspectivas novas e as velhas. É precisamente nesta altura que se deve prestar a máxima atenção à organização das perspectivas próximas. Cinema, concertos, saraus, atividade dos círculos e clubes, sessões de leitura e espetáculos de amadores, passeios e excursões devem afastar os tipos primitivos de passatempos "agradáveis".

No entanto, seria um grande erro edificar a perspectiva próxima unicamente no princípio do agradável, mesmo se neste agradável houver elementos úteis. Por esta via, nós inculcamos nos jovens um epicurismo completamente inadmissível.

Desde os primeiros dias a perspectiva imediata deve edificar-se segundo um plano coletivo. A maior parte dos educandos distingue-se pela sua atividade, por um amor próprio bastante notável, pela ambição de destacar-se entre a multidão e impor-se.

É necessário apoiar-se precisamente nestes aspectos dinâmicos do caráter e dirigir os interesses dos educandos no sentido das satisfações mais valiosas.

As perspectivas têm uma particularidade interessante. Elas atraem a atenção do indivíduo com o aspecto geral da satisfação, mas esta satisfação ainda não existe. À medida que se avança para ela surgem novos planos para amanhã, tanto mais atrativos quanto maiores são os esforços despendidos para vencer os diversos obstáculos.

É preciso que se possibilite às crianças tentarem precisamente alcançar as satisfações que exigem algum trabalho. Se no pátio há lama, surge naturalmente a ideia de que é necessário fazer um trilho primitivo e então será agradável atravessar o pátio. Mas quando se começa a trabalhar para o trilho, surge o desejo de se fazer um caminho bem feito. Dá-se início a um trabalho muito mais complexo, que requer grandes esforços. Grupos inteiros de jovens são atraídos para este trabalho que se prolonga por vários dias. O educador pode observar, neste caso, como uma simples perspectiva inicial de um caminho mais cômodo é substituída por uma perspectiva mais valiosa de executar o trabalho o melhor possível.

Se se propuser aos educandos realizarem uma pista de patinagem, eles iniciarão com entusiasmo o trabalho, sentindo-se atraídos pela perspectiva muito simples e pouco valiosa de divertimento. Mas no processo de trabalho, quando vão aparecendo tarefas diferentes, mais interessantes como, por exemplo, a construção dum local com aquecimento, um banco para descansar, iluminação etc., esta perspectiva do agradável vai sendo gradualmente substituída por um tipo mais valioso de aspirações e êxitos laborais. Isto envolverá todos. Durante este trabalho, alguns terão outras aspirações complementares para um breve prazo: achados organizativos, esforços do chefe. Quando a coletividade se aglutina como uma família muito unida, só a imagem do trabalho coletivo interessa a todos como uma perspectiva próxima de trabalho.

Uma das tarefas mais importantes da direção da instituição infantil consiste em organizar uma perspectiva próxima, isto é, uma aspiração coletiva para o dia de amanhã repleto de esforço e de êxito coletivos. Podem ser encontradas muitas possibilidades neste sentido no trabalho escolar e no produtivo. O trabalho na oficina não deve ser uma cadeia de procedimentos monótonos e aborrecidos. Em cada oficina, em cada grupo de máquinas deve sempre existir uma tarefa de honra que cativa todos pelo seu significado no processo de desenvolvimento da instituição, pelo seu interesse técnico e benefício direto na aquisição de hábitos de certos educandos. Se na instituição se consegue criar um espírito de ânimo como este, os educandos levantam-se de manhã já entusiasmados com a alegre perspectiva do dia de hoje.

É preciso que os planos de produção, as dificuldades de produção sejam do conhecimento de toda a coletividade e para isto é necessária a emulação socialista. Mesmo se a produção ainda não está bem organizada, se há poucas máquinas, ferramentas e instrumentos que deixam a desejar, a coletividade deve estar mobilizada para a luta por uma produção melhor. Ela deve estar a par de quais as máquinas e as ferramentas que fazem falta e onde se podem comprar, quando as trazem, onde vão ser colocadas, quando vão ser selecionados os educandos que vão trabalhar com elas.

É da mesma maneira que se deve formar as perspectivas próximas, tanto na escola quanto no clube. O educando que aprendeu a lição acorda sempre com uma boa perspectiva. É por isso que é importante ajudá-lo a preparar esta lição. A mesma ideia feliz sobre o dia de amanhã anima também o membro do círculo dramático que participa numa peça teatral, assim como o membro do colégio de redação se é bem sucedido com o jornal.

A vida da coletividade deve ser cheia de alegria neste sentido, não uma alegria de simples divertimento e satisfação no dado momento, imediata, mas uma alegria provocada pelas tensões e êxitos de trabalho do dia de amanhã.

O trabalho que visa a organização da perspectiva próxima deve ser realizado regularmente das formas mais variadas. Esta atividade é fácil e interessante e não exige sutileza alguma. É suficiente, por exemplo, anunciar que dentro de duas semanas se realizará um encontro de futebol entre a equipe da instituição e qualquer outra equipe das redondezas, para que a coletividade seja animada pelo otimismo da perspectiva.

Subentende-se que a formação das perspectivas próximas só será real se alguém, em efeito, se preocupa com a coletividade, se se tenta tornar a sua vida mais alegre, se não se engana a coletividade mostrando-lhe perspectivas sedutoras que depois se verifiquem ser irreais. Qualquer alegria perante a coletividade, por menor que seja, torna-a mais forte, mais unida e mais animada. Às vezes é necessário colocar diante dela tarefa difícil e digna; em outras ocasiões é preciso proporcionar-lhe a satisfação infantil mais simples: dentro de uma semana ao almoço haverá gelado.

A perspectiva em médio prazo

A perspectiva em médio prazo consiste em projetar um acontecimento coletivo relativamente distanciado no tempo. Isto é absolutamente indispensável. Mesmo os adultos têm sempre planos de determinados grupos de acontecimentos mais ou menos agradáveis: férias, uma viagem a uma estação balneária, promoção no serviço etc. Para as crianças isto é ainda mais necessário.

Estes acontecimentos não devem ser muitos. Em outubro de 1935, foi declarado na comuna Dzerjinski que ela era uma das melhores instituições no gênero. Em 1º de maio de 1936, a comuna iria a Kiev e participaria no desfile festivo dos trabalhadores.

A direção da comuna não descansou desde então na manutenção desta linha. O 1º de maio de 1936 deveria converter-se para a coletividade na festa maior e mais alegre, todos deveriam preparar-se para ela com muita antecedência, cada comuneiro deveria ter por diante esta perspectiva.

Esta viagem do 1º de maio só seria educativamente benéfica se fosse sentida durante todo o inverno, em cada dia de trabalho de coletividade, reforçando e embelezando todas as perspectivas próximas existentes.

Podem ser dispostas na linha da perspectiva em médio prazo a participação em desfiles festivos e campanhas nacionais, a celebração de datas revolucionárias, o dia do aniversário da instituição infantil, da data comemorativa do seu chefe de honra, com o nome do qual é batizada a instituição, o início e o fim do ano letivo, a festa de finalistas, a conquista do primeiro lugar pela instituição, a inauguração de uma nova oficina, o cumprimento da produção projetada pela fábrica, as férias de verão.

A perspectiva em médio prazo só terá significado se se levar a cabo uma preparação para estes dias muito antecipada, se se lhes conferir uma importância especial, se ao conteúdo fundamental se juntar os mais variados temas: prestação de contas, recepção de convidados, premiações, novos locais e equipamentos, balanço da emulação anual.

A preparação para estes dias (não deve haver mais de 2 ou 3 por ano) deve sentir-se a princípio só como uma ideia coletiva, considerações etc. É preciso com antecedência proceder à eleição de diferentes comissões em que participará o maior número de educandos possível. Estas comissões devem apresentar frequentemente relatórios em assembleia geral. Será bom se, por ocasião da realização de uma festa, surgirem dois projetos e toda a coletividade se dedicar à opção entre os dois.

As férias de verão devem ser um acontecimento especialmente agradável, esperado com ansiedade. Elas devem ser examinadas não só como tempo de descanso, mas também como um ponto de perspectiva adiante. A privação das férias aos educandos é prejudicial não só porque os priva de descanso, mas também, e fundamentalmente, por que lhes rouba uma perspectiva alegre.

As férias de verão, pelas suas características, devem corresponder aos méritos da coletividade e ao desenvolvimento da produção. Quanto maiores forem as realizações da coletividade no trabalho, quanto mais ela tiver avançado em organização e disciplina, tanto mais valiosas devem ser as férias a ela concedidas. Cada coletividade deve aspirar a que os seus méritos sejam tão significativos e unânimes que no conjunto ela mereça as melhores condições de descanso. As melhores férias para a coletividade são as que acontecem num acampamento perto da água.

A preparação do acampamento, o seu equipamento, a organização do refeitório, das áreas desportivas, dos encontros, da atividade cultural devem absorver com antecedência a atenção da coletividade.

A perspectiva em longo prazo

Apesar de cada educando viver na instituição temporariamente e, tarde ou cedo, a deixar, o futuro da mesma, a sua vida mais rica e mais cultural deve manter-se sempre nos moldes da perspectiva da coletividade com um objetivo sério e elevado que transparece em muitos pormenores da vida atual. Como mostrou a experiência, os jovens não são de maneira alguma indiferentes em relação ao futuro longínquo da sua instituição se nela se sentem bem e gostam dela.

Uma perspectiva em longo prazo desta natureza pode entusiasmar os jovens a realizarem grandes trabalhos e a suportarem grandes tensões; pode, na realidade, ser para eles uma perspectiva emocionante. Esta circunstância baseia-se no instinto natural de cada educando como membro de uma família.

A coletividade da instituição é um grande agregado familiar e para cada membro da coletividade o destino da instituição nunca pode ser indiferente. Esta perspectiva adquire uma importância particularmente grande se a instituição não corta relações com os seus finalistas, mas mantém uma correspondência constante com eles, convida-os e recebe-os durante as férias como convidados.

A formação desta perspectiva constitui uma etapa muito importante na ampla educação política visto servir de transição natural e prática para outra perspectiva mais ampla: o futuro de toda a nossa pátria.

O futuro da União Soviética, o seu progresso constitui o grau mais elevado na formação das perspectivas: não só saber deste futuro, não só falar e ler sobre ele, mas experimentar com todos os sentidos o avanço do nosso país, o seu trabalho, os seus êxitos. Os educandos de uma instituição infantil soviética devem conhecer os perigos, devem saber quem são os amigos e os inimigos da sua pátria. Eles devem saber imaginar a sua vida precisamente como uma parte do presente e do futuro de toda a nossa sociedade.

Para desenvolver este sentido de perspectiva é pouco estudar apenas o país e o seu progresso. É preciso mostrar a cada passo aos educandos que o trabalho e a vida deles é uma parte do trabalho e da vida do país. É necessário mostrar-lhes as heroicas e gloriosos datas soviéticas, não só em conhecimentos, mas através de sensações, na experiência, no trabalho e tensão. É muito importante mostrar às crianças filmes revolucionários, conversar com elas sobre os acontecimentos mais significativos da União Soviética, comparar estes acontecimentos com os da instituição, receber na coletividade e organizar palestras com destacados indivíduos do país, manter correspondência com certas personalidades, assim como com outras instituições de crianças e adultos.

No contexto de uma tal ampla perspectiva soviética fácil e comodamente se formam as perspectivas pessoais em longo prazo dos diversos educandos. Assim que o educando de uma instituição infantil inicia a sua aprendizagem na escola e na produção, interessa-se imediatamente pelo seu futuro.

Garantir este futuro constitui uma das tarefas mais importantes da instituição infantil, a não falar de ser bastante difícil.

Comentário sobre o texto

Considerado como uma das mais importantes obras de Makarenko, *Metodologia para a organização do processo educativo* foi escrita entre 1935 e 1936, quando Makarenko trabalhava, em Kiev, como auxiliar de direção das Comunas de Trabalho do Comissariado do Povo do Interior da República Socialista Soviética da Ucrânia, já afastado da Comuna Dzerjinski. Com o objetivo de discutir e generalizar para as demais instituições de ensino as experiências e as teses educacionais criadas na Colônia Gorki e na Comuna Dzerjinski, *Metodologia para a organização do processo educativo* foi publicada em 1936 com uma pequena tiragem.

A partir de sua experiência, Makarenko sistematiza a proposta de constituição e desenvolvimento da coletividade escolar, a partir discussão da estrutura orgânica da coletividade, o funcionamento da autogestão no destacamento e seus órgãos, o estilo de trabalho dos educadores, o trabalho cultural e a criação das perspectivas da coletividade. É um texto marcado por orientações concretas, particularidades do dia a dia de sua experiência nas colônias infantis, para serem discutidas e implantadas nas experiências do mesmo tipo.

No entanto, suas contribuições podem ser entendidas além de um receituário prático para a organização da escola como coletividade. Makarenko está preocupado em definir os parâmetros científicos da Pedagogia, os desafios da revolução socialista. Quais as contribuições da sociologia e da psicologia como ciências auxiliares? De que forma os pedagogos poderiam entender os desafios e lançar mão das contribuições dessas ciências sem se deixar dominar pelos modismos?

A partir do terreno da Pedagogia, Makarenko elabora um projeto de sociologia educacional, tomando como referência os princípios leninistas em *O Estado e a Revolução*: educar os novos comandantes da sociedade comunista; educar para o fim das diferenças de classes; educar para que cada um entenda que deve trabalhar conforme sua capacidade e contemplar as suas necessidades. Uma educação de homens e mulheres com diferentes capacidades e diferentes necessidades, mas com os direitos assegurados.

A preocupação com a criação de uma nova sociabilidade não era uma preocupação exclusiva de Makarenko; já estava colocada nos diferentes projetos dos escolanovistas. Makarenko demonstra a necessidade de criar na escola um ambiente social propício para a experimentação de novas relações sociais, mas mais que isso: era preciso reinventar a escola como espaço central de participação social das crianças e dos jovens, criando novas tradições, numa rede de subordinação entre os iguais. Os próprios educandos se educariam junto com os educadores, numa verdadeira democracia operária.

De acordo com sua experiência, seria preciso tomar o trabalho produtivo como uma das atividades essenciais da escola, além da instrução e da cultura. No lugar da sala de aula ou da organização por dormitórios, como nas comunas, a organização principal seria o destacamento, o grupo social primário, de contato, em que estariam organizados de 7 a 15 educandos. Este seria o lugar da participação de cada educando na vida da coletividade geral. Inicialmente divididos por faixa etária, para o período de constituição da coletividade, poderiam depois ter educandos de diferentes idades para o melhor acompanhamento das crianças menores. A organização dos pioneiros e da juventude comunista deveria estar espalhada nos destacamentos, como no modelo leninista da relação entre a vanguarda e a massa.

Makarenko estava preocupado com a transmissão de experiências, de valores e a manutenção das tradições das gerações mais velhas para as gerações mais novas, procurando não isolar os educandos por faixa etária e nem por nível de consciência. Quanto maior fosse a mistura das diferenças, melhor para a realização de trocas, a manutenção das tradições com a participação de novas gerações. A relação entre crianças mais novas e mais velhas auxiliaria no desenvolvimento do sentimento de proteção, de humanismo nos futuros homens e mulheres, que mais tarde desempenharão os papéis de pais e mães.

O tempo social da educação excede o limitado tempo do estudo, nas salas de aula, ou do trabalho, nos campos e nas oficinas. Para Makarenko, o tempo de educar contempla todos os tempos sociais, inclusive da cultura, do lazer, do descanso, até mesmo quando as crianças estão se preparando para dormir. A educação da coletividade, de todas as crianças, em suas diferentes personalidades, deve tomar tanto os diferentes momentos de suas vidas, os espaços diferenciados, quanto o desenrolar do processo, não se deixando enganar pela análise de um ou de outro episódio isolado da ação dos educandos.

Ao abordar a autogestão no destacamento, Makarenko aprofunda o princípio da criação de uma rede de subordinação entre os iguais, revezando os papéis de comando e subordinação e procurando por fim ao comando personalista. A designação dos coordenadores dos coletivos primários, que Makarenko nomeia como chefes de destacamentos, é um recurso para as coletividades em período de constituição, geralmente utilizado pelo coletivo pedagógico (direção e professores) para animar a participação da vanguarda nesse período organizativo. O ideal, no entanto, é a eleição dos coordenadores na assembleia geral da coletividade.

A coletividade madura, na concepção de Makarenko, pode e deve eleger seus coordenadores de acordo com os critérios estabelecidos pelos educadores e os educandos, tais como: ser fiel aos interesses do coletivo, ser bom aluno e bom trabalhador etc. Esses critérios seriam as qualidades concretas reclamadas por Makarenko contra o homem "ideal" comunista. Todos poderiam se candidatar a coordenador e, para isso, lutariam com todas as forças para se desenvolver em todas as direções - desde o plano da instrução, da cultura, da política, da ética, até o plano das relações afetivas.

Assim, ao ser eleito, o coordenador desenvolveria a responsabilidade de levar à frente os objetivos da coletividade em cada uma de suas tarefas. Sem autogestão, a formação integral dos educandos estaria prejudicada, conhecida apenas na teoria e não na prática. Segundo Makarenko, o educando deve vivenciar a experiência de conquistar vitórias, com sua colaboração, mas também de assumir as consequências das derrotas, caso não tenha conseguido desempenhar o seu papel. Mas, apenas a soma das diferentes experiências, de sucessos e fracassos, poderá auxiliar em sua formação contínua.

O desenvolvimento integral dos educandos de cada coletivo primário será responsabilidade da direção de cada coordenador, que poderá ter outros auxiliares para as atividades culturais e esportivas do grupo. O coordenador será chamado para resolver os problemas cotidianos dos educandos do seu grupo, inclusive quando estiverem indisciplinados na sala de aula e tiverem de ser convidados a sair, mesmo que o coordenador não pertencer àquela turma.

No sistema social criado por Makarenko, o coordenador é o elo fundamental entre o coletivo primário e a coletividade geral, entre os educandos e a direção pedagógica. Diariamente, o coordenador informa a direção sobre as atividades desenvolvidas pelos educandos de seu coletivo. Na soma total dos coletivos, a direção cria, dia a dia, um quadro geral da situação da coletividade, com seus problemas, suas dificuldades, suas tensões, crises e superações. Todos os educandos são conhecidos pessoalmente. Nesse sistema é impossível algum educando viver na coletividade despercebido. Com essas informações, a direção pedagógica pode alterar seus planos, criar novas propostas, contemplar novas expectativas dos educandos.

A organização dos coletivos primários se dá a partir do funcionamento do Conselho da Coletividade, composto por coordenadores dos coletivos primários. A eleição dos coordenadores acontece de três a seis meses, garantindo o rodízio do comando e, com isso, o desenvolvimento da iniciativa dos demais educandos, segundo o princípio leninista da educação comunista.

Ao apresentar em seu sistema educacional os órgãos de autogestão (a assembleia geral, o conselho da coletividade, a comissão sanitária e a comissão financeira), Makarenko discute a importância da assembleia geral. Ela é o coração da coletividade, responsável por manter a unidade, por estimular a participação social, dar voz a todos os educandos e se envolver com a resolução dos problemas enfrentados. Durante o período de organização da coletividade, a assembleia deve acontecer semanalmente e sempre que for preciso, para retomar normas, resolver problemas urgentes, mas sempre muito rápida. Mas, já com o funcionamento normal da coletividade, poderá ser quinzenal.

Das várias observações levantadas por Makarenko sobre o funcionamento dos órgãos de autogestão, a mais importante é a que destaca a não intromissão da direção e dos professores nas questões da esfera dos órgãos. Os educandos devem aprender a resolverem sozinhos seus problemas, mesmo que os educadores entendam que suas propostas são melhores. Makarenko deixa claro a necessidade de os educandos viverem situações concretas de responsabilidade para compreenderem o valor concreto, prático, de cada princípio teórico da educação comunista.

Ao definir o tom da coletividade, Makarenko retoma os valores de humanização pela educação ao longo da nossa história, desde os conceitos de virtude da Grécia clássica até os de honra e de cortesia desenvolvidas na educação do cavaleiro medieval, tomando cada situação concreta como objeto de análise da atuação do coletivo e do educando. No lugar da defesa dos movimentos militares dos educandos, Makarenko defende a educação dos movimentos livres, dando a cada educando a graciosidade de ser como é, cada um com suas particularidades e seguro de si mesmo em suas qualidades.

O trabalho cultural encontra no sistema educacional de Makarenko lugar nos espaços e tempos de desenvolvimento espontâneo, pessoal e integral dos educandos, sob direção de especialistas. Em sua experiência destacou os seguintes círculos culturais: coral, teatro, literatura nacional e internacional, contos, música, pintura, trabalhos manuais, dança, fotografia, pesquisas em ciências naturais, física e química, radioamadores, esportes, xadrez e damas. Nesse tipo de trabalho, os educandos passam a desenvolver a força criativa, espiritual, estética, descobrindo suas preferências e contribuindo para o desenvolvimento cultural de toda a coletividade.

Ao destacar a importância do trabalho com as perspectivas da coletividade, Makarenko retoma o princípio da educação como trabalho racional de formação. Tomando a educação como um processo, as perspectivas deveriam ser criadas de acordo com as forças da coletividade: a curto, médio e longo prazo. Deste modo, os educadores estariam criando, junto do coletivo, uma expectativa de vida presente, mas com os olhos voltados para o futuro, com a certeza de que poderia alcançar os objetivos estabelecidos. O dia seguinte e os próximos anos devem ser imaginados, criados conforme as condições e as aspirações da coletividade. A direção e os educadores devem auxiliar na criação dessas perspectivas, bem como na concretização de seus objetivos. O dia de amanhã pode apresentar a perspectiva feliz de um passeio coletivo no campo, como pode também significar um dia difícil de trabalho, mas que significa a conquista de um objetivo estabelecido pela assembleia da coletividade.

Para as perspectivas em longo prazo, Makarenko ressaltou a relação do indivíduo com a coletividade, com o seu país e com a humanidade de forma geral. É preciso que os jovens conheçam a história de seu país, da humanidade e possam entender os desafios históricos e a sua contribuição pessoal nas lutas do proletariado internacional.

A FAMÍLIA E A EDUCAÇÃO DOS FILHOS

Eu gostaria, nesta breve apresentação, de falar dos principais problemas que nos preocupam e, neste sentido, colocar algumas questões fundamentais da educação. Nossa conversa poderá ser útil para fixar posições de partida para suas reflexões nesta importantíssima área. Por quê? Pelo seguinte: depois de o *Poema pedagógico* ser publicado, começaram a visitar-me professores, jovens e pessoas de mais idade, de diversas posições sociais, buscando conhecer as novas normas da moral soviética, as quais desejavam seguir em sua própria vida, perguntando-me o que deviam fazer para isso.

Em certa ocasião, veio consultar-me um jovem geólogo: "Ofereceram-me um trabalho científico ou no Cáucaso ou na Sibéria. Por qual devo decidir-me? Eu lhe respondi: "Vá para onde o trabalho seja mais difícil". Escolheu Pamir, e não faz muito tempo recebi uma carta sua agradecendo-me o conselho.

Porém, depois que lancei o *Livro para os pais,* começaram a visitar-me pais desafortunados. Qual a razão para procurar-me um pai cujos filhos são bons? Vêm, em compensação, pessoas como esta mãe e este pai:

– Somos ambos membros do Partido e ativista sociais, eu sou engenheiro e ela é professora. Nosso filho era um bom garoto, mas agora não sabemos o que se passa com ele. Diz grosserias a sua mãe, sai de casa quando lhe dá vontade e nos desaparecem coisas. Que fazer? Educamos e demos a ele atenção como se deve, sempre teve tantos brinquedos quantos quis, vestimos e calçamos, tem um quarto só para ele e lhe proporcionamos todo tipo de distrações. Agora (tem 15 anos), não lhe proibimos que vá ao cinema ou ao teatro. Se ele deseja uma bicicleta, a compramos. De nossa parte, você está vendo: somos pessoas normais de quem não pode ter herdado nada de mal. Por que então, o meu filho é tão mau?

– Você faz a cama do garoto? Sempre? – perguntei à mãe.

– Sempre.

– Nunca lhe ocorreu propor-lhe que ele mesmo a faça?

Perguntei ao pai:

– Você limpa os sapatos de seu filho?

– Sim.

Terminei a conversa, dizendo-lhes:

– Vão tranquilos e não procurem mais ninguém. Sentem-se em qualquer banco solitário de algum jardim e tratem de recordar o que fizeram com seu filho. Perguntem a si mesmo quem tem a culpa de que o garoto seja assim e encontrarão a resposta e os procedimentos para corrigi-lo.

Efetivamente, se limpam os seus sapatos e a mãe faz a sua cama todas as manhãs, que tipo de filho vão ter?

A segunda parte do *Livro para os pais* eu dedico a esta questão: por que pessoas normais, que podem trabalhar e estudar bem, que inclusive receberam instrução superior e, consequentemente, têm mentalidade e capacidade normais, ativistas sociais que podem dirigir instituições inteiras, um departamento, uma fábrica ou qualquer outra empresa, que sabem manter relações normais de camaradagem, amizade e quaisquer outras com diferentes pessoas, porque tais cidadãos, quando lidam com seu próprio filho, transformam-se em pessoas incapazes de compreender coisas tão simples? Porque, neste caso, ficam transtornados, esquecem a experiência da vida, aquela forma de raciocinar e a própria sabedoria que acumularam no transcurso de toda sua vida. Diante de seus filhos se convertem em uma espécie de pessoas "anormais", incapazes de se orientar até ante os problemas mais simples. Por que? A única causa disso é o carinho por seu próprio filho. O amor é o sentimento mais sublime que, em geral faz milagres, que gera pessoas novas, que cria grandiosos valores humanos...

Se tivéssemos que definir mais exatamente nossa conclusão diríamos simples e abertamente: o carinho, como o jogo e a comida, exige certa dosagem. Ninguém pode se gabar de ter comido bem depois de engolir 10 quilos de pão. O carinho também exige dosagem, necessita ser medido.

Qualquer que seja o aspecto da educação que tratemos, sempre iremos nos deparar com este problema, o da medida, e se querermos expressá-lo com mais exatidão, diremos meio termo, palavra que nos soa desagradavelmente. O que é um meio termo, o que é um homem mediano? Muitos professores que vivem e pensam de maneira tão "admirável", sempre assinalaram isto como um erro meu: se você recomenda obter a média, educará uma pessoa mediana, nem má nem boa, nem inteligente nem obtusa, nem um nem outro. Essas objeções não me abalaram. Comecei a testar se estava ou não certo, se efetivamente não educaria mediocridades e, já que afirmava que em meu método pedagógico deveria existir um meio termo, não sairiam de minha mão educadora pessoas medianas, não interessantes, chatas, aptas para viver comodamente, mas incapazes de criar algo grande e experimentar elevados e verdadeiros sentimentos espirituais humanos. Comprovei isto na prática. Meus trinta e dois anos de trabalho educacional e pedagógico e os últimos oito anos passados na comuna de trabalho Dzerjinski confirmaram minha conclusão de que este método é justo e aplicável à educação familiar.

A palavra "meio" pode ser substituída por outro termo, mas, em princípio, devemos tê-la em conta para a educação das crianças. Devemos criar um homem de verdade, capaz de realizar uma façanha grandiosa e empreendimentos sublimes, com nobres sentimentos. Um homem que possa, por um lado, ser o herói de nossa época e, por outro, não ser de modo algum um "panaca", nem um homem que venha desprender-se de tudo e ficar sem nada, posando de generoso. Inclusive em nosso ideal, a que ninguém pode objetar, existe o princípio de certa linha média, de certa medida, de certa dose. Compreendi então porque a palavra "meio" não me preocupava. Será justo, naturalmente, se dizermos que a média é uma miscelânea de branco e preto, pois misturando-os se obtém um tom cinza. Essa média parece ser fatal. Porém, se vocês não estão preocupados com palavras, mas pensam sinceramente na pessoa, verão imediatamente qual homem consideramos o melhor, o ideal, como devem ser também nossos filhos. Se seguirmos firmes na linha traçada, se não nos deixarmos enredar por nenhuma "filosofia" de palavreado supérfluo, sempre poderemos dizer como deverão ser nossos filhos. Cada um estará em condições de expressar: quero que meu filho esteja capacitado para realizar qualquer façanha, que seja um homem de verdade e de grandeza de alma, com grandes paixões, sonhos e desejos, mas, simultaneamente, não quero que seja um mão-aberta, que compartilha tudo a esmo porque é muito generoso, ficando na miséria ele, sua mulher e seus filhos e que, por esta mesma bondade, dilapide até sua riqueza espiritual.

A felicidade humana que nossa grande revolução proletária conquistou e que irá aumentando ano após ano, é uma felicidade que deve ser patrimônio de todos, à qual eu, particularmente, também tenho direito. Eu quero ser herói e realizar proezas, dar o melhor ao Estado e à sociedade e, ao mesmo tempo, quero ser um homem feliz. Assim devem ser nossos filhos. Devemos dar tudo de nós quando isto for necessário, sem parar para pensar se nosso ato nos trará felicidade ou dor, mas, por outro lado, devemos procurar ser felizes.

Lamento não haver comprovado plenamente, mas vejo que os melhores filhos são aqueles cujos pais são felizes... Com a particularidade de que a felicidade desses pais não se deve porque disponham de um apartamento com gás, banheiro e todas as demais comodidades. Isto não é assim. Eu vejo muitas pessoas que têm uma moradia de cinco aposentos, gás, água quente e fria, duas empregadas domésticas e, entretanto, não têm sorte com os filhos. Algumas vezes foi a mulher que abandonou o marido, outras o marido que deixou sua esposa, ou as coisas não caminham bem no trabalho, ou se deseja um sexto aposento, ou uma casa de campo. Em troca, encontro muitas pessoas felizes que carecem de muitas coisas materiais. Isto eu vejo em minha própria vida e, entretanto, sou um homem feliz, cuja felicidade não dependeu de nenhum bem material. Procurem lembrar-se de suas épocas mais felizes, quando lhes parecia que precisavam disto e daquilo, mas a força espiritual e a fortaleza de alma lhes empurravam para frente.

A plena possibilidade desta felicidade pura, sua necessidade e obrigatoriedade, foram conquistadas por nossa revolução e garantidas pelo regime soviético. Na unidade de nosso povo e na fidelidade ao Partido reside a felicidade de nossos cidadãos. Eles devem ser honrados, militantes do Partido em todos os pensamentos e atos, já que o acessório necessário para a felicidade é a segurança de que se vive corretamente, de que não se levam ocultos nem a indignidade, nem a malandragem, nem a astúcia, nem o desejo de "passar rasteiras", nem nenhuma outra má intenção. A felicidade de um homem franco e honrado, não somente proporciona um grande benefício a ele mesmo, mas também, antes de tudo, aos seus filhos. Permita-me por isso dizer-lhes: se quiserem que seus filhos sejam bons, sejam vocês felizes. Desdobrem-se se for preciso, utilizem todo seu saber, suas capacidades, consultem seus amigos e conhecidos, porém sejam felizes, com uma autêntica felicidade humana. Às vezes ocorre que a pessoa anseia pela felicidade e se aferra a certos princípios à base dos quais crê que mais tarde construirá sua felicidade. Eu mesmo cometi em certa ocasião este erro. Achava que, embora não tivesse a felicidade, poderia construí-la mais tarde com o material de que dispunha. Nada semelhante ocorreu. Estes não são mais que princípios, sobre os quais depois se pode erguer ou não o palácio da felicidade. Se não se constrói a felicidade, tais princípios, frequentemente, com o passar do tempo, se desmoronam e não são mais que origem de desgraça.

Não é difícil imaginar que de pais felizes, felizes por sua atividade social, por sua cultura, por sua vida, que sabem administrar esta felicidade, sempre sairão bons filhos, pois sabem educá-los bem.

Nisto se baseia a formulação a que fiz menção desde o começo: também em nosso trabalho pedagógico deve existir o meio termo, situado entre nosso grande trabalho entregue à sociedade e nossa felicidade, isto é, o que recebemos da sociedade. Qualquer que seja o método de educação familiar que vocês adotem, devem encontrar esse meio termo, razão pela qual devemos ter claro o seu sentido.

Falemos agora sobre a questão mais difícil (pois vejo que para as pessoas isto se apresenta como o mais difícil), o problema da disciplina. A severidade e o carinho é o mais difícil...

Na maioria dos casos, as pessoas não sabem conciliar o carinho e a severidade, coisa absolutamente necessária na educação. Frequentemente, vemos que as pessoas entendem esses problemas, porém pensam: é justo que a severidade tenha um limite, que o carinho se adapte a certas normas, contudo, isto será necessário quando a criança tiver seis ou sete anos; até esta idade, poderemos passar sem normas. Na prática, as bases fundamentais da educação são construídas até os cinco anos. O que vocês fizeram até essa idade constitui 90% de todo o processo educativo; depois, a educação da pessoa continua, sua formação prossegue, mas, em geral, vocês já começam a colher os frutos, enquanto que as flores cuidadas duraram até os cinco anos. Por isso, até os cinco anos o problema fundamental é dosar a severidade e o carinho. Frequentemente, permitem à criança toda espécie de caprichos, até mesmo que passe o dia gritando; outras vezes, proíbem a criança inclusive de chorar. Há crianças que não param quietas um minuto, mexem em tudo que alcançam, importunam com perguntas e não há jeito de nos deixarem em paz. Outras são obrigadas a fazer tudo o que lhes mandam, como um fantoche, embora esse tipo de atitude seja mais raro.

Nos três casos poderão perceber que faltam normas de severidade e carinho. Está claro que, mesmo aos cinco, seis e sete anos, deve existir sempre esta norma, este meio termo, uma certa harmonia na distribuição da severidade e do carinho.

Neste aspecto, contestavam-me: você fala sobre a medida em que se deve ser severo, mas também se pode educar uma criança sem nenhuma severidade. Se fizermos tudo com ponderação e carinhosamente, viveremos toda a vida assim e nunca teremos de ser rigorosos com a criança.

Eu não entendo por severidade nenhuma espécie de raiva nem de gritos histéricos. A severidade só é boa quando não tem nenhum indício de histeria.

Na minha prática aprendi a ser severo utilizando um tom muito carinhoso. Eu podia, com absoluta amabilidade, cordialidade e tranquilidade, expressar palavras que deixariam meus comuneiros pálidos. A severidade não supõe que obrigatoriamente se tenha de gritar ou grunhir. Isso não é necessário. Em compensação, sua tranquilidade, sua segurança, sua firme decisão, expressadas carinhosamente, resultam maior impressão. "Fora daqui" – isto impressiona. Mas também surte efeito, e talvez maior, se dissermos: "tenha a bondade de sair".

A primeira regra é a adequada para certa norma, especialmente no que se refere ao grau de sua ingerência na vida da criança. Esta é uma questão de suma importância que, com frequência, é resolvida pela família inadequadamente. Qual deve ser a independência e qual a liberdade que se deve conceder à criança? Em que medida há que "levá-la pela mão"? Até que ponto e o que pode ser permitido? O que deve ser proibido e o que pode ser deixado a seu livre arbítrio?

O pequeno encontra-se na rua e vocês gritam: não corra nem vá a tal ou qual lugar. Até que ponto isto é justo? Se imaginarmos uma liberdade desmedida para o pequeno, isso trará maus resultados. Mas se a criança deve perguntar tudo o que deve fazer, se sempre deve recorrer a vocês para pedir permissão e comportar-se como vocês mandam, a ela não restará nenhum horizonte para sua iniciativa, para sua criatividade e risco. Isto também é mau.

Eu pronunciei a palavra "risco". A criança de sete a oito anos deve também, às vezes, correr riscos e vocês devem ter consciência desse risco, até permiti-lo, em certa medida, para que o menino seja destemido e não acostumado a fazer tudo acobertado com a responsabilidade dos pais: mamãe disse, papai disse, eles sabem tudo, são um poço de ciência e eu me conduzirei como eles disserem. Com tal ingerência extrema por parte de vocês, o filho não se transformará em um homem de verdade. Em alguns casos, será um homem de pouca vontade, incapaz de tomar qualquer decisão, de assumir algum risco ou algum empreendimento; outras vezes, ao contrário, se subordinará e acatará a pressão paternal até um certo limite. Porém, como nele existem forças que se movimentam e procuram saída, chega um momento em que elas explodem violentamente, terminando em escândalo familiar. "Era um menino excelente, mas depois não sabemos o que lhe ocorreu." – dirão vocês. Na realidade, isto ocorria sempre, quando ele obedecia e escutava. Porém, as forças que a natureza depositou nele desenvolveram-se à medida que ele foi crescendo e aprendendo, puseram-se em ação e o menino começou, primeiro por resistir silenciosamente e, depois, às claras...

É frequente também um outro extremo, quando certos pais consideram que as crianças devem manifestar plena iniciativa e comportar-se como melhor lhes pareça. Sem prestar atenção em como vivem e o que fazem, deixam que elas se acostumem a uma vida descontrolada, a pensar e resolver tudo por conta própria. São muitos os que pensam que, neste caso, desenvolve-se no menino uma grande força de vontade. Pois acontece justamente o contrário. Em tais circunstâncias não se desenvolve nenhuma força de vontade, pois a verdadeira grande vontade não tem nada a ver com saber desejar ou conseguir algo, mas em saber renunciar a algo quando assim é necessário. A força de vontade não é simplesmente um desejo e sua satisfação, mas sim o desejo e o freio, o desejo e a renúncia simultâneos. Se seu filho se exercita somente em satisfazer seus desejos e não pratica o saber contê-lo, nunca terá grande força de vontade. Sem freio não pode haver máquina e sem freio não pode existir nenhuma vontade.

Meus comuneiros conheciam bem este problema. "Por que não se conteve, sabendo que não devia fazer isso?" – eu perguntava. E lhes exigia, ao mesmo tempo: "Por que se conformou, por que não se decidiu e esperou que eu lhe dissesse?" Nesse caso também o menino é culpado.

Deve-se educar as crianças para que saibam conter-se, ainda, é claro, que isto não seja tão simples quanto parece. Em meu livro, eu trato deste problema detalhadamente.

Paralelamente, devemos propor a eles uma atitude extraordinariamente importante, mas não muito difícil de se obter: a capacidade de saber orientar-se, manifestada repetidamente em toda uma série de pequenas coisas e pequenos detalhes. Acostumem seu filho a orientar-se enquanto ele for pequeno. Ele sempre diz algo na presença de alguém. E, mesmo que não seja um estranho, mas alguém de seu currículo de amigos, de seu círculo familiar: visitante, hóspede, a tia ou a avó, as crianças devem saber o que se pode e o que não se deve dizer nestes momentos (Não se deve falar, por exemplo, sobre a velhice na presença de pessoas de idade, pois não lhes agradará. Primeiro deve-se escutar a pessoa e só depois falar etc.). As crianças devem saber avaliar e analisar a situação em que se encontram naquele momento. Isso é uma qualidade de extraordinária importância, que devemos ensinar-lhes e que não apresenta dificuldades. Basta que vocês tenham como exemplo dois ou três casos e falem com seu filho ou filha, para que sua observação exerça uma influência benéfica. A capacidade de saber discernir é muito útil e agradável, tanto para quem a domina e aplica, quanto para quem o rodeia.

Na comuna isto era para mim mais difícil do que na família, pois na coletividade existiam muitas crianças e a situação era muito mais complexa. Sempre havia muitas pessoas: tratávamos com as nossas crianças e com as alheias, com engenheiros, operários, construtores. A comuna era sempre visitada por pessoas isoladas e por delegações etc. E, não obstante, consegui neste aspecto ótimos resultados, que na família podem ser obtidos com mais rapidez. A criança deve saber perceber instantaneamente a situação em qualquer lugar: quando o pequeno atravessa a rua, deve saber por onde os pedestres devem atravessar e a direção dos carros; igualmente, no trabalho, deve saber onde se encontram os lugares mais perigosos e os mais seguros. Esta capacidade de orientação ajuda-o a escolher quando ser audacioso e quando deve se conter. Tudo isso exponho hoje, grosso modo, porém na prática, a orientação deve ser desenvolvida gradualmente, fixando-a de modo mais preciso de acordo com as situações vividas.

Tomemos este exemplo. Seus filhos amam vocês e desejam demonstrar este carinho. Também esta expressão "carinho" é regida pela mesma lei da ação e do freio. Que desagradável, por exemplo, é ver duas mocinhas (às meninas isso ocorre com mais frequência) amigas, uma estuda na oitava série de uma escola e a outra, na mesma série em outra escola; não se viram mais que duas vezes na vida, na casa de campo; ao encontrar-se de novo, beijam-se e suspiram com mútuo carinho. Por acaso pensam que realmente gostam uma da outra? Frequentemente, este é um sentimento imaginário, um jogo com os sentimentos que, às vezes, chega a tomar esta forma habitual de cinismo carinhoso, de expressão insincera dos sentimentos.

Vocês conhecem famílias com filhos e sabem como estes expressam seu carinho pelos pais. Em algumas famílias, é uma constante beijação, uso frequente de palavras carinhosas, uma manifestação incessante de sentimentos, a tal extremo que nos faz suspeitar se essas expressões externas demonstram um carinho verdadeiro ou se é apenas um hábito.

Em outras famílias pode ser observado um comportamento frio, como se todos vivessem separados. O filho chega, dirige-se friamente ao pai e à mãe e vai direto aos seus assuntos como se não existisse nenhum carinho pelos pais. Somente em situações raras e agradáveis, podemos observar, como nessas relações exteriormente reservadas, se manifesta um olhar carinhoso que se apaga em seguida. Este é um filho de verdade, que ama o pai e a mãe. O saber educar, por um lado, um sentimento de carinho sincero, autêntico, que sai do coração e, por outro, saber conter as manifestações de carinho para que este não se vulgarize, não se transforme em beijação, é uma qualidade de extraordinária importância. Sobre a base dessa atitude carinhosa para com o pai e a mãe pode-se educar uma magnífica pessoa.

Os comuneiros me queriam como a um pai, mas, ao mesmo tempo, consegui que não existisse entre nós nenhuma palavra melosa, nenhuma manifestação de ternura. O carinho não era prejudicado por causa disso. Os comuneiros se acostumaram a manifestar seu carinho de forma natural, simples e medida. Isto não é só importante porque educa o homem exteriormente, mas também porque conserva a força do comportamento sincero. Serve de base à moderação, necessária em qualquer situação da vida.

Neste aspecto, abordamos de novo o princípio fundamental: a norma, o sentido da medida.

Esta mesma apreciação da medida se manifesta também numa esfera tão complexa e difícil como a das relações práticas, materiais. Recentemente vieram ver-me as mulheres de uma casa onde viviam duas famílias, ambas com crianças, em que havia ocorrido um drama. Suspeitavam que o menino Yura (que estudava na sétima série) havia levado algo de sua casa sem pedir: um objeto ou dinheiro. Os amigos conheciam o fato.

Certo dia, desapareceu um estojo de desenho desses amigos. Yura os visitava com frequência e era considerado como da família. Na casa não havia nenhum estranho, exceto esse menino, que pudesse ter levado o estojo de desenho. Suspeitaram dele. Pois bem, essas duas famílias, muito cultas e plenamente responsáveis por seus atos, imediatamente, e inesperadamente para elas mesmas, mergulharam num processo de investigação: necessitavam, a todo custo, descobrir se Yura havia ou não roubado o estojo de desenho. Três meses estiveram envolvidas no assunto. É certo que não recorreram a um cachorro policial nem a qualquer ajuda de fora, mas, em compensação, testaram, interrogaram, buscaram e encontraram certos vestígios. Realizaram conversações secretas e não pararam até que Yura ficou doente. Por último, começaram a exigir-lhe:

– Diga a verdade, não iremos castigá-lo.

O pai batia no peito com os punhos:

– Tenha dó de mim, quero saber se meu filho é ladrão ou não!

O menino já não lhes importava muito. O pai se transformou no principal objeto, aquele que devia ser livrado dos sofrimentos.

Vieram procurar ajuda comigo.

– O que fazer? Assim não podemos viver!

Pedi-lhes que me trouxessem o menino. Eu nem sempre adivinho pelo olhar quem roubou ou não, porém lhe disse:

– Você não furtou nada. Você não levou o estojo de desenho e não permita que lhe perguntem mais sobre esse objeto.

Com os pais falei particularmente:

– Deixem de falar sobre isso. O estojo de desenho desapareceu; não importa quem roubou. O que os tortura é saber se seu filho é ou não ladrão. Vocês imaginam que estão lendo uma novela policial e querem conhecer o final: quem é o ladrão. Desistam desta curiosidade. Trata-se da vida de seu filho. Antes o menino já havia furtado algo e, agora, bem pode ser que seja ele quem roubou. Ele tem esta tendência, eduquem-no, mas esqueçam este caso e parem de torturar-se e de torturar o menino.

Às vezes, é importante advertir o menino que eventualmente tenha furtado algo; se vocês podem demonstrá-lo e sentem que não devem se calar, digam a ele. Mas, se vocês não tem mais que suspeitas, se não tem certeza de que ele roubou, defenda-o contra todas as suspeitas alheias. Porém, sejam mais vigilantes e prestem mais atenção em seu filho.

Na comuna de trabalho, uma mocinha que eu havia tirado da prostituição, realmente roubou. Descobri que era ladra e que todos os rapazes acreditavam nisso. Ela se fechava. A última palavra devia ser dita por mim. Eu sabia que ela estava tão acostumada a roubar e que para ela isso era tão rotineiro que, se tivéssemos dito: “você não tem vergonha disso?", teria permanecido tranquila. Por isso, no conselho de chefes, e eram pessoas muito sérias, eu disse:

– Por que a acusam? Estou convencido de que não é ela a ladra. Vocês não podem prová-lo.

Por mais que gritassem, minha opinião prevaleceu. Deixaram-na em paz.

E vocês, o que acham disso? No início, essa mocinha estava preocupadíssima, olhava-me seriamente, desconcertada, pois tampouco era tonta. Para ela havia dúvidas: como eu podia ter acreditado tão cegamente? Como podia ser? Eu estava fingindo ou acreditava cegamente? Além disso, quando era necessário realizar uma tarefa de responsabilidade, eu a encarregava de fazer.

Assim, um mês se passou. A confiança que eu havia depositado nela não a deixava viver. Até que, chorando, veio me ver:

– Não sei como agradecer-lhe. Quando todos me acusavam, somente você me defendeu. Todos pensavam que eu era uma ladra e somente você acreditou em mim.

Não tive outra alternativa senão dizer-lhe:

– Foi você a autora do furto, você e não outro, eu sei perfeitamente agora assim como sabia antes. Você não roubará mais. Não se fala disso a ninguém, você não roubou, entre nós não houve esta conversa.

Não preciso dizer que depois disso ela jamais voltou a roubar.

Estes métodos, também reais, nos mostram o significado que a regra tem, e podem também ser aplicados na família. Nem sempre podemos abusar da verdade na família. Devemos dizer sempre a verdade às crianças; geralmente, esta é uma lei justa. Mas, em alguns casos, devemos mentir-lhes. Quando vocês sabem que alguém é ladrão, mas não estão seguros, ocultem isso dos outros. Ao contrário, quando estão convencidos e disso têm provas, recorram à confiança nele depositada. Isto não é nada mais que dar significado à regra. Quando está em jogo a personalidade da criança, não podemos expressar sem medida o nosso sentimento, a nossa indignação, o nosso pensamento.

Devemos educar as crianças para que não roubem. Isto é o mais fácil. Muito mais difícil é formar um caráter: audácia, moderação, domínio de si mesmo e saber superar os obstáculos. Fazer com que respeitem os objetos (não levá-los) é o mais simples. Se na família reina uma ordem constante e o pai e a mãe conhecem o lugar de cada coisa, jamais faltará nada em seu lugar. Porém, se vocês mesmos desconhecem onde se encontram os objetos, se deixaram o dinheiro no armário ou no bufê, ou deixaram a carteira debaixo da almofada, ou se esqueceram dela, seus filhos podem começar a roubar. Além disso, se na sua família há desordem na administração da casa, é possível que a própria criança observe isso. Ela vê que a arrumação de peças de roupas e objetos não ocupa a atenção central de vocês e se convence de que, se pegar qualquer coisa dessa bagunça, vocês não irão repreendê-la..

O primeiro furto infantil não deve ser classificado como roubo, porém como se a criança tivesse "tomado emprestado". Depois, se houver reincidência, se já houver costume, transforma-se em roubo. Se seu filho sabe exatamente o que pode pegar sem necessidade de permissão e para o que deve pedir permissão para pegar, isto quer dizer que a criança nunca roubará. Qualquer quinquilharia, pedaço de bolo, resto de comida ou agasalho de visita que ficou no armário destrancado e que ninguém proíbe pegá-lo, se a criança o leva sem permissão, às escondidas, já será um roubo. Mas, se na casa há o costume de as crianças não pegarem bolo por conta própria, isto é um bom costume. Mas também não será ruim se, mesmo se não pedirem permissão, limitarem-se simplesmente a dizê-lo. Neste caso, não se chegará ao furto.

Se vocês proíbem tudo e a criança, mesmo sabendo que vocês podem negar ou não, pedir um pedaço de bolo, às vezes, esta linha de conduta também pode levar ao roubo. Se vocês permitem que a criança pegue qualquer coisa e a tire de casa ou, ao contrário, quando ela não pode pegar nada, carece de qualquer liberdade e para tudo precisa de consentimento, em ambos os casos o roubo pode ser estimulado.

Além do que foi exposto, é muito importante que, na casa, haja ordem e limpeza, que não haja poeira, que não estejam jogados em nenhum lugar roupas ou objetos desnecessários ou estragados. Tudo isso é um significado extraordinário, muito mais transcendental do que parece. Se em casa há uma infinidade de coisas que incomodam, mas das quais temos pena de nos desfazer porque têm algum valor ou nos recordam algo, motivo pelo qual também aparecem pedaços de roupa velha e algum tapete que está ali porque vocês não sabem o que fazer com ele, tudo isso não faz mais do que fomentar a desordem, a falta de responsabilidade com as coisas.

Se, pelo contrário, em seu lar só existem objetos verdadeiramente necessários, úteis para algo e agradáveis; se não aparecem em lugar alguns retalhos velhos, puídos e usados, muito dificilmente se estimulará a afeição ao furto. Este espírito de responsabilidade, expresso em sua atenção pelas coisas que vocês desprezaram ou jogaram fora quando já não são necessárias, esta responsabilidade pelos objetos, é preciso inculcá-lo na criança sob a forma de respeito com as coisas e como prevenção contra o furto.

Eu falei do mais fundamental, do que considero importante em nosso trabalho educativo: o sentido da medida no carinho e no rigor, na carícia e na severidade, em sua atitude para com as coisas e os bens. Este é um dos princípios fundamentais dos quais eu não arredo pé.

Reafirmo que é com esse tipo de educação que podem ser educadas pessoas de grande serenidade, incapazes de queixar-se e chorar, mas capazes de realizar grandes coisas, porque esta educação forjará nelas sua força de vontade.

Comentário sobre o texto

Este texto é resultado, reduzido, de uma conferência realizada, em julho de 1938, para os leitores de Anton Makarenko na redação da revista *Obschestvennitsa*. Ele comenta as inúmeras cartas que recebeu depois de publicar *Poema Pedagógico* e a dificuldade de os pais, de diferentes classes sociais, graus de instrução e personalidades, educarem seus próprios filhos.

Makarenko retoma a segunda parte do *Livro dos pais* e procura mostrar o quanto é preciso separar a afetividade natural pelos filhos de uma necessária medida racional para a educação de bom senso. Para criticar os exageros do amor pelos filhos e seus resultados negativos, Makarenko apelará para o princípio da ética aristotélica do "meio termo", a educação sem excessos e sem carências. Nem covardes, nem heróis que abdicam da felicidade pessoal. Para Makarenko, se os pais soubessem determinar com clareza o tipo de homens que gostariam de educar, poderiam educar homens honrados, que realizem sacrifícios à sociedade, mas construindo uma vida feliz.

A disciplina também é discutida neste texto, mostrando que no princípio da meia medida, é preciso encontrar a harmonia entre o carinho e a exigência, sem cair na severidade e no espontaneísmo. Makarenko insiste na imagem da disciplina como conquista da responsabilidade, em que a criança assimila regras, normas, mas pode correr determinados riscos para desenvolver sua liberdade. Por isso, ressalta a importância de os pais trabalharem sempre com os movimentos opostos dos sentimentos: o desejo e a renúncia; a expressão de carinho e a moderação dos gestos.

A concepção de educação de Makarenko requer um adulto presente na vida das crianças, interessado em entender cada problema, analisando cada situação em particular, segundo a lógica da ética aristotélica, de que os seres humanos, não devem se comparar com seres ideais, inatingíveis, nem serem educados segundo regras e normas eternas e abstratas. Cada educando, cada filho deve ser entendido de acordo com sua história e em cada situação em particular. O adulto deve assumir a direção da educação, castigando ou não de acordo com cada necessidade, com a atitude devida. O mais importante é que o filho sinta a confiança que os pais depositam nele e que possa superar os desafios colocados em sua vida, com ou sem ajuda dos pais.

A EDUCAÇÃO NA FAMÍLIA E NA ESCOLA

A educação das crianças na família e na escola é um tema tão extenso que dele se pode falar várias tardes sem esgotá-lo por completo. Em uma noite, somente poderemos tratar de alguns problemas principais. Possivelmente eu não seja um especialista com relação ao fundamental. Podem perguntar-me. Vocês mesmos verão. Contarei a vocês, em poucas palavras, minha vida.

Sou professor de escola desde os dezessete anos. Nos primeiros dezesseis anos de minha carreira fui professor em uma escola de ferroviários. Sou filho de operário e fui professor na mesma fábrica onde trabalhava meu pai. Era ainda o tempo do velho regime, da velha escola.

Primeiro, fui professor e, depois, diretor de uma escola industrial para os filhos dos trabalhadores de um povoado operário. Eu mesmo pertencia à coletividade de trabalhadores; era membro de uma família operária. Meus alunos e meus pais constituíam uma pequena sociedade operária industrial única.

Por conseguinte, eu dispunha de grandes possibilidades. Vocês em Moscou terão menos possibilidade, pois agrupam as crianças pelo princípio da circunscrição territorial.

Seus pais não estão ligados a uma coletividade operária única. É possível que vocês tenham menos facilidades que eu para tratar com as famílias. Mas, em compensação, vocês dispõem de um fator tão magnífico como é o Poder soviético, condição de que eu carecia naquele tempo, época da velha Rússia autocrática.

Depois da revolução, o destino me separou da família. Trabalhei 16 anos com pequenos órfãos, sem família. Encontrava-me muito pouco com os pais.

Certamente que nos últimos anos aproximei-me novamente da família, mas meu trabalho fundamental, durante o Poder soviético, ficou circunscrito a instituições nas quais viviam educandos que, "em princípio", não reconheciam a família.

Ocorreu-me um caso célebre em circunstâncias muito interessantes.

Comissionado por uma organização cinematográfica, veio ver-me um "cameraman" para filmar a Comuna Dzerjinski, em Kharkov. Era um velhinho muito vivo, dos que querem ver tudo, encontrar tudo: muito inteligente e muito disposto.

A comuna o entusiasmou; ele gostou de tudo. No momento em que eu discutia com ele alguns problemas, entrou em meu escritório, de improviso, um camarada de aspecto bastante distinto, cheio de pó, que parecia ter acabado de chegar de trem, e me disse:

– Venho de Melitopol. Fiquei sabendo que em sua comuna vive meu filho, Vasia Stoliarov.

– Sim, é certo.

– Pois bem, eu sou seu pai. Ele fugiu de casa e o estamos procurando há 6 meses. Fiquei sabendo que ele se encontrava aqui e por isso vim.

Vejo que o homem está emocionado: sua voz treme.

– Muito bem. Por favor, chamem Vasia.

Entrou Vasia, um menino de uns catorze anos, que estava há 6 meses na comuna. De uniforme, elegante, sabendo olhar e apresentar-se como se deve, entrou no escritório e perguntou:

– Chamaram-me?

– Sim, seu pai chegou.

– Meu pai?

Nem é preciso dizer que desapareceu toda a etiqueta: abraçaram-se, beijaram-se com um carinho extraordinário. Via-se que o pai amava o filho e este amava o pai etc.

Terminaram os abraços e os beijos. O menino voltou à sua postura inicial e o pai me disse:

– Então, deixa-me levá-lo para casa?

– Não tenho nada contra. Seu filho é quem decide. O que ele disser se fará. Se quiser ir embora com você, pode fazê-lo.

E o melhor veio agora. Este mesmo rapaz que acabava de soluçar de alegria, ficou vermelho, se pôs sério, fixou em mim seu olhar, moveu negativamente a cabeça e falou:

– Não vou.

– Por quê? Trata-se de seu pai.

– Mesmo assim, não vou.

O pai empalideceu.

– Como não vem?

– Foi como ouviu.

– Por quê?

– Não vou e já disse tudo.

– Mas, por que não quer ir? Este é seu pai.

– Não quero e basta.

O pai começou a indignar-se:

– Queira ou não queira, você vem comigo.

Nesse momento se meteram na conversa meus chefes de destacamentos:

– Você não pode levar ninguém daqui, ele é um comuneiro dzerjinskiano; a única coisa que você pode fazer é pedir-lhe; se ele quiser, ele irá; se não, ficará.

O pai deixou-se cair em uma poltrona, histérico. Preocupamo-nos, tratamos de tranquilizá-lo e lhe demos água. Quando se acalmou um pouco, nos disse:

– Chamem Vasia.

– Não, agora já não o chamo.

– Só quero despedir-me dele.

Dei a ordem, advertindo:

– Pergunte se Vasia quer se despedir de seu pai.

Vasia entrou. Novamente começaram os soluços, os abraços e os beijos. Quando tudo acabou, Vasia perguntou:

– Posso retirar-me?

– Sim.

O menino saiu e eu fiquei ainda duas horas falando com o pai, observando-o. Sentado na poltrona suspirava, soluçava, acalmava-se e começava de novo a chorar. Até que se foi sem Vasia.

Porém, o mais "dramático" de toda esta história foi que meu "cameraman" se entusiasmou tanto presenciando essa cena que, como homem insensível à dor alheia, enquanto o pai e o filho soluçavam, se beijavam e abraçavam, filmou esses momentos expressando assim sua grande satisfação:

– Casos como este aparecem uma vez na vida para os meus colegas operadores de cinema.

Neste ponto, quero abordar o problema da família e da educação familiar.

... Há famílias boas e más. Não se pode afirmar que a família educa como deve ser, como tampouco podemos dizer que a família pode educar como quiser. Devemos estruturar uma educação familiar que tenha a escola como princípio organizativo e como representante da educação estatal. A escola deve orientar a família.

Cabe perguntar: como orientar? Chamar os pais e dizer-lhes "Tomem medidas" isto não é orientar.

Citar os pais, abrir os braços e lamentar-se "Ai! Como educam mal!" tampouco resolve.

Então, o que e como se pode ajudar? Um mau pai, isto é, um pai que não sabe educar, sempre pode ser ensinado, da mesma forma que o pedagogo pode ser ensinado.

Por certo, camaradas, muitos pais, como muitos professores, não sabem falar com a criança. É necessário utilizar o tom correto de voz, coisa que, infelizmente, tampouco dão atenção nas escolas normais de professores e nos institutos pedagógicos. Deveria haver, obrigatoriamente, em cada instituto e escola pedagógica, um bom especialista que soubesse educar nosso tom de voz. Isto é muito importante.

Eu mesmo, no princípio de minha carreira, não me saía muito bem. "Queimava os miolos" pensando como consegui-lo, até que decidi recorrer a um ator experiente.

– É necessário acostumar-se a dominar corretamente a voz.

– Como, educar a voz? Por acaso eu vou cantar?

– Não se trata de cantar, mas de falar.

Ensaiei com ele durante certo tempo até que compreendi que grande coisa é dispor de uma voz adequada, quão transcendental é falar no tom correspondente. Inclusive uma expressão tão simples como "Pode retirar-se", frase simples de duas palavras, pode ser dita de 50 maneiras, com a particularidade de que cada uma delas pode ser expressar com um acento que equivalha a uma gota de veneno, se é que se necessita que assim alguém o sinta.

Isto é uma coisa muito complicada. Se vocês não dominam sua voz, naturalmente, encontrarão dificuldades. Seria bom que os dirigentes soubessem educar sua voz. Há pais e professores que se dão ao luxo de deixar que seu tom de voz reflita seu estado de ânimo. Isto é completamente inadmissível. Vocês podem estar não importa com que humor, mas sua voz deve ser verdadeira, boa, firme.

O estado de ânimo não tem nenhuma relação com sua voz. Por que vocês precisam saber com que disposição estou agora? Pode ser que esteja aflito ou que sinta uma grande alegria, o que não é impedimento para que eu fale de maneira que todos me escutem. Cada pai e cada professor, antes de falar com a criança, deve controlar-se, de forma que seu estado de ânimo não se manifeste. E não creiam que isto é muito difícil.

Depois de viver três anos no bosque rodeado de bandidos, qual podia ser nosso estado de ânimo? Que liberdade de expressão podia eu dar a meu estado de ânimo? Acostumei-me a dominar-me, convencendo-me de que isto é muito fácil. É necessário que sua fisionomia, seus olhos e sua voz sejam, em alguns casos, autônomos. O professor está obrigado a ter um rosto de "estátua". E seria desejável que os pais também o tivessem.

Suponhamos que tenham recebido uma carta desagradável, de uma pessoa amada. Deve-se deixar perder todo um mês de trabalho pedagógico por culpa dessa desditosa carta, possivelmente de uma pessoa querida que pode até ser que não valha nada e que, inclusive, tenha feito bem em escrever tal carta?

Saber dar a sua voz o tom e a mímica adequadas, saber levantar-se e sentar-se, tudo isto é transcendentalíssimo para o professor. Cada minúcia tem um grande significado e os pais têm de acostumar-se com esses detalhes.

Não faz muito tempo um pai me dizia:

– Sou comunista, operário. Tenho um filho que não me obedece. Quando lhe falo fica como se estivesse olhando a chuva. Falo-lhe pela segunda e terceira vez e não me dá atenção. Que posso fazer com ele?

Fiz esse pai sentar-se ao meu lado e comecei a dialogar com ele.

– Vamos ver, mostra-me como fala com seu filho.

– Assim.

– Experimente fazê-lo desta maneira.

– Não posso.

– Repita.

Ensaiei com ele meia hora até que aprendeu a ordenar. Tudo residia no tom de voz.

A ajuda aos pais por parte da escola somente é possível quando esta última representa toda uma coletividade única, que sabe o que exige de seus alunos e que apresenta com firmeza estas exigências.

Este é um dos meios de ajudar os pais. Porém existem outros. Deve-se estudar a vida familiar, averiguar as causas que determinam o mau caráter. Não vou enumerar aqui todos os procedimentos de ajuda à família.

... Passo à seguinte questão: eu defendo a tese de que a verdadeira família deve ser uma boa coletividade administradora. Também a criança deve ser, desde a sua mais tenra infância, um membro desta coletividade administradora. Deve saber de onde procedem os meios de subsistência da família, o que se compra, porque se pode comprar isto, aquilo não etc.

É necessário acostumar a criança, desde os 5 anos, a participar na vida econômica da coletividade; quanto antes melhor. Ela deve sentir responsabilidade pelos bens de sua coletividade. Não de maneira formal, mas sim de acordo com as oportunidades de sua vida e da sua família. Se a família se administra mal, também ele assim o fará na vida. Vale a pena ocupar-se deste problema.

E, finalmente, camaradas, uma última questão, possivelmente a mais difícil, que corresponde à felicidade.

Normalmente se ouve dizer: como mãe e como pai damos tudo ao nosso filho, sacrificamos tudo por ele, até a nossa própria felicidade.

Este é o presente mais horrível que os pais podem dar aos seus filhos. É um presente tão monstruoso que, se quiserem envenenar a vida de seus filhos, recomendamos que lhes dêem em grande dose sua própria felicidade e os envenenarão.

O problema deve ser colocado assim: jamais sacrificar-se por nada. Pelo contrário, que seja o filho quem o faça por seus pais.

Vocês sabem que algumas jovens falam assim para suas mães:

– Você já viveu a vida, enquanto que eu ainda não vi nada.

Às vezes, tais palavras são ditas a uma mãe que não tem mais de trinta anos.

– Você já gozou a vida, eu não. Por isso, tudo deve ser para mim e nada para você.

Melhor seria que a jovenzinha pensasse:

– Tenho toda a vida pela frente, enquanto que a você, mamãe, resta menos tempo.

Por isto escrevi sem rodeios no quarto tomo do *Livro dos pais:* os vestidos novos devem ser, em primeiro lugar, para as mães.

Os filhos não se ofenderão se vocês os educarem com o objetivo de fazer felizes seus pais. Que os filhos pensem, em primeiro lugar, na felicidade dos pais, sem se importar com o que pensam seus pais. Vocês são adultos e sabem o que fazem.

Se vocês têm dinheiro sobrando e estão em dúvida para quem comprar um vestido, se para a mãe ou para a filha, eu digo que deve ser para a mãe.

O pai e a mãe devem fazer ver que têm direito à felicidade antes de seus filhos. Não tem nenhum sentido para as mães nem para as filhas, e menos ainda para o Estado, educar consumidores da felicidade materna. É horrível educar os filhos a custa do bem-estar de seus pais.

Em nossa comuna gastávamos 200.000 rublos em excursões e 40.000 rublos com entradas para o teatro. Não economizávamos dinheiro para isso. Em troca, quando confeccionávamos roupas, nos guiávamos por esta regra: para os pequenos passávamos as roupas dos maiores. Os pequenos sabiam que não se fariam roupas novas para eles, que somente podiam contar com roupas reformadas. É verdade que podíamos esperar que as crianças maiores usassem as roupas até se acabarem. Mas não fazíamos assim; os maiores vestiam durante certo tempo sua roupa e depois as passavam para os menores.

O que vocês vão dar a uma jovenzinha de 17 a 18 anos, se aos catorze já lhe deram boas roupas?

Para que isso faz falta? Que ambições terá no futuro esta mocinha? À medida que passe o tempo, começará a pensar assim: só tenho um vestido, enquanto você (isto é, a sua mãe) tem três.

É necessário inculcar nos filhos a preocupação pelos pais; educá-los no desejo simples e natural de renunciar à satisfação própria, enquanto não tenham satisfeito a do pai ou a da mãe.

E aqui, camaradas, vamos terminar.

Alguém quer perguntar algo?

Pergunta do plenário: "A comuna Dzerjinski, continua existindo? Quem a dirige e que ligação você tem agora com esta comuna?"

Depois que parti, a Comuna Dzerjinski funcionou ainda por dois anos e depois foi fechada. Por quê? Porque os maiores foram para os institutos e a fábrica que ali existia foi transferida para o departamento do ramo correspondente. Todos os comuneiros saíram dali homens feitos, mas continuo mantendo contato com meus comuneiros.

... Devo dizer que esta ligação pode me causar dificuldades, porque eles são muitos. Recordo-me deles, mas não posso me lembrar com quem se casaram e quem tem filhos e quantos. E o problema é que tenho que falar sobre isso nas cartas.

Saibam, camaradas, que tenho de dedicar um dia da semana para a correspondência. Isto me atrapalha bastante, ainda que, para dizer a verdade, não tenho por que me queixar, pois, exceto a mim, eles não têm ninguém. A quem vão se dirigir? Mas, às vezes, passo grandes apuros pelo grande número de cartas.

Quando algum de meus antigos alunos, por exemplo, vem a Moscou, diretamente do trem ele vai para minha casa e, algumas vezes, para ficar todo um mês. Apresenta-se com toda franqueza: "Anton Semionovih, venho passar um mês com você". Isto me aterroriza, pois tenho pena de minha esposa. Ela não pode se converter em empregada de pensão. Não é que me desgoste dar de comer a meus hóspedes, não é essa a questão, mas sim porque aumentam os afazeres domésticos.

– Muito bem, já que veio, fica. Galia, temos hóspede.

– Quem é?

– Vitia Bogdanovich.

– Saúde, Vitia.

Depois de dois dias começam as conversações:

– Será melhor que eu vá para um hotel.

– Que lhe falta? Fica aqui.

Aos três dias novas palavras:

– Terei de ir a Leningrado.

– O que tens que fazer lá? É melhor que fique conosco.

E quando se vai, a separação é igualmente dolorosa:

– Se você mudar para Moscou, pode trabalhar na cidade e alojar-se em minha casa.

Em sua maioria são bons rapazes. E ainda que estas relações me causem transtornos, são, para mim, fonte de grande alegria e de verdadeira satisfação. Por outro lado, não posso esconder, alguns deles se perderam de vista.

Pelo fato de eu ter sido condecorado, "Mitka Zheveli" passou-me um radiograma da ilha Wrangel. Vocês o conhecem através do *Poema Pedagógico*.

Hoje também recebi uma carta de felicitação assinada pelo "Engenheiro condecorado Orisenko (Gud)".

Pergunta do plenário: "O que pensa você sobre as medidas de castigo físico?"

Continuo sendo inimigo dos métodos físicos de coerção. Em geral, não admito o castigo físico como método. Não conheço uma única família em que o castigo corporal tenha sido proveitoso.

É bem verdade que não me refiro aos casos em que a mãe dá um par de palmadas em uma criança de dois ou três anos. O pequeno não compreende nada e para a mãe não é tanto o castigo, é mais uma manifestação da sua irritação. Porém, bater em uma criança de 12 ou 13 anos significa reconhecer sua plena impotência diante dela. Isto quer dizer que podem até se romper para sempre, as boas relações com ela.

Na comuna Dzerjinski os rapazes não brigavam nunca. Recordo este episódio: regressávamos num barco de Batumi para Crimeia. Ocupávamos toda a cobertura superior. Éramos muito queridos por todos. Íamos bem vestidos, tínhamos uma magnífica banda de música, dávamos concertos. Todo o resto dos passageiros, assim como a tripulação, estavam encantados. Ocorre que, numa manhã, depois do café, em frente ao mesmo Yalta, um comuneiro maior golpeou a cabeça de seu camarada mais jovem com uma lata de conserva. O caso era para nós completamente insólito. Eu fiquei transtornado. Que fazer? Ouvi que tocavam o alarme geral.

– Por quê?

– O chefe que está de serviço assim ordenou.

– Com que objetivo?

– De qualquer forma, dê ordem de reunir a todos.

– De acordo.

Reunimo-nos, mas o que fazer? Propõe-se o seguinte: desembarcar o agressor em Yalta e separar-nos dele para sempre.

Vejo que ninguém é contra.

Tomo a palavra:

– Estão brincando ou falando sério? Por acaso isso é possível? Golpeou o outro, delinquiu, mas não se pode expulsar uma pessoa da comuna.

– Não vale a pena falar mais sobre isso. Votemos.

– Digo-lhes que esperem.

Neste momento o presidente da reunião me interrompe:

– Existe a proposta de retirar a palavra de Anton Semionovich.

O que vocês acham? Proibiram-me de falar. Dirijo-me à reunião:

– Encontramo-nos em excursão, sou o chefe e posso convocar por cinco horas toda a assembleia geral. Aqui não estão na comuna, onde eu dialogo com vocês. Como podem proibir-me de falar?

– Está bem. Fale.

Mas o caso é que não havia nada que dizer. Submeteu-se a proposta à votação e foi aceita por unanimidade. E em seguida outra proposta é apresentada: quem se atrever a acompanhá-lo pode também ficar lá.

Uma delegação de passageiros e da tripulação pediu-nos que perdoasse o menino.

– Não. Sabemos o que estamos fazendo – lhes responderam.

Quando chegamos em Yalta, nenhum comuneiro desceu do barco. Antes, todos esperavam impacientemente atracar em Yalta, queriam visitar a cidade, percorrê-la. Pois bem, nenhum comuneiro abandonou o barco. O chefe de serviço disse secamente ao culpado:

– Vá.

E este se foi.

Quando chegamos a Kharkov, ele estava nos esperando na praça. Nossos meninos carregam suas bagagens. Ele anda de um lado para outro, até que o chefe da guarda lhe diz:

– Saia da praça. Não subiremos enquanto você estiver aqui.

Ele se foi. Após três dias apresentou-se na comuna. A sentinela da porta lhe disse:

– Aqui você não passa.

– Você deixa todos entrarem.

– Deixo todos, mas não você.

– Avisa, então, a Anton Semionovich.

– Não tenho de avisar ninguém.

Apesar de tudo, chamaram-me.

– O que você quer?

– Convoque a assembleia geral.

– Perfeitamente.

Ele ficou em meu escritório até o fim da tarde, quando se reuniu a assembleia geral. Abro a reunião. Todos nos olham e se calam. Pergunto quem quer tomar a palavra. Ninguém. Rogo-lhes que digam algo. Sorriem. Agora, penso, é certo que o deixarão ficar. Peço que se ponha em votação. O presidente anuncia: "Quem está de acordo com a proposta de Anton Semionovich que levante o braço." Nem uma só mão se levanta. "Quem está contra?" Todos.

No dia seguinte, ele voltou de novo.

– Não é possível que me castiguem com tanta crueldade. Convoque outra vez a assembleia geral. Pois quero que me esclareçam.

Reúne-se pela tarde a assembleia geral.

– Exige que lhe dêem uma explicação.

– Está bem. Fala, Alexeiev.

Alexeiev toma a palavra.

– No barco, na presença de toda a União Soviética, pois você sabe que a bordo iam representantes de todas as cidades, diante de toda a tripulação, por uma besteira, você golpeou um camarada na cabeça. Isto não se pode perdoar e jamais lhe perdoaremos. Quando nós nos formos, virão outros meninos que tampouco terão dó de você.

Ele abandonou para sempre a comuna. Muitos dos antigos rapazes já haviam saído de lá e haviam chegado muitos novos. E estes diziam sempre: "Tem de se fazer o mesmo que se fez com Zviaguinets". Nunca haviam visto Zviaguinets, mas conheciam o fato.

Vejam, camaradas, como os comuneiros entendiam a agressão física. Em meu espírito pedagógico, censurava-os pela sua crueldade, mas, em meu foro íntimo, humano, dava-lhes razão.

Esta ação, com certeza, é uma crueldade, mas uma crueldade provocada. É natural que em uma coletividade os maus tratos não sejam admitidos. Pessoalmente, eu sou adversário irreconciliável dos métodos físicos de castigo.

Pergunta: "Em sua comuna havia jovens, de ambos os sexos, de dezessete e dezoito anos. Quais eram suas relações?"

A pergunta é muito difícil de responder. Teria de falar muito tempo. Isto está no meu livro. Mas, de qualquer foram, procurarei dizer-lhe em poucas palavras.

Naturalmente, não se pode proibir o amor, mas tampouco se pode permitir namorar e casar aos dezoito anos, pois este matrimônio não proporcionará nenhuma felicidade. Entre nós, desempenhava um grande papel a unidade da coletividade e a confiança em mim. Eu podia reunir as meninas e falar-lhes sobre o comportamento de uma jovem de sua idade. Depois, reunia também os meninos. A estes não só lhes ensinava, como lhes exigia sem rodeios: em primeiro lugar terão de responder isso ou aquilo, comportar-se de tal ou qual maneira.

Apoiavam-me as organizações do Komsomol e do Partido e, é claro, a organização dos pioneiros. Também contava com a ajuda da assembleia geral.

Somente por isso, tudo caminhava bem em relação a este problema: não houve nenhuma tragédia, nenhum drama. Sabíamos, por exemplo, que Kravchenko amava Donia e que esta lhe correspondia. Sempre andavam e passeavam juntos, mas não faziam nada reprovável. Cumpriram o prazo de sua permanência na comuna, depois ambos ingressaram num instituto e somente depois, passados 3 anos, se casaram. Antes de fazê-lo, vieram à comuna e expuseram ao conselho de chefes que queriam unir-se em matrimônio. Os rapazes os aplaudiram dizendo-lhes: "Já é tempo de se casarem. Vocês aguentaram cinco anos de amor."

Outra pergunta: "De onde provém este conhecimento que você tem da mentalidade dos meninos de idade pré-escolar?"

Eu não tenho filhos naturais, mas tenho filhos adotivos. Na comuna havia um jardim de infância para os filhos dos empregados. Eu o organizei e o dirigi. Conheço bem e amo profundamente muitas crianças de idade pré-escolar. Minha experiência não é muito grande, mas de qualquer modo, tenho alguma.

Comentário sobre o texto

Neste artigo, resultado de uma conferência realizada por Makarenko, em 8 de fevereiro de 1939, na Casa do Professor, no distrito de Frunze, Moscou, a relação entre a família e a escola é analisada de acordo com a concepção de sociedade e do Estado no socialismo. O texto expressa o tom informal e franco com que Makarenko conversava com pais e professores sobre a necessidade de levantar os objetivos claros da educação das crianças e de criar técnicas adequadas para isso.

Makarenko condena o modo pelo qual a escola relaciona-se com as famílias. Geralmente os pais são chamados quando os alunos apresentam problemas de aprendizagem ou de disciplina e nesses encontros são acusados de educarem mal os seus filhos. Não seria a escola que estaria falhando na educação de seus alunos, inclusive porque, ao invés de auxiliar os pais, estaria responsabilizando-os pelo fracasso dos filhos?

Qual seria a esfera da educação da escola? Qual seria a esfera da educação da família?

De acordo com Makarenko, a educação familiar deveria ser estruturada tomando a escola como princípio organizativo e como representante da educação estatal. A escola deveria cumprir o papel de orientar a família na sociedade socialista. De acordo com isso, muitos dos objetivos comuns de formação da criança deveriam ser discutidos entre pais e professores, criando a cada momento diferentes estratégias educacionais, tanto em casa quanto na escola.

Mas, nesse período, a instituição escolar soviética encontrava-se em crise de identidade: entre aquela proclamada pela Comissão de Instrução Pública nos anos de 1920 e a que predominou nos anos de 1930 com o estalinismo. Embora Makarenko defendesse a transformação da velha escola em coletividade escolar, retirando a centralidade da sala de aula e derrubando os seus muros para chegar à comunidade e às famílias dos alunos, na realidade, a escola stalinista tornara-se ainda mais fechada à educação integral, politécnica, voltada para a profissionalização em massa e para a inculcação ideológica.

Em consequência, muitas das orientações de Makarenko, como educar a voz e as expressões faciais para assumir o papel de educador, seja como professor, seja como pai e mãe, aparecem de forma estranha. Seria preciso conhecer a sua proposta integral de organização da escola como coletividade para entender a importância de algumas atividades teatrais como técnicas educacionais. A tarefa educacional não seria produto apenas da intuição e da afetividade do educador, mas de uma ação racional, planejada, de acordo com determinadas necessidades educacionais, o que exigiria atitudes ensaiadas, como de um ator.

Makarenko tinha consciência de que essas técnicas, isoladas de uma ação geral compartilhada por toda a sociedade, não resultariam em nada. Era preciso entender porque determinadas famílias educavam mal, formavam jovens com problemas de caráter. E, antes, era preciso entender as causas que levaram essas famílias a educar as novas gerações com esses problemas. Por isto, ao tratar a questão do "sacrifício da felicidade" em nome dos filhos, Makarenko mostra o quanto é preciso fazer os filhos, desde os 5 anos de idade, participarem da base econômica da família, de suas necessidades, de suas possibilidades, para que todos possam estabelecer as perspectivas de felicidade e a desfrutem com direitos iguais: pais e filhos. A vida de sacrifícios dos pais não pode significar a felicidade dos filhos, pois estariam sendo educados para uma "felicidade egoísta".

A família deveria ser analisada como instituição social, retirando-lhe muitas das atribuições que lhe eram dadas como naturais, como, por exemplo, o poder paterno, a submissão incondicional da mãe e a ausência total de direitos dos filhos. Uma nova relação de direitos iguais entre pai e mãe e entre pais e filhos deveria ser criada na família socialista, destruindo antigos costumes, como o castigo corporal, e cultivando novos sentimentos, como o carinho, a sinceridade e o respeito.

Nos anos de 1930, Makarenko observava o surgimento de novas gerações que continuavam sendo educadas de acordo com os princípios da família burguesa e da escola que criava um molde para a educação de massa e profissionalizante.

AS MINHAS CONCEPÇÕES PEDAGÓGICAS

A nossa causa, a da educação comunista, é um empreendimento novo a nível mundial. Se levarmos em consideração esferas do conhecimento como a técnica, a literatura e outras, veremos que sempre se recebe algo das gerações anteriores. No domínio da educação comunista, o assunto é ainda mais complicado, pois há apenas vinte anos estas palavras – a educação comunista – quase não se ligavam. E não nos envergonhamos absolutamente de dizer que, em muitos pormenores do nosso trabalho, somos ainda imaturos, continuamos a ser e não pode ser de outro modo. Seria na verdade presunção afirmar que em apenas vinte anos tivéssemos condições de criar, finalizar e formar uma grande escola pedagógica completamente nova, a escola da educação comunista. Neste campo somos autênticos pioneiros e é próprio dos pioneiros enganar-se. O mais importante é não temer os erros e atuar com audácia.

Eu sou literato, um pouco, o que significa que também devo prestar contas dos meus assuntos literários. Mas sinto-me antes de tudo pedagogo e não só antes de tudo, senão sempre e por toda a parte. O meu trabalho literário não é mais que uma forma do trabalho pedagógico. Por isso falarei muito pouco de literatura.

Farei um breve relato de minha biografia pedagógica e literária. Sou filho de um operário ferroviário, que trabalhou mais de quarenta anos numa fábrica de vagões. Eu também trabalhei nessa fábrica desde 1905, mas como professor, depois de ter obtido a mais rudimentar formação pedagógica: terminei os cursos de um ano numa escola pedagógica primária. Tenho a impressão de que atualmente nem existe uma formação tão primária como essa. Era uma formação tão pobre que só pude assumir o cargo de professor na escola primária de categoria menor, com um salário de 25 rublos por mês. Esta era uma escola magnífica, visto lá existir uma comunidade operária muito unida. Eu mesmo era membro dessa comunidade por ser filho de um operário da fábrica. Nessa escola trabalhei nove anos e essa experiência teve uma grande importância para mim. Mais tarde, já em 1914, ingressei no instituto pedagógico, onde terminei os estudos com uma medalha de ouro. Depois, destinaram-me à Colônia Gorki para delinquentes menores.

Durante dezesseis anos, de 1920 a 1935, dirigi a Colônia Gorki e a Comuna Dzerjinski, que formavam uma só coletividade. Se leram o *Poema Pedagógico,* devem recordar-se de que da Colônia Gorki me transferi para a Comuna Dzerjinski, aqui em Kharkov. Nessa altura, nesta última já havia 50 alunos meus procedentes da Colônia Gorki. Depois, mais 100 alunos mudaram-se comigo para a Comuna Dzerjinski. Isto significa que, na comuna, deu-se a continuidade na prática, não só à experiência da Colônia Gorki, mas também à história de uma mesma coletividade humana. Isto tem um grande significado para mim e para a obra que empreendemos visto que se conservaram e acumularam as tradições criadas anteriormente na Colônia Gorki.

Foi, então, na comuna Dzerjinski que escrevi o meu primeiro livro – *Marcha do Ano 30.*

Posteriormente, escrevi o *Poema Pedagógico,* que foi publicado por partes em 1933, 1934 e 1935, seguindo-se os romances *A Honra* e *Ban-*

deiras nas Torres, tendo este último livro um significado extraordinário para mim e para a formação das minhas concepções.

Escrevi ainda o primeiro tomo do *Livro dos Pais.* O que me motivou a escrevê-lo? Acontece que, durante os últimos dois anos, estive organizando colônias de trabalho. Tive então de me ocupar menos com as crianças abandonadas do que com as que "tinham famílias". Se para a Colônia Gorki eram enviados delinquentes menores, nos últimos anos era mais necessário reunir as crianças "com família"...

Tive de indagar e interessar-me pelas famílias e pareceu-me necessário escrever um livro destinado aos pais. No primeiro tomo tratei do assunto relativo à família como coletividade. Neste momento, estou preparando o segundo tomo, que se refere à educação moral e política, principalmente na família, mas também tenho de focar a escola. O terceiro tomo será consagrado a questões concernentes à educação através do trabalho e à orientação profissional. E o quarto, o mais importante para mim, trata do seguinte tema: como o homem deve ser educado para que seja feliz. Interessante, não é verdade?

Eis o meu breve informe sobre o assunto. Bem, que mais lhes poderei dizer sobre os méritos e os defeitos dos meus livros? Há uma questão que talvez tenha interesse para vocês. Dizem que no livro *Poema Pedagógico* não estão presentes nem a imaginação nem a fantasia, que é uma pura cronologia. Um crítico chegou a escrever: "Uma pessoa teve uma vida interessante e descreveu-a. Todo aquele que tem uma vida interessante é capaz de escrever um livro como este, e por esta razão Makarenko não é literato nem artista, mas um cronógrafo".

É evidente que eu me ofendi. Como é isso: não sou literato, mas escrevi um livro? Numa discussão perguntei-lhe: "Por que é que diz que isto é uma simples cronologia?". E o crítico respondeu-me: "Porque você escreveu tudo o que existia na realidade. No seu livro não há invenção nem imagens sintetizadas".

Então, fiz uma cara séria e lhe disse: "Desculpe-me, mas como é que sabe que no livro não há invenção? Que provas tem de que isto é tudo verdade?" Ele contestou: "Mas isso vê-se. Pelo seu próprio Zadorov se vê que ele existiu e que você lhe bateu". "Nada disso! – disse eu. Nem Zadorov existiu nem eu lhe bati; tudo isso é pura invenção".

Ele pode ter acreditado ou não, é lá com ele. Mas não pôde demonstrar-me que eu mentia. Tenho direito de inventar? Tenho. E por isso ninguém me pode acusar se é invenção ou não. Ninguém tem direito de exigir-me que lhe preste contas disso. Mas a vocês direi, a título de amizade, que não há invenção nem no *Poema Pedagógico* nem em *Bandeiras nas Torres*, salvo alguns nomes e várias situações...

Esta foi a única questão literária que considerei necessário mencionar.

Agora, camaradas, passamos à pedagogia.

Que direito tenho eu de falar a vocês hoje? O direito adquirido por ter trabalhado 32 anos como pedagogo, o de ter procurado meditar sobre o trabalho pedagógico que realizei, por um lado, e visto possuir, por assim dizer, uma certa maneira própria de ter levado a cabo o trabalho pedagógico, por outro. Este método, não o devo ao meu talento. Devo-o à necessidade, ao caráter da missão que me incumbiram. Tive a sorte de ter permanecido dezesseis anos numa coletividade em companhia de camaradas, colaboradores e colegas formidáveis. Graças a isto, as tarefas maiores e mais difíceis foram-se cristalizando, gradualmente, numa espécie de sistema. À medida que fui analisando esta experiência, foi-se formando em mim uma certa escala de valores que talvez diferisse do sistema geralmente difundido e utilizado. É precisamente sobre estas minhas diferenças que quero falar-lhes. Estas diferenças justificam-se pelo fato de eu ter trabalhado, não numa escola comum, mas numa instituição especial e, neste aspecto, tive mais sorte que os outros.

Se quiséssemos caracterizar a minha sorte, teríamos de dizer que ela foi muito grande. Basta dizer que, nos últimos anos, a Comuna Dzerjinski existia com autogestão financeira. Isto não é uma bagatela. Vocês são capazes de imaginar uma coletividade infantil com autogestão financeira? Isto é uma circunstância muito importante: a comuna cobria não só as despesas orgânicas, os salários dos professores, a manutenção dos gabinetes etc., mas também todas as despesas relacionadas com a manutenção das crianças. Além disso, dava ao Estado um lucro líquido de vários milhões de rublos. Isto é uma grande sorte, porque a autogestão financeira é um pedagogo formidável.

Tive sorte e por isso não me sinto coibido de expor a vocês algumas ideias que agora podem parecer estranhas, mas que, dentro de alguns anos, disso estou certo, concordarão comigo.

As peculiaridades básicas das minhas concepções consistem no seguinte: na prática da nossa escola (agora estou bem familiarizado com as escolas, porque não passa um dia sem que eu não visite alguma) pode se observar o que eu denomino uma hipertrofia do método individual. Em medicina há a expressão "hipertrofia cardíaca", o que quer dizer que o coração tem um tamanho maior do que o normal. Pois bem, devido a semelhante fenômeno no trabalho com as nossas crianças confiamos demais nos milagres do método individual e nas bondades dessa pedagogia. Eu não estou contra o método individual, mas considero que o decisivo na educação (na educação propriamente dita, sem me referir às questões da instrução) não é o método de um determinado professor ou, inclusive, de uma escola, mas a organização da escola como coletividade e a organização do processo educativo.

Hoje, por exemplo, participei da apresentação, num instituto pedagógico, do relatório de um estudante sobre o tema "Como se deve inculcar o patriotismo soviético". O relatório foi interessante, via-se que o estudante tinha trabalhado nele com afinco. Nele se descrevia a experiência de uma boa escola e demonstrava-se que o patriotismo se inculca, em primeiro lugar durante as aulas e, em segundo lugar, no trabalho extraescolar. Foram citados casos de aulas exemplares, em que se infundia o patriotismo, e de um bom trabalho extraescolar. Na segunda parte do relatório narravam-se os resultados deste trabalho com os alunos da escola e citavam-se conversas tidas com eles. Tomando unicamente como base essas conversas, o estudante concluía que o patriotismo soviético inculcado foi o resultado da educação, demonstrando assim que o método empregado foi válido.

Ouvi a leitura do relatório e formulei logo a seguinte pergunta: "Bem, os métodos são excelentes e os resultados estão à vista. Mas tentou comprovar as afirmações feitas pelas crianças que citou? Um dos alunos diz que os guarda-fronteiras devem ser valentes e que ele também quer ser valente e considera que é necessário sê-lo. Comprovou se esse aluno é valente ou é medroso? Porque, se na comprovação se verifica que o rapazinho é medroso, então terei todo o direito de duvidar que se tenha inculcado o patriotismo como é devido". Admito a situação em que o escolar possua noções adequadas sobre o patriotismo soviético mas não que se tenham formado hábitos corretos.

Isto é especialmente importante quando se trata de formar qualidades como a paciência, a habilidade para vencer dificuldades prolongadas, para superar os obstáculos, não de um salto, mas mediante a pressão constante. Por mais que se esforce em formar as noções corretas sobre o que é preciso fazer, mas não conseguir inculcar os hábitos necessários para vencer as dificuldades mais persistentes, tenho o direito de dizer que não se inculcou nada. Resumindo, o que eu exijo é que a vida da criança seja organizada como uma prática que forme determinados hábitos.

Insisto em que as nossas escolas não prestam a devida atenção à organização da experiência infantil, da experiência de vida, da experiência comunista.

Mais adiante, o estudante ficou embaraçado com outra pergunta que eu lhe fiz: "Essas crianças, que considera corretamente educadas, como se comportam no que diz respeito à conhecida questão de não denunciar o companheiro perante o pedagogo?" (Existe este problema, esta difícil questão.)

Acontece considerarem-se as crianças perfeitamente educadas no espírito comunista, mas se algum companheiro faz algo de mal, o grupo não o denuncia ao professor. Se esta contradição tiver lugar, tenho o direito de duvidar de que a linha seguida pelo educador seja a adequada.

Insisto para que se duplique a atenção que se presta às formas necessárias para organizar a atividade infantil.

Enumerarei apenas os pormenores do problema em que é preciso concentrar a atenção. Trata-se, em primeiro lugar, do assunto relacionado com a determinação do centro que orienta a coletividade. Este é um problema muito importante. Durante o meu trabalho, vi-me obrigado a envidar grandes esforços para organizar este centro e não foi em pouco tempo que resolvi esta questão. Para mim, isto tem uma importância excepcional. O centro é como uma ponte de comando de onde parte toda a direção dos alunos e não um centro administrativo.

A questão do centro, da sua influência não foi resolvida por completo, nem na teoria, nem na prática. Nas numerosas escolas que visitei, este assunto é tratado de maneira diversa. Numa escola é o diretor que decide tudo, mesmo a pintura do soalho e do teto. Em outra é o subdiretor para assuntos pedagógicos que governa tudo. Numa terceira escola dizem que é o organizador da Juventude Comunista (Komsomol) que resolve todos os problemas; numa quarta, o guia de pioneiros.

Este é um dos aspectos do problema.

Outra questão de grande importância refere-se à estrutura da coletividade, àquilo que eu denomino o corte transversal da coletividade. Eu distingo a coletividade de base formada pelas turmas e a coletividade geral da escola. Que princípios nos guiam na organização da coletividade? Por enquanto, podemos dizer que neste assunto não nos guiamos por princípio algum. Simplesmente existem classes e é tudo. Cada classe vive separada: a 10ª classe não sabe o que se passa na 9ª e o que acontece na 3ª e na 2ª classes nem sequer quer saber! Como se relacionam as 2ª e 3ª classes com as mais adiantadas? Com respeito, com estimação, com carinho? Nada disso: as 2ª e 3ª classes não reparam na presença dos alunos mais velhos e nem querem conhecê-los. Impera um divórcio absoluto nas coletividades de base.

Outra questão de importância extraordinária é a disciplina que a todos preocupa e inquieta. E apesar disso até agora na nossa prática atual fala-se da disciplina como da disciplina de inibição.

Mas será esta a essência da disciplina soviética? A disciplina da inibição exige: não faça isso, não faça aquilo, não chegue atrasado à escola, não atire os tinteiros contra paredes, não falte ao respeito ao professor; podem ainda ser acrescentadas mais algumas regras com a partícula "não". Esta não é a disciplina soviética. A disciplina soviética é uma disciplina que induz a vencer as dificuldades, a disciplina da luta e do progresso, a disciplina da aspiração a algo, a luta por algo. É deste tipo de luta que necessitamos na realidade.

Mas estará resolvida a questão relativa aos objetivos e às tarefas da educação? Este é outro problema que necessita ser particularizado. Dizemos que o rapaz deve ser assíduo, desenvolvido, ordenado, disciplinado, valente, honesto, firme e muitas outras palavras boas. Esta formulação não define ainda os nossos objetivos. Os nossos objetivos são especiais: devemos formar um comportamento comunista. Por outras palavras, os nossos objetivos só podem ser expressos nas qualidades do caráter que definem a personalidade comunista e estas qualidades devem formular-se muito detalhadamente, com precisão.

Vejamos o que sabemos sobre as qualidades do caráter de uma pessoa coletivista, de um indivíduo com um comportamento comunista. Que ideias temos sobre tal pessoa? Se dissermos que é honesta, que deve ter força de vontade e ser enérgica, isto ainda não quer dizer nada.

A nossa honestidade exige uma unidade positiva entre os trabalhadores, o respeito a cada trabalhador, pela sua pequena coletividade e pela coletividade formada por toda a sociedade soviética, o respeito pelos trabalhadores de todos os países.

Só neste contexto falamos da honestidade. Necessitamos de uma instrumentação especial das qualidades morais. E são estas qualidades especiais da personalidade moral as que devemos formar.

Tomemos, por exemplo, uma qualidade tão importante como a diligência. No nosso país, cada cidadão deve ser diligente; a diligência de uma pessoa não pode prejudicar a de outra pessoa. Isto significa que a nossa diligência é uma qualidade moral e que o requisito da diligência é um requisito moral. E devemos educar cada cidadão levando isso em conta.

Vejamos outro conceito, o da pontualidade. No nosso trabalho educativo, a pontualidade, como qualidade de caráter de um verdadeiro comunista, deve ser considerada quando a pontualidade do chefe e a do subordinado constituírem uma mesma qualidade moral.

Vejamos outras qualidades do caráter, como a capacidade de orientação, a habilidade para orientar com rapidez na situação mais complexa, para atuar com a maior precisão e calma, com segurança, sem gritos, sem histeria, sem pânico, sem chiadeiras, qualidades que devemos obrigatoriamente trabalhar obrigatoriamente em nosso processo educativo.

Finalmente, tomemos outra importante qualidade do caráter, qualidade puramente comunista, como a de saber subordinar-se ao camarada – não ao rico, não ao patrão, mas ao camarada – e a de saber dar ordens ao camarada. Somos camaradas, amigos, mas há momentos em que eu tenho o direito de dar ordens. Neste caso, eu devo saber ordenar e você deve saber obedecer, esquecendo que há um minuto éramos amigos. Esta qualidade do caráter só pode ser desenvolvida no nosso país, onde não há classes exploradoras, onde não há o poder emanado da força econômica, da propriedade, da manipulação... Devemos infundir todas estas qualidades nos nossos jovens.

Eu mencionei muito poucas qualidades das muitas necessárias.

Agora perguntam: de que instrumentos dispomos para desenvolver estas qualidades? Para o camarada aprender a dar ordens não existe outra forma a não ser a de se exercitar no mando; e exercitar-se não como se fosse um jogo, uma brincadeira, mas de modo que o não cumprimento de uma ordem resulte em fracasso e o camarada responsável deva explicar-se perante a coletividade.

É isto, camaradas, o mais importante que queria dizer-lhes. É preciso organizar a coletividade de tal forma que se eduquem qualidades reais e verdadeiras da personalidade e não qualidades imaginárias. É isto o que somos obrigados a fazer e, nestas condições, o método individual terá um efeito muito mais forte, mais belo e adequado. Se não houver coletividade e educação coletiva, com o método individual surge o risco de que eduquemos indivíduos e nada mais.

Não aborrecerei mais com outros pormenores sobre esta questão. Tenho a certeza de que, ao responder as perguntas, focaremos novamente este tema.

Agora, só para resumir as minhas palavras de introdução, direi que todas estas questões são extraordinariamente difíceis visto que as boas qualidades necessitam de anos para se formarem. Não se pode formar um caráter sem método ou através do imediatismo. Só se pode formar o caráter mediante a participação prolongada da pessoa na vida de uma coletividade corretamente organizada, disciplinada, forjada e orgulhosa de si mesma. Mas organizar uma experiência deste gênero significa obrigatoriamente arriscar.

A questão do risco é a mais difícil de todas. O primeiro risco, o primeiro perigo consiste em se decidir conduzir o trabalho da coletividade num sentido, passados quatro meses perguntar-lhes-ão sem falta: "Bem, o que é que se fez? Mostre-nos os caracteres comunistas prontos que formou." E você não os poderá mostrar: só dentro de cinco anos é que eles estarão formados. Como dentro de cinco anos! É agora que há que mostrar aquilo que criou.

Este é um grande perigo, porque frequentemente a caça aos dados para o relatório provoca situações verdadeiramente anedóticas. Hoje, por exemplo, estive numa escola e encontrei lá os professores aterrorizados. Dizem que assumiram o compromisso de conseguir um aproveitamento de cem por cento. Mas na 9ª classe há um aluno ao qual não se pode dar outra classificação que a de "mal". Não podem fazer nada com ele e não obtêm um aproveitamento de cem por cento.

Então porque mantê-lo na 9ª classe sabendo de antemão que não poderá assimilar o programa?

O segundo perigo é muito sério. Gostamos frequentemente de dizer: "Criaremos cidadãos temperados!" Bem, vamos criá-los. Mas o que é ser temperado?

Poder-se-á temperar uma pessoa se a envolvermos em algodão para que não se resfrie? É preciso arriscar conscientemente (é evidente que eu estou falando no sentido figurado). Não se pode temperar uma pessoa se não se colocarem perante ela tarefas difíceis nas quais por vezes é capaz de fracassar. Se recearmos que a pessoa fracasse e não lhe colocarmos tarefas difíceis não deixará de fracassar.

Valente não é o rapazinho que não tem medo, mas aquele que é capaz de reprimir o seu medo. Não pode existir outro tipo de valentia. Vocês pensam que caminhar em direção à morte sob as balas, sob projéteis significa não experimentar nada, não temer nada? Não, isto significa precisamente temer, experimentar emoções e vencer o medo.

Vejamos um exemplo da vida da escola. Uma escola magnífica, um edifício recém-construído, com um só turno, com soalho de madeira nos corredores, amplos corredores.

"Por que é – pergunto eu – que o soalho está tão sujo? Os carpinteiros não o forraram de madeira para que o cobrissem de sujidade. Os carpinteiros colocaram os tacos de madeira para que o soalho brilhe". Respondem-me: "Mas o que é que podemos fazer? Enceramo-lo duas vezes por mês, mas ele precisa ser primeiro lavado e só depois encerado. Que fazer?" Então eu digo: "Deixem que os alunos o encerem". – "Como que os alunos?" – "Assim mesmo. Pelas manhãs, antes das aulas, chega um grupo que está de turno com o seu responsável e assume o trabalho."

Pensam que as crianças não vão gostar? Mas não chega apenas a encerar; é necessário que dez minutos antes do toque de entrada apareça um outro rapazinho de uma quinta classe, por exemplo, com um emblema qualquer da cruz vermelha, o emblema da sanidade, e diga ao responsável da décima classe "Entrega o parquete. Como enceraste? O que é isso? E aquilo? Não aceito o trabalho!" E dirige-se com o relatório ao diretor: "O grupo tal, sob a direção do aluno tal da décima classe não cumpriu a tarefa de encerar o soalho". Então, o diretor chama o aluno da décima classe e diz-lhe: "Mas como é isso?" Assim já começa outro trabalho pedagógico.

Isto que é, temperar ou não? Claro que sim. Para isso é necessário levantar-se uma hora antes e realizar outro trabalho. Trabalho que é muito útil conhecer. É muito útil saber encerar o soalho.

Os membros de nossa comuna enceravam o parquete diariamente e o trabalho era aceito com muito rigor, mas o soalho brilhava como um espelho. Dar lustre ao soalho é também temperar-se. É difícil cuspir neste parquete ou no Metrô de Moscou, onde ninguém observa. Não se pode cuspir nem jogar bitucas no chão. Fisicamente impossível: os músculos não agem! O mesmo se passará se todos os escolares souberem pela própria experiência da sua escola que eles mesmos diariamente enceram o seu parquete, ninguém jogará no chão nem um pedaço de papel. E eu sei que sem um temperar deste tipo não pode haver uma verdadeira educação comunista.

Comentário sobre o texto

Este artigo, publicado pela primeira vez em 1941, pelo Instituto Pedagógico de Kharkov em *Anotações científicas do Instituto Pedagógico Estatal de Kharkov*, é resultado das colocações de Makarenko em um sarau literário-pedagógico, em 9 de março de 1939. Na 1ª edição de *Obras de A. S. Makarenko,* em 1947, o texto recebeu o título *As minhas concepções pedagógicas* da redação da editora da Academia de Ciências Pedagógicas da URSS. Falando aos professores, pedagogos e pesquisadores, Makarenko defende a tese de que, mesmo depois de 20 anos de revolução, a educação comunista ainda não existia na União Soviética. Em tom de autocrítica, explica que os pioneiros tendem a errar mais do que aqueles que herdaram das antigas gerações as bases para a criação de uma nova educação.

Esta foi uma das últimas participações públicas de Makarenko, pois viveria só até o final desse mesmo mês. Sua fala é desmistificadora do imaginário que estava sendo criado no período stalinista sobre a sua figura de pedagogo e de escritor. No lugar da mistificação, Makarenko procurava mostrar-se como um homem de carne e osso, um professor e pedagogo com as mesmas dificuldades de todos os educadores. Para criar uma forte identidade com o trabalho educacional daqueles que o ouviam, Makarenko apresentou uma síntese de sua trajetória pedagógica e literária, acentuando sempre sua relação com a educação geral, não apenas com a de crianças delinquentes, e sua estreita relação com a comunidade operária na primeira fase de sua experiência pedagógica com filhos de operários.

Em sua fala, Makarenko desmistifica a imagem de herói da educação, mas defende o direito de colocar-se diante dos ouvintes como um importante pedagogo que havia desenvolvido um novo método de educação em 32 anos de experiência profissional. Essa argumentação demonstra o quanto ainda Makarenko era combatido nos meios acadêmico e burocrático stalinistas, como apenas um educador da frente prática e não como um teórico. Mas, se por um lado procura valorizar as suas contribuições, por outro lado desmistifica a tese do "talento inato", afirmando que o seu trabalho se desenvolveu com o compromisso de atender às necessidades sociais da revolução e à missão educacional que havia recebido do Estado soviético. Dentre os elementos primordiais da constituição de suas teses pedagógicas, destaca o importante papel dos educadores e da autogestão, principal processo educacional que funcionava como verdadeira educadora do coletivo.

Em seu relato sobre as visitas que realizou em várias escolas soviéticas, criticou a hipertrofia do método individual: as escolas funcionam com experiências isoladas de professores, alunos, salas de aulas, mas nunca como uma coletividade. Makarenko mostrava o quanto a escola soviética se parecia com a antiga escola, que não havia conseguido organizar o processo educativo. A escola era a somatória das iniciativas individuais originadas nas salas de aula e suas atividades gerais, mas não era uma coletividade. A inculcação ideológica era o centro das atividades educacionais, redundando em uma educação livresca, sem relação direta com a vida, nem com a criação de hábitos e costumes da vida comunista.

As escolas não expressavam uma unidade de objetivos e de ações, não havia um centro comum em cada uma delas e a preocupação com a disciplina acabava por reproduzir a antiga disciplina repressora, a disciplina da inibição, a velha arma do "não". Para Makarenko, as escolas não estariam servindo para organizar a experiência infantil de acordo com as necessidades da sociedade socialista. A escola soviética poderia e deveria ser, segundo Makarenko, a instituição social de participação das crianças, lugar de formação e de participação, de criação de uma nova sociabilidade, da subordinação entre iguais, da autogestão. Para a formação de uma nova geração, com personalidade comunista, deveria existir um trabalho de organização da coletividade, com um tempo relativamente longo para que se pudesse avaliar os resultados.

A preocupação com os detalhes da vida coletiva era rejeitada pela maioria das escolas visitadas por Makarenko. Se havia sujeira nas salas de aula, os diretores e professores não se preocupavam em fazer com que os alunos limpassem o que sujaram. O trabalho manual e a preocupação com os pormenores da vida cotidiana não faziam parte dos objetivos educacionais da direção escolar. E é aí que Makarenko vai chamar a atenção dos pedagogos: a diferença entre instrução e educação; e, na esfera da educação, na inculcação ideológica e na formação de novos hábitos e novas tradições com base na vida coletiva.

DE MINHA EXPERIÊNCIA DE TRABALHO

Camaradas, penso que nossa entrevista terá um caráter de colóquio e, possivelmente, vocês também dirão algo, pois minha experiência – e eu me baseio nela – se diferencia da experiência de cada um de vocês. Mas eu também sou professor. Professor de uma escola de ferroviários e filho de ferroviário; assim é que, pedagogicamente, eu devo pensar como vocês, ainda que, com certeza, eu tive mais sorte.

Em 1920, o Poder soviético designou-me para a direção de uma colônia de pequenos infratores da lei. Aceitei esse cargo não porque me considerasse, ou não, um grande educador. Depois da revolução, trabalhei em uma escola de Poltava, tendo de dar aulas no edifício do Conselho de Economia Provincial. Quando entrava ali, sempre encontrava as carteiras sujas, o chão cheio de tocos de cigarros e, como regra, o ar saturado de nicotina e fumaça. Naquelas condições, era muito difícil trabalhar com as crianças e, por isso, estava disposto a ir para qualquer outro lugar. Assim começou minha experiência de trabalho na colônia. Durou 16 anos e tive sorte. Poucas são as pessoas que puderam dirigir uma mesma coletividade durante 16 anos.

Até que em 1935 esta experiência acabou, não por desejo meu, nem por minha culpa.*

Todos esses anos trabalhei com uma mesma coletividade e, embora as pessoas mudassem, isso era feito gradualmente, conservando-se as tradições que eram transmitidas de uma a outra geração. O trabalho nessa coletividade me levou a certas conclusões que penso devem se estender à escola ordinária. Por que abordo a questão do ponto de vista da escola em geral? Porque, nos últimos 8 anos, a Comuna Dzerjinski, do Comissariado do Povo do Interior da Ucrânia, pouco se diferenciava da escola ordinária quanto ao caráter de sua sociedade infantil.

Na comuna existia escola média completa em que as crianças, rapidamente, depois de 3 ou 4 meses aproximadamente, tornavam-se crianças normais e inclusive supernormais, se se considera como normal o nosso escolar médio. Por isso mesmo, não tenho porque achar que minha coletividade infantil era especialmente difícil. Sua composição era para mim mais maleável que a de algumas escolas. Permitia tal liberdade de ações que, por exemplo, a partir do terceiro ano de trabalho na comuna, pude prescindir dos bedéis. A vida que meus educandos levavam não exigia uma vigilância especial a eles.

Na escola eu tinha mais dificuldades que vocês porque eu recebia crianças mais ou menos atrasadas: aos 10 ou 12 anos liam e escreviam muito mal, ou não sabiam absolutamente escrever. Por isso lhes era muito mais difícil terminar o décimo grau aos 18 anos.

Existia o velho preconceito intelectual de que o infrator é sempre capaz, é um gênio, quando, na realidade, em certos aspectos, é mais frágil do que a criança normal e está menos preparado para o trabalho escolar sistemático. Isso era um obstáculo para se fazer o curso da escola média. Porém, os infratores tinham uma certa particularidade que, a mim e a eles, ajudavam a vencer grandes dificuldades: a de que eles não podiam contar com a ajuda dos pais; tudo dependia somente deles. E

* Em julho de 1935, Anton Makarenko foi mandando para Kiev como ajudante do chefe do Departamento de Colônias de Trabalho do Comissariado do Povo do Interior da Ucrânia.

eles compreendiam isso. Não demoravam em certificar-se de que a escola lhes abria caminho para a universidade. E isso ficou especialmente claro quando lá foram estudar os primeiros comuneiros e, depois, voltavam à comuna já como estudantes.

Os comuneiros compreenderam, então, que o caminho da universidade era o melhor e o mais interessante. Além disso, servia de incentivo saber que a universidade lhes proporcionava moradia e uniforme.

Meus comuneiros sentiam mais paixão pelo estudo que o aluno da escola média, paixão que lhes ajudava a dominar a preguiça e a superar todas as dificuldades que lhes surgiam neste caminho.

A tarefa educativa na comuna dispunha de melhores condições que nas escolas de vocês, porque os comuneiros estavam em minhas mãos o dia todo, durante 5, 6, 7 anos. Entre vocês existe esta terminologia: este é um meio educativo e este não é. Com a particularidade de que vocês não entendem como meio educativo o que conduz a um fim determinado, mas sim o que traz menos tumultos, menos gritos (risos); quando os lobos estão fartos e as ovelhas íntegras. Mas os resultados que este meio proporciona não são comprovados, não se lhes dá especial importância.

Eu, em compensação, considero como meio educativo aquele que conduz a um fim, não me importando absolutamente que venha acompanhado de gritos ou escândalos. Neste aspecto, eu me encontrava em condições mais favoráveis e era mais operante. Finalmente, a facilidade de trabalhar estava condicionada por mais uma circunstância: que na comuna existia produção.

Houve um tempo em que fui partidário dos "processos laborais". Todos considerávamos que, em tais processos, a criança dá vazão aos seus instintos de trabalhador. Eu também pensava que o processo laboral era necessário para dar à criança um matiz de trabalhador. Mais tarde, compreendi que devia se ensinar à criança qualquer trabalho produtivo, conseguir uma certa qualificação profissional.

Nós, os professores, tínhamos teorias muito elevadas, mas, na prática, estávamos ao rés do chão. Acreditávamos dar às nossas crianças uma boa qualificação, quando, na realidade, esta qualificação não lhes permitia fazer nada além de um tamborete; ou preparávamos uma costureira que somente podia costurar calções. Eu também ficava eufórico quando me consertavam magnificamente as botas, me faziam calções ou um mau banquinho. Depois consegui me livrar deste prejulgamento pedagógico. Seguramente recordarão dos danos causados pela teoria de que o processo laboral deve estar "vinculado" ao programa de estudo. Como "queimamos os miolos" com este maldito problema! Os meninos faziam um tamborete e tínhamos de entender a forma como isso se ligava à geografia e à matemática (risos). Eu ficava possesso quando aparecia uma comissão e não encontrava correspondência entre o tamborete e a língua russa (gargalhadas). Até que decidi mandar tudo isso "pro inferno" e comecei a afirmar sem maiores cuidados que não devia existir relação alguma.

Agora, quando a comuna tem uma excelente fábrica, posta em atividade pelo nosso esforço e que produz a câmara fotográfica "Leika", posso afirmar isso. Uma fábrica muito boa. O aparelho "Leika" é composto de trezentas peças feitas com precisão de até 0,001mm, ótica exata e complicadíssimos processos de produção desconhecidos na velha Rússia.

Só quando vi o trabalho dessa fábrica – e uma empresa assim pressupõe a existência de uma estrutura exata, de normas de tolerância, de normas de qualidade; quando essa fábrica é dirigida por dezenas de engenheiros, tem oficina de desenho etc. – me dei conta do que significava essa produção. Que lamentável me parecia depois o balbucio sobre a coordenação do programa escolar com os processos laborais. Ocorre que o processo de ensino na escola e a produção determinam solidamente a personalidade do indivíduo, porque eliminam a divisão que existe entre o trabalho físico e o mental, formando conjuntamente pessoas altamente qualificadas.

Encontrei em Kharkov uma jovenzinha que estava terminando a universidade. E, além disso, tinha o 6º grau como polidora de lentes, especialidade que conserva e recorda apesar de estudar na universidade.

Quando os rapazes e moças saiam da comuna com a instrução média completa e a qualificação profissional de sexto e sétimo graus, vi que o estudo lhes tinha sido proveitoso. As condições de produção, de uma produção séria, eram as premissas que facilitavam o trabalho pedagógico. Agora lutarei para que em nossa escola soviética haja produção, principalmente porque o trabalho das crianças abre muitos caminhos para a educação.

Finalmente, mais um aspecto, de modo algum desprezível: seus rendimentos. A Comuna Dzerjinski... renunciou ao subsídio estatal, passando a se autossustentar. Ultimamente, não só cobria totalmente os gastos da fábrica, da moradia comunal, de todos os serviços, alimentação, vestuário e escola, como também entregava ao Estado 5 milhões de rublos anuais de lucro líquido. Tudo isso graças à sua autogestão financeira.

Vocês podem imaginar que força mobilizadora havia nas mãos dos professores! Decidíamos, por exemplo, que 500 pessoas iriam em excursão pelo Volga e depois ao Cáucaso. Para a viagem necessitavam-se de 200 mil rublos. Em vista disso, fazíamos um acordo para se trabalhar meia hora a mais diariamente, durante um mês, para se obter tal quantia.

Nós podíamos vestir os meninos com roupas de lã grossa e as meninas com vestidos de seda e de lã. Podíamos gastar 40 mil rublos em ingressos para o teatro. E quando isso acontece, atentos a uma disciplina de trabalho, buscando viver mais folgadamente e com a luta de toda a comunidade, o que se pode comparar a esta nova força pedagógica?

E isso sem falar de outras pequenas vantagens deste sistema. O salário, por exemplo. A qualidade deste não reside no fato de que proporciona dinheiro ao educando, mas sim porque o coloca dependente de seu próprio orçamento, o que facilita educar o futuro administrador. Cada comuneiro que saía de nosso estabelecimento tinha na Caixa Econômica 2.000 rublos.

Estou convencido de que o objetivo de nossa educação não reside somente em formar o homem de espírito criador, o cidadão capacitado para participar com o máximo de eficácia na edificação do Estado. Nós devemos formar também uma pessoa que seja obrigatoriamente feliz. No país soviético, o dinheiro pode ser um excelente educador, um magnífico professor. Eu posso falar das questões pedagógicas baseando-me em minha própria experiência, para o que tenho mais campo que vocês.

Eu insisto e insistirei porque se criem na escola as mesmas condições. A princípio, isto parece algo aterrador, mas, na prática, não é tanto. Se agora me pusessem na direção de uma escola, na reunião de professores exporia as ideias que me disponho a realizar, pensando, ao mesmo tempo: onde obter os meios necessários? Na Comuna Dzerjinski comecei a buscar uma pessoa que soubesse fazer tudo. E a encontrei. Apresentou-se e me disse:

– Você dispõe de 200 braços para trabalhar. Por que se lamenta?

– E o que podemos fazer? – pergunto.

– Sabe o que? Vamos produzir fios – me responde.

– Onde conseguir os meios?

– Para que os necessitamos? Mediante um contrato, compraremos dobadouras rústicas de madeira.

E assim o fizemos. Compramos os fusos e começamos a fazer fios. Seis anos mais tarde tínhamos a melhor indústria ótica da União soviética, avaliada em vários milhões de rublos.

Começamos, pois, pelos fios e tamboretes. E como se fazem tamboretes? Dizem que, para se fazer uma cadeira, o aprendiz deve saber confeccionar todas suas partes, que só assim será um bom oficial. Outros, pelo contrário, afirmam que não: que um aprendiz deve se especializar em uma peça; o segundo, em outra; o terceiro, a envernizar etc. São estes últimos que estão certos. Mas, quando um "professor perfeito" viu esse trabalho, empalideceu, deu-lhe uma síncope: como podem tratar assim o menino? Não faz mais que serrar esta peça, que horror. Sim, o menino não conhece mais do que esta peça, mas serra 200 peças no transcurso de uns minutos: ele trabalha para a coletividade.

Nós necessitamos da divisão do trabalho. Atualmente não é tão necessário um oficial que saiba fazer toda a cadeira mas sim um operário que saiba trabalhar com a serra circular e com a debulhadora. Na minha prática dispus de uma coletividade trabalhadora e de um tipo de produção desta natureza.

O que acabo de lhes dizer não significa, de modo algum, que sou apenas um administrador. Não. Sempre fui um professor. Continuarão me interessando os problemas da educação. E cheguei a certas conclusões que, talvez, estejam em oposição às convicções teóricas em voga. Sempre fui contra a ideia de que a pedagogia se estrutura no estudo da criança e dos métodos de educação isolados, abstratamente idealizados. Considero que a educação é a expressão do credo político do professor e que seus conhecimentos têm um caráter auxiliar. Por mais que me injetem meios metodológicos, não saberei educar um guarda branco. E tampouco vocês. Isso poderá fazê-lo somente quem tem entranhas de guarda branco.

A habilidade pedagógica pode ser levada a um grau de perfeição próximo à técnica. Tenho fé nisto e passei toda a minha vida buscando provas para esta crença. Insisto em que os problemas da educação, sua metodologia, não podem ficar limitados aos procedimentos de ensinar, principalmente porque o processo educativo não se conclui na sala de aula, mas continua em cada metro quadrado de nossa terra. A pedagogia precisa dominar meios de influência tão universais e poderosos que, quando nosso educando tropece em qualquer influência nociva, inclusive as mais poderosas, estas possam ser dominadas e liquidadas por nossa influência. Portanto, de modo algum podemos imaginar que o trabalho educativo somente possa ser exercido em classe. Ele dirige toda a vida do aluno.

Em segundo lugar, insisto que sou partidário da educação ativa, isto é, que quero inculcar na pessoa determinadas qualidades e faço tudo para isso: uso todo meu intelecto e oriento todos meus esforços para a consecução deste objetivo. Devo encontrar meios para consegui-lo, sempre devo ter claro o objetivo, ter em mente o modelo, o ideal, até obtê-lo. Não importa que o "indivíduo resmungue", que o faça se quiser, pois eu seguirei decidido a alcançar o fim proposto. Isto não quer dizer, de modo algum, que sou partidário de sofrimentos; pelo contrário, estou convencido de que muitos defeitos, especialmente os da disciplina, do tom e do estilo, resultam de não se dar importância a uma circunstância sumamente transcendental, que observei melhor em meu trabalho com os infratores: o sistema nervoso infantil estropiado. Eu pensava que este indivíduo era um desordeiro; aquele outro, um ladrão; o terceiro, um vagabundo; quando, na maioria dos casos, não eram mais que crianças com os nervos destroçados. Crianças que resistem a cada palavra nossa, a cada movimento, que ficam nervosos quando nos aproximamos delas. Às vezes, nossa imaginação pedagógica mais refinada é para elas um sofrimento.

Há os que dizem: depois da lição a criança deve gritar (a vocês não acontece isto na escola), às vezes quer quebrar vidros. Afirmam que a natureza da criança assim o exige. Pensam que, para que a criança não quebre os vidros, temos de distraí-la, conduzir sua atenção para outra direção: fazê-la cantar, dançar ou ouvir música.

Visito muitas escolas e, ainda que eu tenha nervos de aço, quando entro em uma escola cheia de ruídos, me angustia pensar que as crianças passam dez anos nessa escola.

Porém, nós devemos ter um "espírito pedagógico" e não devemos revelar nossos sentimentos. Nessas ocasiões, somente nos tremem os lábios, não dormimos à noite, ou descarregamos esta irritação acumulada, em casa, em nossos familiares. Esteve, inclusive, em moda a ideia de que o trabalho de professor de escola é um trabalho estressante e que o professor forçosamente deve ser um neurastênico.

Durante muito tempo refleti neste problema. Depois entendi que bem-estar existe quando reina a mais completa ordem: nenhum grito, nenhuma correria. Se os meninos quiserem correr, para isso existe o pátio; se quiserem gritar, dizemos que não façam algazarra. Também devemos nos cuidar, pois nós, os professores de escola, somos um valor estatal e as crianças devem preservar-nos.

E, quanto às janelas, não pode haver mais que uma decisão: que não lhes ocorra quebrar o vidro, pois não permito que se destruam os bens do Estado. Se isso ocorrer, não ligarei o rádio, nem deixarei que ouçam música. Não vou distraí-los com nada, nem consinto que quebrem nada.

Se a coletividade tem uma atitude consciente a respeito desta ordem, é porque nela destaca-se verdadeiramente a tranquilidade e o rigor, o limite e a observação rigorosa de onde se pode correr e onde não, necessários para acalmar os nervos. Eu mesmo não cheguei logo a esta conclusão. E, não obstante, vocês poderiam visitar a comuna a qualquer hora que não encontrariam as crianças aos empurrões, nem quebrando vidros, ou fazendo outras diabruras do estilo. Em uma coletividade cheia de brios e cheia de vida ninguém agride ninguém. Estou profundamente convencido de que a tendência aloucada da criança de correr e gritar pode ser perfeitamente submetida por uma tranquilidade interna. Não devemos esquecer que frequentemente se faz passar algo por sabedoria pedagógica o que na realidade oferece dúvidas: isto é sabedoria pedagógica; em geral, podemos classificá-la de sabedoria?

E, agora, este outro grande problema: na escola deve existir sempre uma rigorosa exigência. Eu agradeço aos comuneiros porque compreendiam o significado da exigência e, em muitos aspectos, também me educaram.

Tomemos, digamos, a emulação... Eu exigia muito e toda a coletividade também o exigia. A emulação se estabelecia sem recorrer aos compromissos por pares, mas sim mediante um acordo geral de todas as classes e destacamentos e que compreendia todos os itens: ser amável, comportar-se corretamente etc. Eu levava o fichário e computava as notas. Ao melhor destacamento, vencedor na emulação mensal, entregava, como prêmio, seis entradas diárias para o teatro para todos os 30 comuneiros que compunham o destacamento, assim como o direito de limpar os banheiros.

O desenvolvimento da lógica da exigência conduziu a formas muito originais: a realização do trabalho mais desagradável passou a ter um caráter especialmente preferencial. Isso começou quando, ao 4° destacamento, que era o melhor da comuna, correspondeu, por sorteio, limpar o banheiro durante um mês. Limpou-o com cloro e soda e depois perfumou-o com colônia. Todos sabiam do seu grande trabalho, da limpeza que reinava no banheiro. O destacamento ganhou o primeiro posto em limpeza. Passou o mês e o destacamento declarou: nos encarregaremos novamente de limpar o banheiro. No terceiro se repetiu o fato. Até que, por último, no mês seguinte, ficou em primeiro lugar o 3° destacamento, que não era dos piores, e anunciou: basta, agora os primeiros somos nós e também devemos limpar o banheiro.

Agora sorrio quando me lembro disso. A princípio, a limpeza dos banheiros, como as demais obrigações de limpeza, se distribuíam por sorteio. Depois passaram a ser distribuídas por mérito.

Camaradas, esta lógica não é uma invenção minha, é uma lógica natural extraída das exigências.

Não se pode impor nenhuma exigência se não existe uma coletividade autenticamente unida. Se me entregarem hoje uma escola, em primeiro lugar, reuniria os professores, dizendo-lhes: queridos amigos, proponho fazer as coisas assim. E ao professor que não concordasse, por mais qualificado que fosse, diria: vá para outra escola. E uma jovem de dezoito anos, que estivesse de acordo comigo, aconselharia: você precisa ainda de experiência, porem seu olhar brilha, vejo que você quer trabalhar. Fique e trabalhe, nós ensinaremos.

Dispor de uma verdadeira coletividade é coisa muito difícil, pois, esteja a pessoa certa ou não, os problemas não devem ser resolvidos no interesse próprio, pessoal, mas sim no interesse da coletividade. Observar sempre a disciplina, cumprir sempre o determinado, mesmo que seja desagradável, é como entendo o alto sentido da disciplina.

Considero que os professores de uma mesma escola não somente devem manter boas relações na escola, mas também devem ser bons amigos.

A última parte deste meu pronunciamento refere-se à atitude que se deve observar com relação aos pais. Neste aspecto, minha velha experiência na escola ferroviária se complementa com o trabalho na comuna. Nos últimos cinco anos eram-me enviados escolares que o professor abandonava por serem desordeiros.

Tais crianças, com certeza, eram mais difíceis de educar que os infratores. Para estes últimos, todos os caminhos conduziam à comuna, convergiam em mim e na coletividade dos professores. Para os primeiros, existiam o papai e a mamãe. Havia pais que tinham automóvel, poder, gramofone e dinheiro. Experimentem trabalhar com um menino dessa origem. Isto é muito difícil. Tive até a necessidade de manter um firme contato com os pais.

Vocês conhecem perfeitamente a velha norma estereotipada, quando se chamavam os pais e lhes diziam: vejam o que seu filho fez. E não despregavam o olho do menino, esperando ver o que os pais fariam com ele. E diziam com expressão bondosa: naturalmente, os senhores pais não devem bater no menino. Os pais iam embora. Não diziam uma palavra a ninguém, porém, em seus sentimentos mais profundos, ocultos inclusive de suas esposas, pensavam: de todas as maneiras, não seria mal que os pais tivessem dado uma surra no menino. Isto para nós é insuportável, como é qualquer outra hipocrisia.

Ou, então, há esta outra forma de tratar com os pais. Para o professor que dirige uma classe e para o diretor da escola está claro que determinada família não tem condições de educar seu filho. Que fazem neste caso o professor da classe e o diretor da escola? Mesmo acreditando que a família não pode educar o filho, vão à sua casa e passam a ensinar aos pais como devem educá-lo. Esta família que estropiou seu filho, na maioria das vezes não compreende os preceitos. Reeducar uma pessoa é algo muito difícil. E se se propõe que esta família empreenda funções pedagógicas, o único que podem conseguir é que o menino sofra mais.

Mas isto não quer dizer, em absoluto, que não se deva influir na família. Em última instância, devemos ajudá-la. E o melhor procedimento para nossa influência nela está no próprio menino...

Essa influência na família pode ser reforçada através dos alunos. Eu trabalhei na escola de ferroviários em Kriukov. Embora os alunos vivessem com suas famílias, organizei brigadas de alunos, de acordo com o princípio territorial. Todos os responsáveis pelas brigadas passavam-me o relatório, pelas manhãs, do que se fazia nos pátios, de como se comportavam os escolares membros das brigadas. Ordenava uma revista periódica, que era assistida por mim e pelos representantes das classes. Quando saía ao pátio, a brigada já estava formada. Em seguida, acompanhado pelos membros da brigada, percorria as casas dos alunos de minha escola.

Brigadas como estas, que, através de seus responsáveis, respondem ao diretor da escola, prestando contas de sua gestão nas assembleias gerais, são um método excelente de influência na família. Penso que o problema sobre as formas de influenciar a família tem solução de acordo com a seguinte lógica: a escola é uma organização estatal, enquanto que a família é uma organização que atende ao modo de vida, e a melhor forma de influir nela é através do próprio aluno.

Comentário sobre o texto

Este texto caracteriza-se como um informe apresentado por Makarenko, em 29 de março de 1939, na conferência de professores da escola da estrada de ferro de Yaroslavl - Moscou, marcado também pela informalidade de um colóquio entre educadores. Como no artigo *As minhas concepções pedagógicas*, Makarenko procura reafirmar sua experiência inicial como professor das escolas ferroviárias, como filho de operário e, em seguida, demonstrar o quanto o método educacional desenvolvido na Colônia Gorki e na Comuna Dzerjinski poderia ser generalizado nas demais escolas. Principalmente na comuna, Makarenko observou que as crianças órfãs, em melhores condições do que as da Colônia Gorki, em 3 ou 4 meses atingiam o mesmo padrão de aprendizagem das crianças consideradas normais, que viviam com suas famílias.

Makarenko compara a experiência nas coletividades e as desenvolvidas nas escolas soviéticas. Enquanto na coletividade os alunos desenvolvem a autodisciplina, a disciplina consciente, nas demais escolas é desenvolvida a disciplina da inibição; enquanto os colonos, mesmo diante das dificuldades de aprendizagem de quem havia entrado em contato tardiamente com a instrução, desenvolviam uma paixão pelos estudos, os alunos "normais" estudavam apenas por dever; e, por último, enquanto os colonos desenvolviam a compreensão do trabalho como necessidade, por meio da produção, os alunos das escolas soviéticas cultuavam o trabalho como um fim em si mesmo, como artesanato, ou apenas como objeto de estudo, muitas vezes relacionado ao programa de estudo.

A desvantagem em que se encontravam os colonos, como crianças órfãs, servia de estímulo para que confiassem nas próprias forças e se empenhassem no caminho da universidade como promessa de uma vida mais interessante . Mas a participação na autogestão e na produção trazia uma nova dimensão no projeto de educação: os educadores e educandos viam as enormes possibilidades de uma vida feliz, que podia contemplar as necessidades individuais e coletivas; a escola como coletividade produtiva abria a possibilidade de uma educação real, concreta, em que aprendiam a planejar, a viver com seus próprios salários, a poupar para suas futuras despesas na vida universitária.

Makarenko argumenta que, na coletividade, o professor também deve ser valorizado, ter seus sentimentos e valores incorporados, em um ambiente de companheirismo e respeito, criticando o modo como o professor soviético havia se acostumado aos maus tratos e à indisciplina geral dos alunos. A exigência deveria estar associada à atividade própria da infância, o jogo. Em todos os momentos os educadores e os educandos estariam jogando, mas sabendo que era um jogo divertido e sério. Por isso, a disciplina era uma atividade consciente e positiva na vida dos educandos. A competição entre as equipes estimulava o desenvolvimento de cada educando e de toda a coletividade em vários aspectos: culturais, morais, éticos, sociais etc.

Saber dosar a exigência de cada indivíduo e do coletivo a cada nova fase da coletividade é saber resolver os problemas colocados de acordo com o interesse da coletividade. Na lógica de Makarenko, o interesse não é o elemento central da educação, está associado à consciência da necessidade. E, logo de início, o educando pode não perceber a importância de desenvolver determinadas atividades, mas que devem ser realizadas para o seu desenvolvimento amplo, assim como da coletividade. O maior exemplo era o desejo ardente dos meninos e das meninas por uma qualificação profissional em suas experiências nas colônias infantis; só depois passaram a entender que o estudo, a universidade, a produção científica e cultural também deveriam ser levados a sério.

No final da década de 1930, Makarenko atestava a crise da educação familiar e escolar soviéticas: muitos educandos "desordeiros" eram afastados das escolas e das famílias para serem reeducados na Comuna Dzerjinski, fugindo totalmente do objetivo de uma colônia de reeducação de crianças órfãs e ex-marginais. Makarenko observava que os novos "marginais" haviam se transformado em novos persongens sociais: os filhos dos burocratas, da nova camada enriquecida dos centros urbanos; crianças de famílias que tinham automóveis, muito dinheiro, poder e tudo que estava na moda. Essas crianças haviam sido educadas para comandar e não se subordinar aos colegas e aos professores, com uma aversão declarada ao trabalho manual e intelectual.

Makarenko compreendeu o beco sem saída da escola soviética: não conseguiam educar essas crianças, nem os pais desse tipo de família e, muito menos, exigir que eles reeducassem seus filhos. Para Makarenko, se a escola estivesse organizada na forma de coletividade ela teria condições de reeducar pais e filhos, como havia feito quando era professor em uma escola ferroviária: alunos e professores se organizavam em brigadas e visitavam todas as casas da comunidade.

CRONOLOGIA

1888

Em Belapolie, província de Kharkov, Ucrânia, nasce, em 1º de março, Anton Semionovich Makarenko, filho de Semion Grigorievich, operário e pintor, e de Tatiana Mikhailovna Dergachova, filha de soldado do exército tsarista.

1891

O menino Anton, de saúde debilitada, afasta-se das brincadeiras das crianças e aproxima-se da cultura popular ucraniana e russa transmitida pela sua mãe, com suas canções e histórias tradicionais da Ucrânia.

1893

Educado pela mãe, aos 5 anos de idade Anton já sabia ler e escrever.

1895

Aos sete anos, é matriculado na escola primária para os filhos dos operários, com dois anos de duração.

1896

Nasce Lev Semionovitch Vigotski, pesquisador soviético nas áreas da Literatura, Linguística e Psicologia, que, junto a um coletivo de jovens cientistas, revolucionou a concepção de educação, através de descobertas como da "*zona proximal*", que considera o desenvolvimento da criança sempre mais lento que o aprendizado; a partir dessa descoberta, passou a defender a ação educativa como forma de antecipação social do conhecimento.

1897

Makarenko, aos 9 anos, conclui o curso primário e matricula-se no curso complementar.

1898

Fundação do Partido Operário Social-democrata Russo, de tendência marxista.

1899

Nadezhda Krupskaia escreve *A Mulher Trabalhadora*, levantando, entre outras reivindicações, o direito universal à educação, contra o ensino discriminatório nas escolas paroquiais e a favor da educação pública.

1900

Semion Grigorievich, pai de Anton, transfere-se para Kriukov, terra natal da esposa Tatiana, com dez mil habitantes, próxima da cidade industrial de Krementchug e do rio Dnieper, e logo assume o cargo de chefe de manutenção de pintura das oficinas ferroviárias. Anton Makarenko, aos 12 anos, continua os estudos na Escola Urbana de Krementchug por mais seis anos, junto aos filhos dos funcionários públicos, artesãos e operários. No dia 1º de maio, dez mil operários realizam uma manifestação política, reivindicando jornada de 8 horas de trabalho e liberdades políticas. O movimento operário cria os seus órgãos de participação política: os sovietes. O Partido Operário Social--democrata Russo divide-se em duas correntes: os mencheviques, sob a liderança de Martov, e os bolcheviques, com Lenin.

1901

Anton Makarenko manteve o estudo da Língua Russa, de Aritmética, de Geografia, de História, de Ciências Naturais, de Física, de Desenho (linear e artístico), de Canto, de Ginástica e de Catecismo, mas não pode estudar as línguas materna e estrangeira, nem Lógica e Filosofia, pois essas disciplinas estavam destinadas apenas à elite que seguiria o curso superior.

1902

Em Krementchug, Anton tomou contato com as bibliotecas públicas e os debates políticos, alargando o seu horizonte cultural e político. A leitura de obras literárias naturalistas e realistas que denunciam a vida decadente da nobreza, dos pequeno burgueses, burgueses e burocratas sob o tsarismo, e de obras românticas russas e ucranianas, remete Makarenko às ideias da *intelligentsia* ucraniana e russa: como Nicolai Gogol, Aleksandr Sergueievitch Pushkin, Anton Pavlovitch Tchekhov e Máximo Gorki.

1903

Acentua-se em Krementchug, cidade mais urbanizada e culturalmente mais desenvolvida da Ucrânia, a tendência de aproximação ao trabalho intelectual vinculado à educação, principalmente pelo intenso debate sobre o papel político da escola, como lugar do desenvolvimento do conhecimento, da conscientização e da propaganda antitsarista.

1904

Aos 16 anos, Anton Makarenko conclui seus estudos na Escola Urbana de Krementchug para os filhos dos funcionários públicos, artesãos e operários.

E decide-se pela continuidade dos estudos para a formação profissional como professor primário, enquanto os demais colegas encaminham-se ao curso técnico para operários da ferrovia e à carreira militar.

1905

Aos 17 anos, Makarenko conclui, em apenas um ano, o curso de magistério, habilitado a trabalhar como professor da Escola Primária das Oficinas Ferroviárias em Kriukov (*Krementchug*).

O ano de 1905 é marcante nas experiências políticas dos trabalhadores contra o tsarismo. Makarenko e o seu coletivo de jovens educadores de Kriukov entram em contato com a literatura revolucionária e, nesse mesmo mês, através do periódico legal bolchevique *Novaia Jizn* (Nova Vida), aproximam-se do pensamento de Lenin, através dos escritos de Gorki. Nestor Makhno, uma das principais lideranças anarquistas da Ucrânia, lidera o surgimento de uma forte organização camponesa anarquista-comunista na maior aldeia do distrito de Alexandrovsk, departamento de Ekaterinoslav, Gulyai-Polye, em 1905, contra os *pogroms* (atentados terroristas e antissemitas da autocracia tsarista).

1906

Na Escola Primária das Oficinas Ferroviárias, Anton Makarenko assume as aulas de Língua Russa e Desenho, de acordo com o programa que durava 5 anos: 3 anos para conhecimentos primários e 2 anos para a profissionalização nas oficinas ferroviárias. Os movimentos camponeses, liderados por anarquistas, se intensificam e lutam contra a reforma do primeiro-ministro Stolypine – que fazia crescer os *kulaks* (camponeses ricos, burguesia rural) – resultando em inúmeros incêndios às propriedades senhoriais e burguesas.

1907

Aos 19 anos, em seu terceiro ano de experiência pedagógica, como professor da Escola Primária das Oficinas Ferroviárias, Makarenko passou a compreender a impotência da ação pedagógica desvinculada de um novo método geral de educação. Sob pressão dos acontecimentos políticos de 1905, reconhece a necessidade de considerar o aluno como indivíduo social e a escola como unidade de cultura social e política.

1908

Anton Makarenko procura criar uma nova forma de educação social, contra a inculcação da submissão e o ensino voltado apenas para as necessidades práticas e profissionalizantes da Escola Primária das Oficinas Ferroviárias, tomando como base as próprias "experiências" e os estudos políticos desenvolvidos nos círculos com intelectuais de Kriukov. Nestor Makhno, líder anarquista, participa de atentados terroristas contra o tsarismo, é preso e transferido para a Rússia.

1910

Em novembro, morre o escritor e pedagogo russo Leon Tolstoi. Os jovens educadores e a intelectualidade realizam protestos em Kriukov, contra a educação tsarista. A luta por uma escola que superasse o autoritarismo capitalista e tsarista e a utopia tolstoniana, em confronto com as autoridades de Kriukov, junto aos intelectuais dos círculos marxistas, coincide com a transferência de Makarenko para a escola ferroviária da estação de Dolinskaia, como diretor.

1911

Aos 23 anos, Makarenko inicia uma nova fase do seu trabalho político como educador, assumindo a direção da Escola Primária das Oficinas Ferroviárias em Dolinskaia, onde ficará até 1914, organizando o coletivo dos professores, dos alunos e dos pais e dos operários.

1912

Como diretor, em Dolinskaia, realiza, junto com o coletivo de professores, mudanças no programa e no conteúdo das matérias e amplia o espaço cultural da escola, aproximando-a da comunidade operária. Estabelece o ensino da língua ucraniana, questionando a proibição do ensino da língua materna estabelecida pelo Tsar em 1876.

1913

Em Dolinskaia, Makarenko está mais distante dos movimentos operários, como Kiev e Krementchug, mas também fora do controle direto das autoridades tsaristas. A escola transforma-se num projeto cultural que abarca o coletivo proletário: monta um espetáculo teatral para a comemoração da expulsão do exército napoleônico da terra russa, envolvendo crianças e adultos, como se fossem verdadeiras "ações militares".

1914

Início da I Guerra Mundial: o envolvimento da Rússia aguça ainda mais as contradições entre camponeses e proprietários rurais na Ucrânia. Aos 26 anos, Makarenko deixa Dolinskaia, convencido de que havia encerrado suas primeiras experiências pedagógicas, vivendo as contradições da desagregação do poder tsarista e a articulação da burguesia ucraniana, aliada aos alemães e aos bandos de marginais que implantavam o medo no meio proletário, para buscar novos conhecimentos e uma nova ação política. Retoma o trabalho literário e escreve para Gorki, que formava uma nova geração de escritores, mas é orientado para que abandone a literatura e ingresse no recém-criado Instituto Pedagógico de Poltava para a formação de professores para o curso superior.

1915

Anton percebe a necessidade do aprofundamento do estudo de Pedagogia, História e Filosofia para a compreensão das suas experiências escolares e para a sistematização de novas propostas e dirige-se ao Instituto Pedagógico de Poltava.

1916

O desenrolar da I Guerra Mundial na Rússia e, em particular, na Ucrânia, altera os planos de estudos de Makarenko: é chamado para o serviço militar e transferido para o quartel de Kiev. Somente com o auxílio de amigos, os médicos militares confirmaram sua miopia e a impossibilidade para o serviço militar. Morre o pai de Anton, que passa a trabalhar como professor particular para ajudar financeiramente a família.

1917

A inssurreição proletária derruba, em fevereiro, o governo tsarista e um governo provisório, sob direção burguesa, assume o poder na Rússia. Makarenko retorna a Poltava para concluir seus estudos no Instituto Pedagógico para a formação de professores para o curso superior, habilitando-se para cargos como de direção, além de professor do nível secundário. Krupskaia escreve *Programa escolar municipal*, exigindo a criação de creches e o direito universal à escola pública. Em julho, o proletariado se revolta contra a continuidade da guerra, a fome, os baixos salários, que se mantiveram no governo provisório burguês. Em outubro, a revolução proletária na Rússia institui o Poder Soviético.

Na Ucrânia, o processo revolucionário seguiu o movimento do proletariado russo, tendo, no entanto, de enfrentar as tropas alemãs e o lumpesinato aliado da burguesia. O líder camponês, Nestor Makhno retorna à Ucrânia para criar sovietes na região de Gulyai-Polye.

1918

Início do período da "economia de guerra". Lenin assina, diante da ofensiva do exército alemão e o desgaste do Exército Vermelho, o Tratado de Brest-Litovski, de paz anexionista com a Alemanha, criando conflitos entre as várias tendências revolucionárias na Ucrânia. Formam-se destacamentos de alimentos, visando o recolhimento de cereais sob o poder dos *kulaks,* cria-se uma comissão especial para a prisão dos sabotadores contrarrevolucionários (*Tchekä*) e decreta-se a formação de comissões de camponeses pobres para a supervisão da coleta de alimentos, sob a direção do Comissariado do Povo para o Abastecimento. A falta de uma vanguarda revolucionária camponesa leva ao triunfo dos *kulaks*, dando fim ao período do "comunismo de guerra" e início ao período da NEP. Na Ucrânia, Nestor Makhno organiza guerrilhas contra o exército branco. Anton Makarenko, em Kriukov, é convocado a dirigir uma escola ferroviária transformada em curso secundário, onde trabalhara pela primeira vez como professor primário, tomando como base as propostas do Comissariado da Instrução Pública, com Nadezhda Krupskaia e Anatoli V. Lunatcharski. É criada a Organização da Juventude Comunista.

1919

Lenin lidera a organização da III Internacional, a Internacional Comunista, o *Komitern*. O líder camponês anarquista Makhno derrota a Rada Central ucraniana, o general tsarista Denikin e todos os generais "brancos" com o auxílio militar dos bolcheviques, camponeses e operários.

1920

O Exército Vermelho controla as forças reacionárias na Ucrânia, transformando-se em República Soviética da Ucrânia. Makarenko é convocado para assumir a direção de uma escola secundária e, em seguida, de uma colônia de ex-delinquentes adolescentes, em um pequeno sítio em Poltava, a Colônia Gorki, onde inicia a sua principal experiência pedagógica para a construção de um método geral e único de formação da personalidade coletivista. Essa experiência tem momentos diferenciados e marcados em três locais diferentes: Poltava, Trepke e Kuriaj, onde termina em 1928.

1921

Início da NEP (Nova Política Econômica). Makarenko entra em conflito com a orientação do Departamento de Instrução Pública da Ucrânia para a educação de ex-delinquentes voltada apenas para o trabalho manual. Determina como obrigatória a instrução para os adolescentes e o trabalho é organizado coletivamente. Cria, junto com os educandos e educadores, o tribunal popular e as normas disciplinares da Colônia Gorki. Makarenko percebe a força com que as ideias de Gorki penetram na coletividade e inicia um trabalho de orientação política através da literatura e da arte de forma geral, impulsionado pela efervescência cultural dos anos 20.

1922

Constituição da URSS e nomeação de Stalin como secretário-geral do Partido Comunista Soviético. Os educandos da Colônia Gorki passam a viver num novo ambiente, de trabalho e estudo, com disciplina, responsabilidade, com atividades culturais e recreativas. Makarenko defende a tese de que as novas relações sociais na sociedade socialista deveriam se basear em uma nova rede de relações recíprocas provocadas pela "subordinação entre iguais".

1923

A Colônia Gorki transfere-se para uma fazenda maior em Trepke, próxima a Poltava, num processo de tomada das terras de um poderoso *kulak*. Nesse período, intensifica-se a participação dos colonos no enfrentamento aos *kulaks*, transformando-os em "modelos" da destruição da propriedade privada para os camponeses pobres, com apresentações de peças teatrais durante os anos de 1923 a 1925. Makarenko faz um requerimento para a formação de uma célula *Komsomol* na Colônia Gorki, lutando contra os preconceitos existentes nos sovietes operários e demais *komsomóis,* que não concordavam com a liderança política dos jovens ex-delinquentes. Obtém a permissão quando seus colonos, com maior iniciativa, expulsam os contrarrevolucionários do soviete rural.

1924

Morte de Lenin: abertura para o processo de burocratização do partido comunista e desenvolvimento da luta interna, com Stalin.
Makarenko desenvolve um trabalho de aproximação dos gorkianos ao coletivo camponês de Trepke através dos serviços coletivos e das atividades culturais.
Organização do coletivo em "destacamentos", coletividades primárias de contato, em que as diferentes gerações estão organizadas num só grupo.
A primeira geração da coletividade é enviada à *rabfak,* faculdade operária.

1925

A Colônia Gorki comemora o seu primeiro quinquênio e Makarenko recebe homenagem do Comissariado da Instrução Pública da Ucrânia como "herói vermelho do trabalho" e é enviado, em "comissão científica", para Moscou e Leningrado, por dois meses.

1926

Makarenko observa a aproximação de um período de estagnação da coletividade, mesmo com a obtenção da vitalidade econômica, cultural e política. A Comissão de Instrução Pública da Ucrânia, mesmo com críticas à "pedagogia dos comandantes", propõe à Makarenko a direção da colônia de reeducação de delinquentes de Kuriaj, com 400 educandos em estado de total abandono, além de seus 120 gorkianos.
Makarenko responde a vários processos para a Comissão de Instrução Pública sobre o seu método de trabalho. Makarenko responde a processos por "desvios educacionais" praticados na Colônia Gorki entre 1926 e 1927.

1927

Transferência da Colônia Gorki para Kuriaj, próxima a Karkhov. Nesse período, em que a coletividade de uma antiga geração se reproduz rapidamente no interior de uma nova geração, Makarenko sistematiza seu

método geral e único de educação através da construção da coletividade para as demais instituições para delinquentes juvenis. Visita de Galina Stakievna Salko, pedagoga ucraniana da Comissão de Instrução Pública, à Colônia Gorki, em Kuriaj, que convida Makarenko a organizar o trabalho de reeducação das colônias infantis.
Conclui que a educação deveria, em primeiro lugar, ter uma orientação política muito clara, sem o impedimento da ação burocrática dos "técnicos e especialistas em pedagogia" e aproxima-se do Exército Vermelho, dos sovietes operários, chegando à *Tcheká*.
Makarenko casa-se com Galina.

1928
Início do período de industrialização e modernização do campo: aumento dos sacrifícios do proletariado e campesinato da URSS, com o I Plano Quinquenal. Visita de Gorki à colônia, em Kuriaj. Makarenko afasta-se da direção da colônia, sob a coordenação da Comissão de Instrução Pública de Kharkov, e passa a dirigir a Comuna Dzerjinski, junto à *Tcheká*. Criação da Associação Russa dos Escritores Proletários (RAPP), com a participação de Maiakovski, como forma de resistência às determinações stalinistas para a produção literária.

1929
Stalin centraliza o poder e luta contra as oposições internas. Trotski é expulso da URSS. A coletivização do campo é realizada na base da violência; militantes, operários e camponeses fazem críticas ao modelo imposto. Stalin decreta a prisão e a deportação para a Sibéria de quase 10 milhões de camponeses. Makarenko dedica-se à direção da Comuna Dzerjinski, contando ainda com parte do antigo coletivo da Colônia Gorki para a realização do último desafio: construir uma escola de formação superior e uma indústria de equipamentos necessários à economia soviética. Durante a experiência na Comuna Dzerjinski, nos anos 30, Makarenko escreve a maior parte de seus livros.

1930

Stalin exige o aumento de 50% da produção industrial e, diante da falta de mão de obra, pressiona para o aumento da jornada de trabalho. Surge a figura do operário-modelo, os *stakanovistas.* Makarenko dedica-se, na Comuna Dzerjinski, à sistematização da proposta de autogestão e de desenvolvimento de seus órgãos. Instalada em prédios novos, com a aparência de palácios, construídos pelo Exército Vermelho, a comuna passa por três momentos fundamentais: o trabalho de marcenaria para a acumulação de dinheiro e implantação de uma indústria moderna, a indústria de fabricação de furadeiras com tecnologia nacional e a de produção de máquinas fotográficas para exportação. Makarenko entra em confronto com a direção da comuna que procurou instituir a jornada de 6 horas de trabalho e 4 horas de estudo para os comuneiros: ele defendia a necessidade de apenas 2 horas de trabalho e de 6 horas de estudo, uma vez que a coletividade havia alcançado uma vida econômica satisfatória. Makarenko escreve *A marcha dos anos 30.* Morre Maiakovski: o suicídio do poeta da revolução anuncia o fim do período de efervescência cultural dos anos de 1920 e o início de um período de censura, terror e sacrifícios.

1931

Makarenko encontra, na Comuna Dzerjinski, um novo tipo de educando: crianças que trabalhavam em subempregos e viviam fora de casa. É instigado a escrever *Livro dos Pais,* juntamente com Galina Makarenko, para discutir o papel da família como uma das coletividades da sociedade soviética.

A exigência stalinista do desenvolvimento econômico acelerado leva a encarar a educação como uma fábrica de novos "combatentes" da URSS. O conceito de produtividade do "taylorismo" e, em seguida, do "fordismo" entra por todos os poros da experiência de Makarenko nesse período. Os educandos são chamados "matéria-prima" e aqueles que não se transformam em "coletivistas" são chamados de "refugos", "produtos com defeitos de fabricação". A experiência pedagógica de Makarenko é popularizada com a criação de *O Caminho da Vida,* primeiro filme sonoro soviético dirigido por Nikolai Ekk (ator do teatro de Meierhold). Escreve *A experiência da metodologia de trabalho na colônia de trabalho infantil.*

1932

Escreve a novela *FD-1* sobre a Comuna Dzerzinski. Makarenko faz uma reflexão crítica sobre a utilização dos métodos "taylorista" e "fordista" no socialismo e chegou à conclusão de que deveria separar o momento da produção das necessidades de aumento da produtividade, para a sobrevivência da própria coletividade, do momento anterior e seguinte, do planejamento e do estudo científico na sala de aula. Publicação de *A marcha dos anos 30.* Criação da União dos Escritores Soviéticos em substituição à Associação Russa dos Escritores Proletários, que contestava as determinações stalinistas para a produção literária.

1933

Os nazistas assumem o poder na Alemanha. Stalin enfrenta as reações populares no campo e decide pela deportação, prisão e fuzilamento de todos os trabalhadores e militantes envolvidos nas revoltas camponesas, especialmente as da Ucrânia. Makarenko retoma Lenin, no período inicial da revolução, especialmente em *O Estado e a Revolução,* para buscar os princípios da "pedagogia dos comandantes". Nessa concepção, a instrução e a educação políticas são partes diferenciadas de uma mesma iniciativa: a transformação da massa trabalhadora, de subordinada, em comandante da sociedade. Não há a possibilidade de existir uma sem a outra se se pretende transformar a sociedade numa autogestão de trabalhadores. Makarenko escreve a peça *Tom Maior* (1933) e inicia a trilogia *Poema Pedagógico*, romance sobre a Colônia Gorki, concluída em 1935.

1934

Kirov, um dos representantes do partido contra o endurecimento de Stalin, é assassinado por um jovem. Zinoviev e Kamenev, companheiros de Kirov,

são responsabilizados por Stalin por inspirarem a revolta contra o governo que resultou no atentado e foram condenados a trabalhos forçados e a se retratarem. Cerca de 40 mil militantes são punidos e muitos são deportados e obrigados a realizar trabalho escravo, transformando totalmente o antigo partido comunista de Lenin e Trotski. Makarenko continua a escrever *Poema Pedagógico* e torna-se membro da União dos Escritores Soviéticos, sob direção de Gorki.
Morte de Vigotski e publicação de *Pensamento e linguagem* na URSS.
Escreve a novela curta *A honra* e publica o Volume I de *Poema Pedagógico.*

1935
Makarenko afasta-se da direção da Comuna Dzerjinski muda-se para Moscou com Galina e seu filho adotivo, dedicando-se à publicação de seus textos literários e pedagógicos e à divulgação de suas concepções pedagógicas aos educadores e pais soviéticos, seguindo os conselhos de Gorki. Makarenko preocupa-se em reproduzir e ampliar o método de organização da escola como coletividade para toda a URSS. Conclui *Poema Pedagógico*, procurando compreender a razão da destruição do "mundo" que criara.
Participa, como assistente de direção, do Departamento das Comunas de Trabalho do Comissariado do Povo do Interior da República Socialista Soviética da Ucrânia e escreve *Metodologia para a organização do processo educativo.*
Muda-se para Kiev e, em seguida, para Moscou, com Galina e seu filho adotivo, e escreve artigos para jornais, como *Pravda* e *Izvestia,* e realiza palestras.

1936
"Processos de Moscou": Zinoviev e Kamenev são acusados de planejar a morte de Stalin, condenados à retratação e ao fuzilamento. Quase todos os dirigentes bolcheviques do tempo de Lenin e dirigentes do Estado, sindicatos e exército são julgados e condenados.
É proibida a publicação das pesquisas realizadas por Vigotski.

Publicação de *Metodologia para a organização do processo educativo.*

1937

Fechamento da Comuna Dzerzinski: os comuneiros mais velhos foram transferidos para institutos superiores e a fábrica passou a ser dirigida por outro departamento do Estado. Makarenko escreve *Conferências sobre a educação infantil,* transmitidas pela Rádio de Moscou. Publicação do Volume I de *Livro dos pais* e o artigo literário *A felicidade.* Extermínio dos revolucionários que se opõem ao estalinismo.

1938

Escreve as conferências *Problemas da educação escolar soviética* e *Bandeiras nas Torres;* inicia *Os anéis de Newton*, sobre os defeitos e as qualidades da personalidade e a dignidade do ser humano, e publica *Livro dos Pais*, ainda incompleto. A Alemanha ocupa a Áustria. Stalin assina o pacto nazista-soviético.

1939

Início da II Guerra Mundial (1939-1945), com a invasão da Polônia pela Alemanha. Morre Nadezhda Krupskaia.

Em janeiro, Makarenko é condecorado com a ordem da Bandeira Vermelha do Trabalho e, em fevereiro, requisita, junto à União dos Escritores Soviéticos, sua admissão no Partido Comunista.

Escreve o Volume II de *Livro dos pais*, sobre a educação pelo trabalho e a orientação profissional; planeja o Volume III, sobre a necessidade da educação para a felicidade, e publica o Volume I. Finaliza os roteiros literários para o cinema: *Um caráter verdadeiro* e *Em comissão de serviço.*

A partir das conferências aos pais e educadores, em suas viagens pela URSS, publica *Da minha experiência de trabalho* e *As minhas concepções pedagógicas.*

Makarenko morre, em 1º de abril, de ataque cardíaco, durante uma viagem de trem, de Golitsino a Moscou.

Parada dos colonos

M. Gorki e A. Makarenko entre os colonos

OBRAS DE MAKARENKO

1. *A Marcha dos anos 30* (publicado em 1932). Reportagens sobre a vida na Comuna Dzerjinski, escritas em 1930.

2. *A experiência metodológica na colônia infantil de trabalho* (escrito em 1931 e 1932).

3. *FD-1* – Novela em que ele descreve mais uma etapa na Comuna Dzerjinski, escrita em 1932.

4. *Poema Pedagógico* – 3 volumes – sobre a experiência da Colônia Gorki, escritos entre 1933 e 1935 e publicados entre 1934 e 1936, no Almanaque Ano Dezessete, por Gorki.

5. *Tom Maior* – peça de teatro escrita em 1933 e enviada a um concurso nacional de peças teatrais. Publicada em 1935.

6. *Metodologia para a organização do processo educativo* – conferências escritas em 1935 e publicadas em 1936.

7. *Conferências sobre educação infantil* – orientação aos pais sobre a educação dos filhos, escrito em 1937.

8. *Livro dos pais* – orientação da educação familiar para a constituição da coletividade familiar. Volume I, publicado em 1937; volume II, escrito

em 1939, sobre a educação moral e política; planejamento dos volumes III, sobre a educação através do trabalho e a orientação profissional, e IV, sobre a necessidade de educar o ser humano para ser feliz.

9. A felicidade – artigo literário polêmico, em estilo de crônica, publicado em 1937.

10. A Honra – romance escrito em 1934 e publicado em partes em 1937 e 1938, na revista *Outubro.*

11. Os anéis de Newton, iniciado em 1938, discute os defeitos e a dignidade da pessoa humana.

12. Problema da educação escolar soviética – conferências para educadores, publicadas em 1938.

13. Bandeiras nas Torres – romance sobre a experiência na Comuna Dzerjinski (1928-1935) – volumes I e II (publicados em 1939).

14. Aprendendo a viver – novela que dá sequência ao *Poema Pedagógico.*

15. Um caráter verdadeiro – roteiro cinematográfico, finalizado em 1939.

16. Em comissão de serviço – roteiro cinematográfico, finalizado em 1939.

17. Da minha experiência de trabalho – conferência, publicada em 1939.

18. As minhas concepções pedagógicas – conferência, publicada em 1939.

19. *Cartas e artigos* – publicados após a morte de Makarenko. Destaque ao conjunto de cartas entre Makarenko e Gorki, publicadas em 1950.

Obras selecionadas de Makarenko

1. Problemas da educação escolar – compilações e comentários de M.D. Vinogradova. Moscou, Edições Progresso, 1986.

2. Problemas de la educación escolar soviética – compilações de V. Aranski e A. Piskunov. Moscu, Editorial Progreso, s/d.

Obras sobre Makarenko

1. CAPRILES, René. *O caminho de um pedagogo soviético: centenário do nascimento de Makarenko.* Rio de Janeiro, Caderno Rio Arte, ano 1, nº 1, 1988.

2._______. *Makarenko: o nascimento da pedagogia socialista*. São Paulo, Scipione, 1989.

3. KUMARIN, V. *Anton Makarenko – su vida y labor pedagógica*. Moscu, Progreso, 1975.

4. LUEDEMANN, Cecília da Silveira. *Makarenko: a escola como coletividade*. (Dissertação de Mestrado, PUC-SP, 1994).

BIBLIOGRAFIA

ABBAGNANO, N. & VISALBERGH, A. *História da Pedagogia*. Lisboa, Horizonte, 1982.

ARRABAL, J. & ESTEVÃO, J.C. *Stalin*. São Paulo, Moderna, 1986.

ANDERSON, Perry. *A crise da crise do marxismo*. São Paulo, Brasiliense, 1985.

BAKHTIN, Mikhail. *Marxismo e filosofia da linguagem*. São Paulo, Hucitec, 1988.

_______. *Questões de Literatura e de Estética*. São Paulo, Hucitec, 1990.

CAPRILES, René. *O caminho de um pedagogo soviético: centenário do nascimento de Makarenko*. Rio de Janeiro, Caderno Rio Arte, ano 1, nº 1, 1988.

_______. *Makarenko: o nascimento da pedagogia socialista*. São Paulo, Scipione, 1989.

CARR, E.H. *Historia de la Rusia Soviética: el interregno 1923-1924*. Madrid, Macmillam, 1977.

_______. *A revolução russa de Lenin a Stalin (1917-1929)*. Rio de Janeiro, Zahar, 1981.

_______. *A revolução bolchevique*. s/l, Afrontamento, s/d.

CHECOV, Anton. *Teatro*. Havana, Editorial Arte y Literatura, 1985.

DEUTSCHER, Isaac. *A revolução inacabada*. in: Revista Civilização Brasileira. Rio de Janeiro, Civilização Brasileira, 1967.

EISENSTEIN, Sergei. *Memórias imorais*. São Paulo, Cia. das Letras, 1987.

_______. *Da revolução à arte, da arte à revolução*. Lisboa, Presença, 1974.

FONSECA, M.S. *Cinema Soviético*. Lisboa, Fundação Calouste Gulbenkian, 1987.

GORKI, Máximo. *Lenine*. Rio de Janeiro, Irmãos Pongetti, s/d.

_______. *Artículos y panfletos*. Moscu, Ediciones en lenguas estrangeras, 1950.

_______. *Três russos: Tolstoi, Andreev, Tchecov*. Rio de Janeiro, Pongetti, 1945.

_______. *Leão Tolstoi*. São Paulo, Perspectiva, 1983.

_______. *A batalha da vida*. Rio de Janeiro, Bloch, 1973.

_______. *Gorki por ele próprio*. Porto, Nina, 1964.

_______. *La revolución de la era bolchevista*. Madri, Biblioteca nueva, s/d.

_______. *Psycologia do povo russo.* Rio de Janeiro, Minha Livraria, s/d.

_______. *Como aprendi a escrever.* Porto Alegre, Mercado Aberto, 1984.

_______. *Em guarda: aspectos da Rússia Soviética.* Rio de Janeiro, Anderson, 1934.

_______. *Como se forja un mundo nuevo: la transformación social de Rusia.* Valencia, Biblioteca de Estudios, s/d.

KRUPSKAIA, Nadejna. *Reviver Lenine.* Lisboa, Assírio e Alvim, 1974.

_______. *On Labour-Oriented Education and Instruction.* Moscou, Progresso, 1985.

_______. *Acerca de la educación comunista.* Moscu, Ediciones en Lenguas Extranjeras, s/d.

_______. *Biografia. (coletivo de autores soviéticos)* Havana, Editorial de Ciencias Sociales, 1987.

KUMARIN, V. *Anton Makarenko – su vida y labor pedagógica.* Moscou, Progresso, 1975.

LENIN, V.I. *La literatura y el arte.* Moscou, Progresso, 1972.

_______. *Obras escolhidas.* Lisboa, Avante, 1985 (6 vols)

_______.*Obras escolhidas.* São Paulo, Alfa-Ômega, 1980. (3 vols)

_______. *Materialismo e empirocriticismo.* Lisboa, Avante, 1982.

LINDENBERG, D. *L'internationale communiste et l'école de classe.* Paris, François Maspero, 1972.

LINHART, Robert. *Lenin, os camponeses, Taylor.* Rio de Janeiro, Marco Zero, 1983.

LÖWY, Michael. *Para uma sociologia dos intelectuais revolucionários.* São Paulo, Ciências Humanas, 1979.

MAIAKOVSKI, Vladimir. *Poemas.* São Paulo, Perspectiva, 1983.

MAKARENKO, Anton S. *Poema pedagógico.* São Paulo, Brasiliense, 1983. (3 vols)

_______. *Problemas da educação escolar.* Moscou, Progresso, 1986.

_______. *Livro dos pais.* Lisboa, Horizonte Pedagógico, 1981. (2 vols)

_______. *Bandeiras nas torres.* Lisboa, Horizonte Pedagógico, 1981. (2 vols)

_______. *Artículos sobre la metodologia de la educacion.* Moscou, Progresso, s/d.

_______. *Conferências sobre educação infantil.* São Paulo, Moraes, 1981.

MAKHNO, Nestor. *A "revolução" contra a revolução. A revolução russa na Ucrânia (março de 1917-abril 1918).* São Paulo, Cortez, 1988.

MANACORDA, Mario Alighiero. *História da Educação.* São Paulo, Cortez: Autores Associados, 1992.

MORAES NETO, Benedito Rodrigues de. *Marx, Taylor, Ford – as forças produtivas em discussão.* São Paulo, Brasiliense, 1989.

MEYERHOLD, Vsevolod. *Mundo Atual.* Lisboa, Dom Quixote, 1977.

PUDOVKIN, Vsevolod I. *O ator no cinema.* Rio de Janeiro, SEB, 1956.

REED, John. *Os dez dias que abalaram o mundo.* São Paulo, Global, s/d.

REPELLINO, Angelo M. *Maiakóvski e o teatro de vanguarda.* São Paulo, Perspectiva, 1971.

SERGE, Victor. *Literatura e Revolução.* São Paulo, Ensaio, 1989.

SCHNAIDERMAN, Boris. *Poesia russa moderna.* São Paulo, Brasiliense, 1987.

SNYDERS, Georges. *Para onde vão as pedagogias não-diretivas?* Lisboa, Moraes, 1978.

STALIN, Joseph. *O marxismo e o problema nacional e colonial.* São Paulo, Ciências Humanas, 1979.

TOLSTOI, Leon N. *Obras pedagógicas.* Moscou, Progresso, 1988.

TROTSKI, Leon. *A revolução desfigurada.* São Paulo, Global, 1981.

_______. *História da revolução russa.* Rio de Janeiro, José Olympio, s/d.

_______. *O que foi a Revolução de Outubro?* In: Revista Civilização Brasileira, Rio de Janeiro, Civilização Brasileira, 1967.

_______. *A escola poética formalista e o marxismo.* In: Formalistas Russos. Porto Alegre, Globo, 1978.

VYGOTSKY, L.S. *A formação social da mente.* São Paulo, Martins Fontes, 1991.

VYGOTSKY, L.S./LURIA,A.R./ LEONTIEV, A. N. *Linguagem, desenvolvimento e aprendizagem.* São Paulo, Icone, Editora da USP, 1988.

WARDE, Mirian Jorge. *Liberalismo e Educação.* São Paulo, PUC, 1984. (Tese de doutoramento).

Impresso por :

Graphium
gráfica e editora

Tel.:11 2769-9056